EMÍLIO HERRERO FILHO

BALANCED SCORECARD
E A GESTÃO ESTRATÉGICA

Uma abordagem prática

ALTA BOOKS
E D I T O R A
Rio de Janeiro, 2017

Balanced Scorecard e a Gestão Estratégica — Uma abordagem prática
Copyright © 2017 da Starlin Alta Editora e Consultoria Eireli. ISBN: 978-85-508-0212-1

Todos os direitos estão reservados e protegidos por Lei. Nenhuma parte deste livro, sem autorização prévia por escrito da editora, poderá ser reproduzida ou transmitida. A violação dos Direitos Autorais é crime estabelecido na Lei nº 9.610/98 e com punição de acordo com o artigo 184 do Código Penal.

A editora não se responsabiliza pelo conteúdo da obra, formulada exclusivamente pelo(s) autor(es).

Marcas Registradas: Todos os termos mencionados e reconhecidos como Marca Registrada e/ou Comercial são de responsabilidade de seus proprietários. A editora informa não estar associada a nenhum produto e/ou fornecedor apresentado no livro.

Impresso no Brasil.

Obra disponível para venda corporativa e/ou personalizada. Para mais informações, fale com projetos@altabooks.com.br

Copidesque
Shirley Lima da Silva Braz

Editoração Eletrônica
Estúdio Castellani

Revisão Gráfica
Edna Cavalcanti
Roberta Borges

Produção Editorial
Elsevier Editora - CNPJ: 42.546.531./0001-24

Erratas e arquivos de apoio: No site da editora relatamos, com a devida correção, qualquer erro encontrado em nossos livros, bem como disponibilizamos arquivos de apoio se aplicáveis à obra em questão.

Acesse o site www.altabooks.com.br e procure pelo título do livro desejado para ter acesso às erratas, aos arquivos de apoio e/ou a outros conteúdos aplicáveis à obra.

Suporte Técnico: A obra é comercializada na forma em que está, sem direito a suporte técnico ou orientação pessoal/exclusiva ao leitor.

A editora não se responsabiliza pela manutenção, atualização e idioma dos sites referidos pelos autores nesta obra.

CIP-Brasil. Catalogação-na-fonte
Sindicato Nacional dos Editores de Livros, RJ

H484b   Herrero, Emílio
Balanced scorecard e a gestão estratégica: uma abordagem prática / Emílio Herrero. – Rio de Janeiro: Alta Books, 2017.

Inclui bibliografia
ISBN: 978-85-508-0212-1

1. Planejamento estratégico. 2. Desempenho – Avaliação. 3. Produtividade industrial. 4. Eficiência organizacional. I. Título.

05-0808.   CDD – 658.4013
CDU – 658.011.4

Rua Viúva Cláudio, 291 — Bairro Industrial do Jacaré
CEP: 20970-031 — Rio de Janeiro - RJ
Tels.: (21) 3278-8069 / 3278-8419
www.altabooks.com.br — altabooks@altabooks.com.br
www.facebook.com/altabooks

*À querida Sílvia, minha esposa, presente
nos momentos mais felizes de minha vida.*

*A meus filhos, Maria Angélica e João Alberto, razão
de ser de nossos esforços e crença no futuro.*

AGRADECIMENTOS

Para quem trabalha na área empresarial, escrever um livro é sempre um grande desafio. Eu tinha um grande desejo de poder transmitir para alunos, colegas e clientes minha experiência como executivo, consultor de empresas e professor. Os amigos mais próximos indagavam, em tom de provocação, quando eu iria escrever um livro, uma vez que eles conhecem meu grande interesse pela leitura.

A oportunidade surgiu de uma forma inesperada. No início de 2004, após a apresentação de alguns slides sobre a metodologia de trabalho para os projetos de Balanced Scorecard, um amigo me fez uma pergunta bastante curiosa: *Por que você não escreve um livro sobre o assunto?* Procurei desconversar, mas meu amigo foi incisivo, dizendo que daria todo o apoio para a realização do projeto.

Dias depois, no meio de uma reunião com um cliente, recebi um telefonema de Paul Christoph, diretor editorial da Campus/Elsevier. Ele queria conversar comigo sobre a ideia de um livro. A indicação era de Marco Antonio Canela, da Livraria Cultura e meu consultor sobre novos livros. Conheço o Marco Antonio há muitos anos, e fico muito agradecido quando ele me orienta, dizendo: "Você precisa ler esse novo texto, é imperdível." Agora ele foi além, dando todo o estímulo para a elaboração deste livro.

O desafio estava lançado. Comecei as pesquisas e elaborei o projeto do que se transformou em *Balanced Scorecard e a Gestão Estratégica*. Escrever um livro é como iniciar uma longa jornada. A grande diferença é que você nunca está só no caminho. Muitas pessoas, direta e indiretamente, estão dando seu apoio para que você seja bem-sucedido na empreitada. As pessoas com as quais nos relacionamos em diferentes momentos de nossas vidas nem sempre têm consciência do quanto sua presença, personalidade e exemplo foram significativos para nós. É a eles que eu gostaria de prestar meus agradecimentos.

As técnicas de gestão empresarial são relativamente fáceis de aprender. O difícil é dar-lhes dimensão humana, filosófica e espiritual, mostrando que os valores humanos permeiam todas as nossas ações. Meu mestre nesse aprendizado foi Oscar Motomura, diretor da Amana-Key, centro de excelência em educação e gestão empresarial.

Muitos executivos almejam atuar como consultores de empresas. Mas essa transição não é tão simples quanto parece. Exige o domínio de habilidades, conhecimentos, metodologias e capacidade analítica para se criar uma solução personalizada para os clientes. Meu mestre nesse aprendizado foi Dárcio Crespi, sócio-diretor-geral da Heidrick & Struggles, com quem tive a oportunidade de trabalhar quando ele era vice-presidente da Arthur D. Little.

Para um consultor não basta apresentar uma boa proposta de trabalho. Os clientes precisam acreditar que ele será capaz de realizá-la. É necessário um alinhamento de expectativas, respeito e um desejo mútuo de aprendizado. Minha oportunidade de crescimento foi possibilitada por Sérgio Segall e Oscar Segall, diretores da Klabin Segall S.A., uma incorporadora comprometida em colocar o cliente no centro da estratégia empresarial.

Os novos modelos de gestão, como o Balanced Scorecard, exigem um contínuo aprendizado e uma rica troca de ideias entre os profissionais que atuam na área. Pessoas que confiam em sua capacidade não temem compartilhar conhecimentos, experiências e ideias. Na elaboração deste livro foi fundamental a contribuição de David Kállas, da Symnetics Educação, empresa referência de mercado para os projetos de Balanced Scorecard e gestão estratégica. A ele agradeço pela excelente entrevista sobre as lições aprendidas nos projetos de Balanced Scorecard. Aproveito a oportunidade para agradecer a Mathias Mangels, sócio-diretor da Symnetics Latino-América e Managing Director do Balanced Scorecard Collaborative Europe pela rica troca de ideias e pela sua gentileza em escrever o prefácio deste livro.

É uma grande realização para uma pessoa, seja ela um executivo ou um consultor, ter a felicidade de atuar como um educador. Ao mesmo tempo em que se aprende e se desenvolve, tem-se a oportunidade de estimular o potencial e acompanhar o crescimento dos alunos. Agradeço a José Cláudio Terra, diretor do TerraForum Consultores, pelo convite para trabalhar como professor convidado do curso de pós-graduação em Gestão do Conhecimento da FIA (Fundação Instituto de Administração), no módulo de Balanced Scorecard.

Nas diferentes situações de suas vidas, as pessoas são sempre desafiadas a acreditar em si próprias. Isso é ainda mais gratificante quando os outros acreditam em você. Agradeço a Paul Christoph, diretor editorial da Campus/Elsevier, por acreditar desde o princípio no projeto deste livro e pela sua paciência para a entrega do texto final.

Depois de o texto do livro estar concluído é muito gratificante receber o estímulo de amigos que se prontificam a escrever sobre algum aspecto do livro. Nesse sentido, agradeço a Fábio Herz, diretor da Livraria Cultura; a Gisele Lorenzetti, diretora executiva da LVBA Comunicação; a Márcio Caputto, diretor do Grupo Assa; a Rita Braghetti, diretora do Instituto Fleury; e a José Carlos Alves, presidente da Invenire International Informática.

Como uma obra coletiva, um livro conta com a contribuição de inúmeras pessoas, que pelo seu trabalho possibilitam a entrega do livro para o leitor. Agradeço a todos os profissionais das atividades de projeto gráfico, copidesque, editoração eletrônica, transportes e comercialização que também tornaram possível este sonho.

Emílio Herrero Filho
www.herreroconsultoria.com.br
E-mail: *herreroe@terra.com.br*

APRESENTAÇÃO

Quem trabalha com consultoria em gestão de alto nível há muito tempo já teve, com certeza, acesso a muitos modelos, muitas ondas e vários tipos de ferramentas de análise estratégica. Uma das mais recentes e mais interessantes é o Balanced Scorecard introduzido por Kaplan e Norton no início dos anos 1990. Atualmente, um grande número de empresas de médio e grande portes do Brasil e do exterior utiliza esta abordagem no contexto de sua gestão estratégica.

Em administração, nada é absolutamente novo, mas também não se podem negar os aportes metodológicos e conceituais cumulativos de novas ferramentas de gestão. Afinal, quando olhamos para trás, vemos que empresas líderes são gerenciadas atualmente de forma muito distinta do que há 10, 20 e com certeza 50 ou 100 anos. Mudam-se as condições políticas do ambiente competitivo, as concepções de mundo e as expectativas dos líderes e dos colaboradores e, logicamente, as tecnologias com as quais interagimos na execução do trabalho e que utilizamos para nos comunicar dentro e fora da empresa.

A capacidade de interligar conceitos e conhecimentos prévios para gerar novos conhecimentos é imprescindível em um mundo cada vez mais complexo. A síntese é uma arte! Emílio Herrero Filho conseguiu realizar neste livro a importante tarefa de olhar para a frente, sem esquecer de olhar para trás. Ele reconhece o valor e descreve de forma bastante pragmática e acessível o Balanced Scorecard. Por outro lado, como alguém que já liderou e vivenciou diversos processos de gestão estratégica, ele destaca que a aplicação desta ferramenta em si não pode ser confundida com a elaboração estratégica.

A descrição bastante direta e objetiva das várias ferramentas analíticas que podem ser utilizadas na gestão estratégica é uma contribuição notável do autor. O BSC, por si só, funciona como um bom radar e como delineador e alinhador das várias perspectivas do processo de gestão. O BSC, porém, sem análises profundas e com insights em suas várias dimensões, é apenas um bom *framework* e mecanismo de controle. Emílio mostrou que um bom estrategista é antes de tudo um conhecedor profundo de diversos modelos de análise da empresa frente ao seu ambiente. É alguém que utiliza dados, informações, modelos matemáticos, diálogos com vários stakeholders e intuição para a formulação de posicionamentos competitivos diferenciadores e sustentáveis.

Executivos encontrarão neste livro um material de referência muito bem pesquisado, organizado, prático e com alguns bons exemplos ilustrativos. É, sem dúvida alguma, uma leitura obrigatória para aqueles com responsabilidades relacionadas com a gestão estratégica.

Dr. José Cláudio C. Terra
Presidente da TerraForum Consultores
www.terraforum.com.br

PREFÁCIO

Uma obra realmente completa e excelente fonte de consulta para todos aqueles que buscam desenvolver os conceitos sobre o assunto Gestão da Estratégia e o conveniente suporte do Balanced Scorecard.

O tema Gestão da Estratégia tem se tornado um importante fator de competitividade na atualidade. Empresas dos mais diversos setores, ONGs, entidades públicas e governos estão cada vez mais preocupados em garantir a concretização de sua visão de futuro, assumindo objetivos claros junto a acionistas, clientes, eleitores, partidos políticos e a sociedade em geral.

Esta obra nos traz uma coletânea de todos os instrumentos necessários para levar adiante esta tarefa, oferecendo uma sólida base teórica para aqueles que se veem diante do desafio de administrar de forma eficiente os rumos de uma organização.

A leitura deste livro traz à tona reflexões preciosas acerca do Balanced Scorecard e dos mecanismos que os gestores têm à disposição para aumentar a eficiência, imprimir racionalidade e gerar valor no campo dos negócios, sejam eles públicos ou privados. Conhecer em detalhes cada uma de suas perspectivas e os respectivos conteúdos é a garantia de uma boa gestão do nosso destino.

Em organizações com fins lucrativos colocaria ênfase especial a partir das estratégias financeiras de criação de valor e nas organizações públicas ou sem fins lucrativos, na perspectiva de valor social/missão ou na perspectiva de mercado/clientes.

A clara definição de qualquer valor que desejamos criar aqui por meio de nossa estratégia é fator-chave de êxito na implantação da estratégia.

Em empresas, por exemplo, é a clara definição da proposta de valor única ou diferencial ao cliente. Sabemos que estes exercícios nem sempre são tão fáceis, por serem uma definição de escolha, o que, muitas vezes, envolve riscos de escolhas talvez não totalmente consensuadas e analisadas em seus desdobramentos.

Como o autor expõe, a definição das estratégias de processos de aprendizagem e crescimento deriva da estratégia de mercado ou cliente e deve ter uma clara relação de causa e efeito para garantir que nossos "poucos recursos" estejam realmente focalizados em poucos projetos estratégicos críticos, para que se atinja a visão estratégica.

Como um dos fatores críticos de sucesso da gestão da estratégia é o envolvimento de toda a organização e como o processo de gestão da estratégia inicia-se muito de cima para baixo na organização, enquanto todo o processo de aprendizado se realiza muito mais de baixo para cima, o tema da transparência da estratégia é ponto-chave.

Neste sentido, o autor descreve os Mapas Estratégicos em seu penúltimo capítulo como uma excelente ferramenta para a realização dessa empreitada. Mapas Estratégicos simples e orientados para o foco do que deve ser mudado na organização podem fazer a diferença.

Um importante diretor-presidente de uma indústria brasileira comentava recentemente: "O Mapa Estratégico não só garante que esta diretoria possa comunicar o que vê como o caminho a percorrer, mas, mais importante ainda, ajuda a entender a relevância de cada decisão e a ação decorrente sobre decisões tomadas." Passar da estratégia à ação procurando criar valor futuro para os acionistas e a sociedade sempre foi uma necessidade.

A Gestão da Estratégia como aqui descrita tem sido para muitas organizações um caminho para o sucesso. Certamente pode ser um caminho também para a organização que o leitor representa!

Com uma postura cada dia mais acurada e exímia na criação de valor individual, inseridos que somos nas organizações e em seus processos de gestão, com certeza geraremos valor para todos e, finalmente, para a competitividade de nosso país.

Atualmente estou boa parte de meu tempo no exterior apoiando organizações no continente europeu neste caminhar, e percebo que este pode ser um diferencial de nosso país e região. Mãos à obra!

Quero dar os parabéns ao autor pelo trabalho realizado de pesquisa e dedicação ao tema e desejar a todos os leitores uma proveitosa reflexão. Vale!

Mathias Mangels
Sócio-Diretor – Symnetics Latino-América
Managing Director – Balanced Scorecard Collaborative Europe
www.symnetics.bom.br

INTRODUÇÃO

O que realmente funciona no mundo dos negócios?

Empresários, executivos e colaboradores de muitas organizações procuram ansiosamente descobrir qual é a nova boa ideia, quem é o novo guru de negócios ou qual é a nova tendência sobre a gestão empresarial a ser adotada para melhorar o desempenho de suas empresas. Acima de tudo, eles querem saber como aplicar rapidamente, em suas organizações, os modelos de negócios das melhores empresas do mercado.

Com entusiasmo, esses profissionais começam a divulgar os novos conceitos dentro da organização, procuram convencer a alta administração sobre o valor de uma nova mentalidade nos negócios e realizam um grande esforço na tentativa de iniciar a implementação dessas boas e novas ideias. Entretanto, em pouco tempo, vem a frustração pelo abandono dessas ideias – seja porque elas não cumpriram suas promessas, não produziram, rapidamente, os resultados desejados. E, seja porque então, a empresa mais cética recomeça a busca de uma nova ideia que faça diferença nos negócios.

Mas por que ideias tão valorizadas e consagradas não produzem as mudanças esperadas na organização? Isso pode acontecer pelos mais diferentes motivos, como o não comprometimento da diretoria com os novos conceitos, a concorrência da nova ideia com os projetos já em andamento na empresa ou, ainda, pela falta de um programa de educação e treinamento dos colaboradores. Entretanto, seja qual for a razão, não podemos nos esquecer de que um dos maiores ensinamentos da gestão estratégica é o reconhecimento de que não existe uma fórmula mágica para o sucesso empresarial.

A história empresarial nos mostra vários casos de empresas aparentemente sólidas e prósperas que acabaram declinando em pleno período de crescimento do ciclo econômico, enquanto outras empresas, menores e desconhecidas, conseguiram dar um salto quântico de valor mesmo em um período de recessão econômica. Nos Estados Unidos, de acordo com Fredy Kofman, a volatilidade entre as maiores empresas é muito grande, como mostra a famosa lista da *Fortune 500*: no período compreendido entre 1976 e 1985, 10% das empresas listadas e celebradas desapareceram. Nos anos seguintes o ritmo do desgaste se acelerou, atingindo 30% no período de 1986 a 1990 e 35% no quinquênio 1991-1995. À primeira vista parece que os executivos dessas empresas não perceberam a tempo as ameaças competitivas que estavam sofrendo, e sequer foram capazes de reagir rapidamente para minimizar seus impactos.

No Brasil, o fenômeno da volatilidade competitiva também se repete, mas de uma forma mais acentuada, dada a maior turbulência da economia – o que é demonstrado pelo fato de que, nos 12 anos compreendidos entre 1988 e 2000, as empresas brasileiras tiveram que se adaptar, entre outros fatores, a cinco moedas diferentes e a quatro novos planos econômicos. Na edição de 2004 de *Melhores e Maio-*

res da revista *Exame* é mostrado que, dentre as 500 empresas listadas, somente 88 companhias conseguiram permanecer no *ranking* desde a sua introdução, em 1974.

Richard Pascale, da Universidade de Stanford e ex-colaborador da McKinsey, analisando a evolução das 43 companhias consideradas possuidoras de *excelência* em 1982 por Tom Peters e Robert Waterman em *In Search of Excellence (Vencendo a crise)*, mostrou que cinco anos após a publicação do livro somente 14 empresas poderiam ser consideradas excelentes. As outras 29 companhias (ou dois terços delas) estavam em franco declínio – fosse pela perda de liderança, pelo enfraquecimento de sua posição competitiva, fosse, ainda, pela queda em seus resultados.

Vale a pena lembrar os critérios adotados por Peters e Waterman para identificar a excelência das organizações. Para uma companhia ser considerada *excelente*, deveria ter apresentado, durante 20 anos (entre 1961 e 1980), resultados superiores a seus concorrentes em seis dimensões financeiras: crescimento do ativo, crescimento do patrimônio líquido, valor do quociente entre valor de mercado e valor contábil, retorno sobre o capital, retorno sobre o preço da ação no período e retorno médio sobre as vendas.

Em retrospectiva, deve-se notar que a busca da excelência era realizada sem consideração a qualquer indicador relacionado com o capital intelectual, com a cultura organizacional ou ainda com a motivação das pessoas. De acordo com Pascale, "estas estatísticas ressaltam o embaraçoso fato de que, apesar do vasto arsenal de técnicas modernas de administração, não temos um bom desempenho quando se trata de manter saudáveis as empresas bem-sucedidas. Uma segunda causa de constrangimento é que não temos condições de imitar as empresas bem-sucedidas. Isso é especialmente frustrante, porque os executivos em geral chegam quase à exaustão na emulação de uma fórmula vitoriosa".

Com o advento da internet e o rápido crescimento das empresas de tecnologia da informação – as chamadas empresas *pontocom* – principalmente entre janeiro de 1995 e março de 2000, houve um novo entendimento sobre o que realmente funciona no mundo dos negócios e um grande questionamento acerca dos fundamentos da gestão estratégica.

Para se ter uma ideia das grandes transformações que ocorreram no mundo dos negócios, vejamos o que ocorreu com o valor de mercado das empresas. Em 1990, na lista das 10 maiores empresas do mundo em termos de capitalização de mercado, todas elas eram antigas corporações industriais ou de exploração de recursos naturais. Com o advento da chamada *nova economia*, em apenas 10 anos a percepção dos investidores mudou radicalmente, e, no início de 2000, no ranking das 10 maiores empresas do mundo pelo critério valor de mercado, seis delas eram de tecnologia (Cisco, Microsoft, Oracle, Intel, IBM e Lucent).

As novas empresas de tecnologia, baseadas na internet, atraíam cada vez mais o interesse dos investidores do mercado de capitais. Nos Estados Unidos, o número das empresas *pontocom* cresceu quase dez vezes entre 1993 e 1999. E um fenômeno começou a chamar a atenção dos analistas: as *pontocom*, apesar do crescimento de suas vendas, tinham um baixo faturamento, uma pequena base de clientes e prejuízos operacionais, mas isso não impedia que o preço da cotação de suas ações subisse de forma acentuada.

Era o fenômeno da *exuberância irracional*, expressão cunhada em dezembro de 1996 por Alan Greespan, presidente do Federal Reserve, para explicar o estranho e nada racional comportamento dos investidores: apesar de as novas empresas de tecnologia não apresentarem lucro – portanto, não haveria dividendos a serem pagos – nem explicitarem como iriam gerar valor econômico, os preços das ações se elevavam continuamente.

A *exuberância irracional* também exerceu forte impacto no entendimento da gestão estratégica. De acordo com os novos empresários e executivos da nova economia, os antigos conceitos de gestão não se aplicavam ao mundo da internet. Ter sucesso empresarial na internet parecia ser fácil – bastava ter uma boa ideia, um bom *designer* e um bonito site para que os resultados aparecessem automaticamente, em um simples clique do mouse:

- A rentabilidade e a geração de valor econômico foram substituídas pela visitação no site, pelo número de usuários exclusivos do site e pelas receitas indiretas de propaganda.
- A proposição de valor exclusiva para o cliente foi substituída por uma oferta única para todos.
- A segmentação de mercado e o conhecimento dos clientes foram substituídos por expressões genéricas como *business-to-business, e-commerce, business-to-consumer, e-business* e *e-strategy*.

A política de preços, antes orientada para a geração de margens atrativas, foi substituída pela prática de oferecer grandes descontos e ações promocionais que inviabilizavam qualquer objetivo de lucro.

Na *exuberância irracional* da nova economia, conceitos como visão estratégica, missão, vantagem competitiva, atratividade de mercados, proposição de valor, competências essenciais e geração de valor econômico eram coisas para as empresas da velha economia. A internet mudava tudo isso. Até que, em março de 2000, houve um choque de racionalidade e a bolha das empresas *pontocom* estourou. A era do dinheiro fácil terminou, com o fechamento de negócios, demissão de pessoal e desaceleração econômica. Como acentuou Michael Hammer, "os gerentes de hoje redescobriram que os negócios de hoje não são fáceis. A gestão de empresas sempre foi e continua sendo uma das tarefas mais complexas, arriscadas e incertas dentre todos os empreendimentos humanos".

Se, de um lado, não podemos ser ingênuos o suficiente a ponto de considerarmos sem importância os fundamentos da gestão estratégica, por outro, não devemos assumir a postura de que tudo é importante, caindo na armadilha dos modismos de gestão.

Apesar das grandes contribuições dos pioneiros da chamada administração científica – como Frederick W. Taylor (1856-1917), Henri Fayol (1841-1925) e Mary Parker Follet (1865-1933) –, Peter Drucker, formado em direito, pode ser considerado o primeiro grande analista de negócios, por suas ideias inovadoras e inspiradoras sobre a gestão empresarial. Foi ele quem transformou a administração em uma disciplina, em uma nova área de conhecimento e de prática, mostrando que sua essência era o ser humano.

Drucker desenvolveu suas ideias sobre *management* quando teve a ousadia de aceitar, em 1942, uma proposta do presidente da General Motors, Alfred Sloan Jr., para estudar o funcionamento da empresa. Durante 18 meses, Drucker estudou a General Motors, na época a maior corporação do mundo, com uma estrutura descentralizada e composta por quase cinquenta diferentes unidades de negócios.

Pela primeira vez, um pesquisador via uma empresa tanto como um sistema social quanto como uma organização econômica. Com a publicação de *Concept of the Corporation* em 1946, Drucker mostrou o que constitui uma organização moderna e qual deveria ser o papel dos administradores, inaugurando a era dos consultores e gurus com fórmulas e receitas para o sucesso.

Um novo salto no negócio de aconselhamento de empresas aconteceu em 1982, com a publicação do livro *Vencendo a crise*, de Tom Peters e Robert Waterman Jr. A apresentação das oito características que tornavam uma empresa excelente causou um grande impacto entre empresários, executivos, consultores e grande público, o que tornou o livro um best-seller, atingindo ainda em 1982 a marca de um milhão de exemplares vendidos.

Mais recentemente, em 2003, um levantamento realizado por Thomas Davenport mostrou que desde *Vencendo a crise* apareceram quase setenta novas ferramentas de gestão. Agora, os empresários e os executivos não precisam mais se preocupar. Para superar um desafio nos negócios não são mais necessárias análises profundas, reflexão ou imaginação. São suficientes um pouco de bom senso e pragmatismo para aplicar a ferramenta de gestão que estiver em moda, seja ela Administração por Objetivos, Planejamento Estratégico, Produção Enxuta, Qualidade Total, Teoria dos Jogos, *Empowerment*, Organizações Virtuais, e-Business, Seis Sigma, seja ainda a implementação de um ERP – Sistema Integrado de Gestão. A Figura I.1 mostra uma seleção de 24 ideias sobre gestão.

Alinhamento Estratégico	*Empowerment*
Análise do Valor Econômico	Gestão da Atenção
Análise SWOT	Gestão da Cadeia de Suprimentos
Balanced Scorecard	Gestão do Conhecimento
Benchmarking	Inteligência Competitiva
Cadeia de Valor	Marketing de Permissão
Capital Social	Migração de Valor
Competência Essencial	Organizações que Aprendem
Competição Baseada no Tempo	Planejamento de Cenários
Custeio Baseado em Atividades	Reengenharia
Declaração da Missão	Seis Sigma
Disciplinas de Valor	Valor Vitalício do Cliente

Fonte: Thomas Davenport e Laurence Prusak

FIGURA I.1   Principais Ideias Empresariais e Gerenciais

Entretanto, vários especialistas, entre eles Richard Pascale, Henry Mintzberg, Michael Porter, Nitin Nohria, Clayton Christensen e Nicholas G. Carr, sem falar em Peter Drucker, vêm chamando a atenção para o risco de um empresário ou executivo adotar soluções genéricas desvinculadas de sua realidade e cultura organizacional.

Atualmente, temos uma sobrecarga de informações sobre gestão de empresas. Várias ideias competem entre si pela atenção dos administradores. Mas o que realmente funciona no mundo dos negócios? Que ideias sobre gestão têm o potencial para melhorar o desempenho da empresa? Qual é o *timing* necessário para a introdução das ideias na organização? Que ideias são adequadas para a cultura da empresa?

A recomendação é que, antes de os executivos realizarem uma cuidadosa seleção das ideias de negócios que podem ser aplicadas na empresa, eles precisam estimular um novo tipo de comportamento dos colaboradores da organização. O senso crítico das pessoas deve ser estimulado em todos os níveis da empresa. Os profissionais precisam ter a coragem de criticar o *status quo* e os modelos mentais vigentes na organização; precisam ser estimulados a usar a imaginação, a criatividade e o pensamento divergente. As pessoas devem ter liberdade para questionar e confrontar todos os pressupostos existentes na alta administração; precisam duvidar da estabilidade, saber lidar com a incerteza, valorizar a inovação e agir como agentes de mudança.

Sem esse senso crítico, as novas ideias dificilmente serão aceitas na organização. Porém, ao mesmo tempo em que valorizamos a independência de pensamento, respeitamos a busca de novos referenciais conceituais. Essa postura é particularmente importante no processo de gestão estratégica. Como bem nos alerta Michael Porter, "o pensamento estratégico raramente ocorre de maneira espontânea. O planejamento formal forneceu a disciplina para parar de vez em quando para pensar em questões estratégicas".

Dessa forma, o pensamento estratégico deve ser estimulado entre as pessoas que trabalham na organização. E acreditamos que as ideias sobre gestão empresarial podem estimular o diálogo, a geração de insights para o melhor entendimento da empresa, a solução de problemas e a descoberta de novos horizontes para a organização. Com essas ideias em mente, voltamos à questão inicial: o que realmente funciona no mundo dos negócios?

Uma boa pista para responder a essa questão é dada pelos estudos realizados por Nitin Nohria, da Harvard Business School. Nohria liderou o *Projeto Evergreen*, realizado por uma equipe de pesquisadores que, entre 1986 e 2001, realizou uma pesquisa junto a 160 empresas norte-americanas (que utilizam quase 200 técnicas de gestão) para identificar os motivos pelos quais algumas empresas prosperavam nos contextos mais difíceis, enquanto outras do mesmo setor de atividade, com um porte parecido e utilizando uma tecnologia semelhante, entravam em decadência.

Uma das conclusões da pesquisa é surpreendente: as análises mostraram não existir nenhuma relação causal entre o uso da maioria das técnicas de gestão e um desempenho superior da empresa. Entretanto, o estudo mostrou que o importante é dominar, em profundidade, alguns dos fundamentos clássicos dos negócios. As empresas que superaram suas rivais do mesmo setor sobressaíram em quatro *práticas primárias de gestão*: estratégia, execução, cultura e estrutura. Essas competências eram complementadas pelo domínio de pelo menos duas das quatro *práticas secundárias de gestão*: talento, inovação, liderança e parcerias.

As quatro *práticas primárias de gestão* que têm relação com um desempenho superior, de acordo com Nitin Nohria, podem ser descritas da seguinte forma:

1ª – **Estratégia:** Formular e manter uma estratégia clara e objetiva.
2ª – **Desempenho:** Desenvolver e manter um desempenho operacional impecável.
3ª – **Cultura:** Desenvolver e manter uma cultura baseada no desempenho.
4ª – **Estrutura:** Construir uma empresa dinâmica, flexível e simples.

Além de ter domínio sobre essas quatro variáveis, o desempenho das empresas vencedoras era alavancado por mais dois fatores críticos de sucesso, a serem escolhidos dentre um novo conjunto de fatores – as quatro *práticas secundárias de gestão*. Assim, de acordo com Nitin Nohria, as empresas com desempenho superior praticavam a *fórmula 4 + 2*, isto é, uma combinação de todas as práticas primárias de gestão com duas práticas secundárias de gestão, selecionadas do seguinte grupo de variáveis: talento, liderança, inovação e fusões e aquisições, descritas da seguinte forma:

1ª – **Talento:** Reter os profissionais talentosos e desenvolver o talento de outros.
2ª – **Liderança:** Manter líderes e gerentes comprometidos com sua empresa.
3ª – **Inovação:** Fazer inovações que transformem o setor.
4ª – **Fusões e aquisições:** Realizar fusões, criar parcerias e crescer.

O ponto que vale a pena destacar nos resultados da pesquisa é a grande importância atribuída à estratégia para o sucesso dos negócios. Na verdade, a gestão estratégica está em uma fase de renovação e reinvenção. Depois do declínio do planejamento estratégico durante os anos 1980 e com a ascensão de novos modelos de gestão, como os programas de qualidade total, de reengenharia e de seis sigma, a preocupação com a estratégia ficou relegada a um segundo plano. Agora, com o Projeto *Evergreen*, a relevância da estratégia foi recuperada.

De acordo com a pesquisa uma gestão estratégica de sucesso está associada aos seguintes princípios:

- Construir a estratégia em torno de uma clara proposta de valor para o cliente.
- Desenvolver a estratégia de fora para dentro, tendo como base as necessidades e expectativas dos clientes, acionistas e investidores.
- Manter a organização permanentemente antenada para o melhor alinhamento da estratégia às mudanças de mercado.
- Comunicar claramente sua estratégia dentro da empresa e entre clientes e demais stakeholders.
- Manter o negócio principal em crescimento, tomando cuidado com o que não é familiar.

Dessa forma, como acentua Nitin Nohria, "a chave da excelência na estratégia, não importa o que se faça e que abordagem se adote, é definir com clareza tal estratégia e comunicá-la reiteradamente a clientes, funcionários e acionistas. Tudo parte de uma proposição de valor simples, focada, fundada em um reconhecimento profundo e cabal do público-alvo da empresa e em uma avaliação realista de suas próprias capacidades". Como iremos mostrar, as conclusões do *Projeto Evergreen* para os empresários, executivos e consultores estão totalmente alinhadas com a metodologia do Balanced Scorecard e a forma como ele considera a gestão estratégica.

SUMÁRIO

Introdução...xiii

CAPÍTULO 1

A Gestão Estratégica..1

Introdução...2

O que Significa Gestão Estratégica?.................................2

O que é Estratégia?.....................................6

    Sun Tzu: A Estratégia como Arte de Guerra.....................7

    Henry Mintzberg: A Estratégia como a Criatividade do Artesão.......8

    Peter Drucker: A Arte de Colocar o Cliente no Centro da
      Estratégia...10

    Gary Hamel e C.K. Prahalad: A Estratégia como Regeneração
      e Revolução.......................................12

    Michael Porter: A Estratégia como a Arte de ser Diferente.........14

    Kaplan e Norton: A Estratégia como a Arte da Execução...........17

CAPÍTULO 2

O Balanced Scorecard como um Modelo de Gestão Estratégica...........21

O Significado da Estratégia Baseada no Balanced Scorecard...........22

    As Dificuldades para Implementação da Estratégia...............22

    A Gestão da Estratégia Baseada no Balanced Scorecard..........23

Contexto Empresarial para a Criação do Balanced Scorecard...........24

Definindo o Balanced Scorecard.................................25

As Perspectivas do Balanced Scorecard refletem a Estratégia
    da Empresa.......................................30

Os Princípios de uma Organização Orientada para a Estratégia.........33

A Nova Linguagem dos Negócios introduzida pelo
    Balanced Scorecard...............................36

O Significado dos Principais Conceitos do Balanced Scorecard........38

CAPÍTULO 3

Construindo o Balanced Scorecard..**43**

A Missão e a Visão: Os Pontos de Partida do Balanced Scorecard 44

Introdução 44

A Missão..44

A Visão 46

Análise do Cenário dos Negócios 48

Análise SWOT da Empresa 50

A Análise das Forças Competitivas e as Perspectivas de Valor 51

Força 1: Ameaça de Entrada......................................52

Força 2: Intensidade da Rivalidade entre os Concorrentes
Existentes..53

Força 3: Ameaça de Produtos Substitutos 53

Força 4: Poder de Negociação dos Compradores.................54

Força 5: Poder de Negociação dos Fornecedores................55

A Cadeia de Valor e as Perspectivas de Valor do
Balanced Scorecard 57

Análise das Alternativas Estratégicas..............................59

Fatores-Chave para o Sucesso.....................................60

A Vantagem Competitiva..61

CAPÍTULO 4

As Perspectivas de Valor do Balanced Scorecard **63**

Introdução 64

As Perspectivas estimulam o Diálogo sobre a Estratégia 64

Traduzindo a Missão e a Visão em Temas Estratégicos................67

Traduzindo a Missão em Diálogos nas Perspectivas de Valor............70

CAPÍTULO 5

A Perspectiva Financeira...**73**

Introdução 74

A Gestão Baseada em Valor e a Perspectiva Financeira do
Balanced Scorecard 76

O Método do Fluxo de Caixa Livre 77

O Método do Valor Econômico Agregado (EVA) 79

O Método do CFROI – Retorno sobre o Investimento
Base Caixa...82

Os Direcionadores da Gestão Baseada em Valor e o Balanced
Scorecard. 85
Os Direcionadores de Valor e a Estratégia de Negócios 88
Medindo o Valor das Estratégias. 90
Os Objetivos Estratégicos da Perspectiva Financeira 94

CAPÍTULO 6
A Perspectiva do Cliente. **99**

Introdução. 100
O Valor do Cliente 101
O Valor Percebido pelo Cliente. 102
O Valor da Marca 105
O Valor da Retenção: Fidelização do Cliente 106
A Proposição de Valor para o Cliente 110
Principais Objetivos da Perspectiva do Cliente 114
Identificando os Objetivos Estratégicos da Perspectiva
do Cliente 114
Selecionando os Objetivos Estratégicos na Perspectiva
do Cliente 116
Exemplo de Mapa Estratégico com Ênfase na Perspectiva
do Cliente 117

CAPÍTULO 7
A Perspectiva dos Processos Internos. **119**

Introdução. 120
A Execução da Estratégia 121
Os Principais Processos de Negócios na Perspectiva do Balanced
Scorecard 124
O Processo de Inovação 125
O Processo de Produção e Operações. 138
As Redes de Valor Agregado: A Gestão da Cadeia
de Suprimentos 142
Processos de Gestão de Clientes 144
Principais Objetivos da Perspectiva dos Processos Internos. 151

CAPÍTULO 8

A Perspectiva da Aprendizagem e do Crescimento....................155

Introdução: O Valor do Empregado.................................156

O Comportamento Empreendedor....................................159

A Motivação à Aprendizagem e Gestão do Conhecimento.............163

    A Aprendizagem Organizacional..............................163

    A Gestão do Conhecimento 167

    A Gestão das Competências 175

O Compromisso com a Inovação e a Renovação.....................183

O Papel da Tecnologia da Informação..............................188

Principais Objetivos da Perspectiva de Renovação e Crescimento......192

    Identificando os Objetivos Estratégicos na Perspectiva
    de Renovação e Crescimento................................192

    Selecionando os Objetivos Estratégicos na Perspectiva
    de Aprendizagem e Crescimento 194

    Exemplo de Mapa Estratégico com Ênfase na Perspectiva
    de Aprendizagem e Crescimento............................195

CAPÍTULO 9

Construindo o Balanced Scorecard: Os Mapas Estratégicos 197

Introdução...198

O Líder Mobiliza as Pessoas com as suas Histórias 199

Definindo os Mapas Estratégicos..................................201

A Estratégia como Hipóteses sobre a Realidade....................204

A Estratégia precisa ser Traduzida em Objetivos Integrados entre si 205

A Estratégia como Relações de Causa e Efeito.....................207

Construindo o Mapa Estratégico 208

CAPÍTULO 10

Lições Aprendidas com a Implementação do Balanced Scorecard 223

Introdução...224

Entrevista com David Kallás, da Symnetics Educação................225

Bibliografia 237

CAPÍTULO **1**

A GESTÃO ESTRATÉGICA

"Não basta ensinar ao homem uma especialidade. Porque se tornará assim uma máquina utilizável, mas não uma personalidade. É necessário que adquira um sentimento, um senso prático daquilo que vale a pena ser empreendido, daquilo que é belo, do que é moralmente correto."
ALBERT EINSTEIN

~

"Estar preparado para combater a surpresa significa ter sido *treinado*.
Estar preparado para a surpresa é ter sido *educado*.
A educação descobre uma crescente riqueza no passado, porque ela vê o que está inacabado nele. O treinamento encara o passado como encerrado e o futuro como algo a ser terminado. A educação leva em direção a uma contínua descoberta; o treinamento conduz a uma autodefinição final.
O treinamento repete o futuro a um passado conhecido. A educação faz um passado não terminado continuar no futuro."
JAMES P. CARSE

~

"Se você já construiu castelos no ar, não tenha vergonha deles. Estão onde deveriam estar. Agora, dê-lhes alicerces."
HENRY DAVID THOREAU

Introdução

De acordo com Peter Drucker, "toda organização opera sobre uma teoria do negócio, isto é, um conjunto de hipóteses a respeito de qual é seu negócio, quais os seus objetivos, como ela define resultados, quem são seus clientes e a que eles dão valor e pelo que pagam". Isso significa que o principal desafio da gestão estratégica é converter a teoria e as hipóteses sobre os negócios em valor para *todos* os stakeholders (acionistas, empregados, clientes, fornecedores, credores e os membros da comunidade), e não apenas para os acionistas.

Mas para a gestão estratégica capacitar os empresários, executivos e colaboradores a atingirem os resultados desejados, num cenário de negócios imprevisível, ela precisa responder às seguintes questões:

a. Qual o significado de estratégia? A resposta deve possibilitar verificar se a empresa realmente possui uma estratégia e como ela se diferencia de seus concorrentes.

b. Que conhecimentos sobre a empresa – ambiente dos negócios, clientes e concorrentes – devem estar disponíveis para a formulação de uma consistente estratégia competitiva? A resposta deve indicar que análises serão necessárias e qual a metodologia a ser utilizada no processo.

c. Que cuidados devemos tomar para a implementação eficaz da estratégia? A resposta deve detalhar os passos necessários para converter a estratégia em ação, comunicando, educando, treinando e envolvendo os colaboradores, visando alcançar os resultados esperados.

A abordagem de *Balanced Scorecard e a Gestão Estratégica* ajudará a responder a essas questões.

O que Significa Gestão Estratégica?

A gestão estratégica é uma área do conhecimento relativamente nova, tendo sua origem na introdução da disciplina política dos negócios, nas universidades americanas, na década de 1950. Com o rápido desenvolvimento dos conceitos de estratégia e sua crescente aplicação nas atividades empresariais, a gestão estratégica foi obrigada a acompanhar essa evolução, tornando-se uma nova disciplina do estudo dos negócios.

Atualmente, a gestão estratégica é considerada como uma das principais responsabilidades da alta administração porque, de acordo com Liam Fahey, enfrenta um duplo desafio: "estabelecer as bases para o êxito de amanhã e ao mesmo tempo competir para vencer nos mercados de hoje". Além disso, o grupo executivo tem a difícil tarefa de conciliar os diferentes interesses dos stakeholders e coordenar as atividades das diferentes áreas da organização.

Nesse sentido, a essência da gestão estratégica é elaborar, por meio de uma abordagem inovadora e criativa, uma estratégia competitiva que assegure o êxito da organização nos negócios atuais, ao mesmo tempo em que constrói as competências essenciais necessárias para o sucesso nos negócios de amanhã.

A gestão estratégica é um processo contínuo porque a *estratégia realizada* de uma organização nem sempre coincide com a *estratégia pretendida*, devido às constantes mudanças verificadas na sociedade e no ambiente dos negócios. Segundo John Mahon, "a essência da gestão estratégica é o planejamento e a execução de estratégias que antecipem, enfrentem e alavanquem a mudança". Assim, a gestão estratégica precisa realizar um contínuo monitoramento dos resultados da organização, para executar as constantes adaptações da empresa, requeridas pelo seu meio ambiente. Dessa forma, a *estratégia é emergente*, precisando ser flexível e criativa para superar as incertezas, os riscos e aproveitar as novas oportunidades nos mercados. A Figura 1.1 mostra como a gestão estratégica lida com a estratégia realizada, a estratégia pretendida e a estratégia emergente de uma organização.

A tripla dimensão da estratégia como *realizada*, *pretendida* e *emergente* reflete a contribuição dada por Henry Mintzberg ao considerar a formulação mais como um processo caótico e criativo do que racional. De acordo com ele, a estratégia "é mais frequentemente um processo, irregular, descontínuo, repleto de ajustes e recomeços. Há períodos de estabilidade no desenvolvimento da estratégia, mas também há períodos de constantes mudanças, investigações, tentativa e erro, mudanças em etapas e mudanças globais".

A mudança, a incerteza, a novidade e a criação de novos conhecimentos com maior intensidade, além da estabilidade, em menor escala, fazem parte do processo

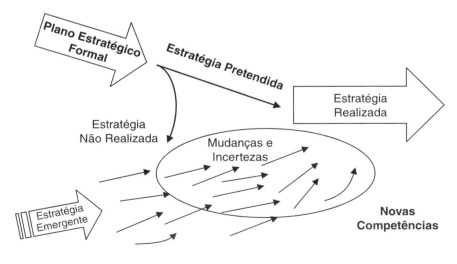

Fonte: Henry Mintzberg.

FIGURA 1.1   A Gestão Estratégica como uma Atividade Contínua

4 Balanced Scorecard e a Gestão Estratégica

estratégico. De acordo com Liam Fahey, "a mudança é a preocupação central da gestão estratégica: a mudança no ambiente, a mudança dentro da empresa e a mudança em como a empresa estabelece os elos entre a estratégia e a empresa". Como veremos nos próximos capítulos, essa também é uma das preocupações centrais dos projetos de Balanced Scorecard.

Uma das questões mais críticas da gestão estratégica é a implementação da estratégia competitiva da empresa. No processo estratégico, os executivos podem falhar tanto na formulação como na execução da estratégia de suas empresas. E isso ocorre com maior frequência do que imaginamos porque, em geral, as empresas são criativas na formulação de suas estratégias, mas caem na armadilha da implementação. É o que demonstra, por exemplo, a pesquisa realizada junto a 93 empresas da *Fortune 500* e mencionada por J. David Hunger, em seu livro *Gestão estratégica*. De acordo com a pesquisa, as empresas que estavam implementando suas estratégias de negócios enfrentavam os seguintes problemas:

- A implementação de forma mais lenta do que o planejado.
- O surgimento de problemas internos não previstos pelos executivos.
- A coordenação ineficaz de atividades planejadas.
- A eclosão de crises simultâneas que desviaram o foco da implementação.
- A falta de capacidade dos colaboradores envolvidos no processo.
- A comunicação e o treinamento insuficientes em relação à equipe de colaboradores.
- A influência de fatores ambientais não controláveis.
- A falha na liderança e no comprometimento dos gerentes de nível médio.
- A falta de clareza na definição das atividades-chave de implementação.
- O monitoramento inadequado de atividades pelo sistema de informações gerenciais.

Como veremos, os problemas com a implementação da estratégia ainda permanecem para um grande número de organizações, em todos os lugares do mundo, exigindo uma grande renovação na forma como o processo de gestão estratégica é conduzido.

No processo de ampliar sua compreensão, melhorar sua adaptação e influenciar o ambiente a seu favor, os responsáveis pela gestão estratégica precisam realizar três atividades integradas entre si: a gestão estratégica do mercado, a gestão da empresa e a gestão do alinhamento entre a estratégia e a empresa.

A gestão da estratégia de mercado significa formular, implementar, monitorar e renovar a estratégia competitiva da empresa, com o objetivo de possibilitar um retorno sobre o investimento superior ao de seus principais concorrentes ou ao da média do mercado onde a empresa atua. A gestão da estratégia de mercado exige a definição do escopo de atuação da empresa em termos de produto e mercado; a escolha do posicionamento, ou a imagem da empresa na mente dos *prospects* considerados como alvo; e a determinação das metas, ou mais precisamente dos resultados, que a empresa espera alcançar por meio de sua atuação no mercado.

A gestão estratégica da empresa significa compreender que os acontecimentos do *ambiente interno* da empresa podem ter a mesma importância dos eventos externos para o sucesso da estratégia. A gestão da empresa é fortemente influenciada pelo referencial analítico utilizado pelos executivos nas operações da organização; pelos modelos mentais dominantes, que podem facilitar ou dificultar o reconhecimento de novas tendências; pela estrutura organizacional e seu alinhamento com as atividades geradoras de valor; e pelo envolvimento (ou não) da liderança com os processos de mudança da organização.

Nessa linha de pensamento, J. David Hunger afirma que "a gestão estratégica é o conjunto de decisões e ações estratégicas que determinam o desempenho de uma corporação a longo prazo. Esse tipo de gestão inclui análise profunda dos ambientes interno e externo, formulação da estratégia (planejamento estratégico ou de longo prazo), implementação da estratégia, avaliação e controle". Para atender a esses desafios, a gestão estratégica deve ser suportada por quatro processos: da análise da dinâmica da sociedade e do ambiente de negócios, da formulação da estratégia, da implementação da estratégia e da avaliação e do monitoramento dos resultados.

Esses processos da gestão estratégica serão detalhados nos próximos capítulos, mas, agora, vale a pena associá-los aos princípios da organização orientada para a estratégia, conforme definidos por Robert Kaplan e David Norton, os criadores da metodologia do Balanced Scorecard. Como veremos, com mais detalhes, no Capítulo 2, esses princípios são os seguintes: traduzir a estratégia em termos operacionais; alinhar a organização com a estratégia; transformar a estratégia em tarefa de todos; converter a estratégia em processo contínuo e mobilizar a mudança por meio da liderança executiva.

Mas quais são os benefícios da gestão estratégica para a empresa? Além de procurar viabilizar o objetivo dos acionistas de obter uma taxa de retorno superior à média do mercado e de atender às expectativas dos demais stakeholders, a gestão estratégica pode contribuir, por exemplo, para a consecução dos seguintes benefícios:

- A equipe executiva e os colaboradores passam a ter uma visão compartilhada do negócio.
- Os recursos e os esforços da organização são direcionados aos objetivos considerados prioritários.
- As oportunidades emergentes no mercado são percebidas e exploradas com maior velocidade.
- As mudanças na sociedade e no mercado e o seu impacto na posição competitiva da empresa são rapidamente identificados e monitorados.
- A sistemática análise crítica da estratégia competitiva e sua consistência, em face dos resultados obtidos e das mudanças no ambiente competitivo.

6 Balanced Scorecard e a Gestão Estratégica

Mais recentemente, Kaplan e Norton, num artigo intitulado "Gestão Estratégica: Uma Profissão Emergente", publicado no *Balanced Scorecard Report* de maio-junho de 2004, mostram como a gestão estratégica está se renovando e sendo reinventada. De acordo com eles, "estamos presenciando o aparecimento de uma nova disciplina, a gestão estratégica, e, com ela, uma nova função gerencial, o *executivo de gestão estratégica* (SMO – Strategic Management Officer)". Nesta nova era do conhecimento, *a transformação da gestão da estratégia numa função executiva* reflete o renascimento da estratégia e o surgimento de uma nova consciência a respeito de sua importância para o sucesso empresarial.

A *nova gestão estratégica* vem conquistando, a cada dia, novos defensores, devido às dificuldades da alta administração e da equipe de colaboradores na execução de suas estratégias de negócios. De acordo com Kaplan e Norton, esse fato se deve a duas causas: "A primeira é que, como não existe uma maneira amplamente aceita de descrever a estratégia, as organizações tentam executar algo que nem mesmo está definido. A segunda é que os sistemas gerenciais não estão integrados com a estratégia organizacional. Se os principais direcionadores da mudança da organização não estiverem focados na estratégia, a execução bem-sucedida será impossível."

Mas, para a nova função de *executivo de gestão estratégica* ser bem-sucedida, Kaplan e Norton recomendam mais um passo: as organizações precisam criar em suas estruturas organizacionais uma *Unidade de Gestão Estratégica*, responsável por formulação, execução e monitoramento da estratégia competitiva, utilizando como referência a metodologia do Balanced Scorecard.

O que é Estratégia?

O significado da estratégia tem evoluído ao longo da história, em especial à medida que a sociedade avançava da sociedade industrial para a sociedade do conhecimento. Ao mesmo tempo, a responsabilidade pela formulação da estratégia deixou de ser responsabilidade do principal executivo para se tornar responsabilidade de todos na organização. Na era do conhecimento, todos os colaboradores de uma empresa são considerados os novos estrategistas.

Mas quais foram os marcos mais importantes da evolução da estratégia? Neste trabalho, iremos abordar apenas alguns dos pensadores e especialistas que apresentaram uma significativa contribuição para o entendimento da natureza da estratégia: Sun Tzu, Henry Mintzberg, Peter Drucker, Gary Hamel, C.K. Prahalad, Michael Porter, Robert Kaplan e David Norton. Em seguida, desenvolveremos a metodologia do *Balanced Scorecard e a Gestão Estratégica*, inspirada nos trabalhos de Robert Kaplan e David Norton.

Sun Tzu: A Estratégia como Arte de Guerra

Sun Tzu, contemporâneo de Confúcio, viveu por volta do ano de 400 a.C. e é o autor do mais antigo tratado militar, intitulado *A arte da guerra*, uma compilação de seu pensamento sobre como elaborar uma estratégia para obter sucesso na guerra.

A arte da guerra pode ser visto como um conjunto de conselhos para o líder sobre a importância da inteligência e da informação na formulação da estratégia, sobre o campo de batalha, as táticas de guerra, a identificação dos pontos fortes e fracos do inimigo, os movimentos ofensivos e defensivos e o uso de estratagemas para vencer a guerra.

Os ensinamentos de *A arte da guerra* podem ser considerados como uma metáfora para o melhor entendimento do atual mundo dos negócios, gerando inúmeros insights criativos sobre estratégia, liderança, aprendizagem, conhecimento e como se preparar para sobreviver num ambiente hostil e competitivo. A síntese das ideias de Sun Tzu apresentada a seguir foi adaptada para a moderna linguagem dos negócios.

A Importância da Estratégia

A estratégia é uma questão de vital importância para empresas e instituições, pois é ela que possibilita a sobrevivência ou a ruína de um negócio. Alguém com um propósito confuso não consegue reagir diante do inimigo, e a melhor estratégia vem da disposição mental correta. Por isso, é imperativo que a estratégia seja estudada em detalhes.

O líder precisa ter em mente que conquistar a vitória é o principal objetivo da estratégia. Assim, a melhor política é atacar a estratégia do concorrente. Mas o verdadeiro estrategista não é aquele que vence 100 batalhas, mas sim aquele que subjuga o concorrente sem lutar.

Na formulação da estratégia, é vital o conhecimento dos seis fatores decisivos para a vitória: a influência moral do líder, os valores da organização, a liderança visionária, as forças do ambiente externo, o conhecimento dos espaços vazios de mercado e o domínio dos princípios da doutrina estratégica.

A Liderança inspirada no Caráter do Líder

Formular um bom plano é apenas o primeiro passo. O sucesso da estratégia está associado ao caráter do líder e a seus valores morais como sabedoria, sinceridade, humanidade, coragem e disciplina.

Quando o líder é moralmente fraco e sua disciplina não é rigorosa, quando suas instruções não são esclarecidas, quando faltam regras coerentes para orientar a equipe de colaboradores e quando o ambiente é desmotivador, a organização está em desordem e corre o risco de entrar em crise.

O verdadeiro comandante lidera por seu caráter, suas ações, sua capacidade de motivar, sua tolerância e seu reconhecimento das contribuições.

A Inteligência de Mercado

A suprema excelência na estratégia é atacar os planos dos concorrentes. O estrategista sábio é aquele que somente ataca se a vitória estiver assegurada.

Obtenha informações sobre os concorrentes, descubra seus padrões e movimentos competitivos. Identifique seus pontos fortes e pontos fracos, ataque onde ele é mais vulnerável. Tire proveito do despreparo do concorrente, entre em mercados inesperados e ataque os concorrentes onde eles não tomaram nenhuma precaução.

Movimentos competitivos lançados contra um inimigo despreparado são como pedras atiradas em ovos, são exemplos de uma sólida estratégia agindo sobre um vácuo estratégico. O estrategista sábio usa o mais sólido para atacar o mais vazio.

Use o conhecimento, a imaginação e a criatividade para desenvolver a estratégia. Assim, "conhecer o outro e conhecer a si mesmo; em cem batalhas nenhum perigo. Não conhecer o outro e conhecer a si mesmo; uma vitória para uma perda. Não conhecer o outro e não conhecer a si mesmo, em cada batalha, derrota certa", disse Sun Tzu.

Henry Mintzberg: A Estratégia como a Criatividade do Artesão

A estratégia, que tem origem no pensamento militar, é uma das palavras mais utilizadas no ambiente empresarial. No entanto, ela é pouco compreendida, é aplicada de forma indiscriminada e significa diferentes coisas para diferentes pessoas. Henry Mintzberg é um dos maiores críticos do pensamento estratégico convencional, afirmando que, se as pessoas não compreenderem o real significado da estratégia, ela será de pouco valor. Para ele, "a criação de estratégias é um processo altamente complexo e envolve os mais sofisticados, sutis e até mesmo inconscientes processos cognitivos humanos e sociais".

Para Mintzberg, o processo estratégico não pode ser desenvolvido apenas com o uso de modelos pré-formatados, ou de análises racionais, lógicas e convencionais. A estratégia tem uma dimensão criativa que não pode ficar oculta. Em seu clássico artigo, "Crafting Strategy", Mintzberg faz uma analogia entre a criação da estratégia e a habilidade de um escultor, mostrando no processo a existência de elementos como visão, intuição, criatividade, imaginação, domínio de detalhes e descoberta de novos padrões pela aprendizagem contínua que ocorre enquanto a obra é esculpida.

Um dos pontos mais importantes, ao se comparar o trabalho de um executivo com o de um artesão, é a compreensão de que, no processo criativo, pensamento e ação estão intimamente ligados e de modo contínuo. Assim, para Mintzberg, "embora seja verdade que muitas estratégias planejadas são mal concebidas, creio que o problema, frequentemente, reside um passo além, na distinção que fazemos entre formulação e implementação – e a premissa comum de que o pensamento deve ser independente da ação (e precedê-la)".

Mintzberg chama a atenção para um fato muito importante para as pessoas envolvidas com projetos de Balanced Scorecard: "Todo fracasso de implementação também é, por definição, um fracasso na formulação." Em outras palavras, toda separação entre a fase de formulação e de implementação da estratégia é artificial, devendo-se tomar o cuidado para fazer com que os profissionais responsáveis pela formulação sejam também responsáveis pela implementação do plano estratégico.

A literatura sobre estratégia é tão grande e complexa que Mintzberg, em suas pesquisas, identificou 10 diferentes tipos de escolas sobre a formulação da estratégia. Não é nosso interesse aprofundar a análise sobre essas escolas do pensamento estratégico, mas vale a pena mostrar, a título de exemplo, as ideias de três autores das escolas de design, posicionamento e aprendizagem.

- Alfred Chandler, representante da Escola do Design e famoso pela observação de que a estrutura segue a estratégia, afirma que "a estratégia pode ser definida como a determinação das metas e de objetivos básicos a longo prazo de uma empresa, bem como da adoção de cursos de ação e alocação dos recursos necessários à consecução dessas metas".

- James Brian Quinn, representante da Escola do Posicionamento, afirma que a "estratégia é o padrão ou o plano para integrar as principais metas, políticas e sequências de ações de uma organização em um todo coerente. Uma estratégia bem formulada ajuda a ordenar e alocar os recursos de uma organização para uma postura singular e viável, com base em suas competências internas relativas, mudanças no ambiente antecipadas e providências contingentes realizadas por oponentes inteligentes".

- Nonaka e Takeuchi, representantes da Escola da Aprendizagem, afirmam que os ativos do conhecimento e a capacidade de aprender de uma organização são as principais fontes da vantagem competitiva. Além disso, "a essência da estratégia está no desenvolvimento da capacidade organizacional para adquirir, criar, acumular e explorar o conhecimento".

Mintzberg, na tentativa de apresentar um conceito mais abrangente, propõe a definição da estratégia em cinco diferentes dimensões: como *plano*, como *pretexto*, como *padrão*, como *posição* e como *perspectiva*.

a. A estratégia percebida como um *plano*: significa que a estratégia é um curso de ação conscientemente engendrado para lidar com determinada situação, seja ela um plano de guerra, um plano de jogo ou um plano de negócios.

b. A estratégia percebida como um *pretexto*: significa dizer que ela é uma manobra específica ou um estratagema com a finalidade de enganar o concorrente ou um adversário. Geralmente, a manobra é anunciada por meio dos sinais de mercado que uma empresa emite para dissuadir seus concorrentes de algum movimento competitivo.

c. A estratégia percebida como um *padrão*: significa dizer que ela é um padrão, isto é, consistência no comportamento, que pode ser identificado num fluxo de ações realizadas por uma organização. Geralmente, os padrões podem ser visualizados nas estratégias emergentes, quando aparecem independentemente das intenções (ou a despeito delas) dos formuladores da estratégia competitiva.

d. A estratégia percebida como uma *posição*: significa dizer que a estratégia se torna a forma de mediação entre a empresa e o ambiente (interno e externo). Neste caso, o desafio da organização consiste em encontrar um nicho ecológico no qual as possibilidades de retorno econômico sejam superiores às de seus concorrentes.

e. A estratégia percebida como *perspectiva*: significa colocar o foco das atenções no estrategista, em seus modelos mentais e como ele enxerga o mundo. Nesse sentido, a estratégia é uma invenção, um conceito abstrato (nunca ninguém viu uma estratégia) que surge na mente coletiva da organização, é uma proposta compartilhada pelos membros de uma organização por meio de suas intenções e ações.

A crítica de Mintzberg ao processo estratégico tradicional traz uma outra contribuição para os projetos de Balanced Scorecard, ao chamar a atenção para a questão da flexibilidade. De acordo com ele, os executivos ficam tão presos ao plano estratégico que eles correm o risco de se tornar inflexíveis, não criticando a consistência da estratégia, mesmo quando ocorrem mudanças no ambiente competitivo. O plano estratégico não é um fim em si mesmo, tampouco devemos nos contentar com a conhecida afirmação de que apenas o processo importa. O plano estratégico deve apresentar um resultado concreto e sua contribuição está na sua capacidade de gerar valor econômico para a organização, a longo prazo.

Peter Drucker: A Arte de Colocar o Cliente no Centro da Estratégia

Peter Drucker, como um dos mais importantes pensadores sobre a administração de todos os tempos, vem analisando, desde 1954, quando publicou *The Practice of Management*, os mais importantes temas da gestão dos negócios. Embora praticamente todas as dimensões da administração tenham sido abordadas por ele, não há um livro seu abordando especificamente a estratégia, tema que permeia toda a sua obra. Dessa forma, vamos destacar apenas alguns comentários de Drucker sobre a estratégia, que consideramos importantes para os profissionais envolvidos com os projetos de Balanced Scorecard e com a gestão estratégica.

De acordo com Drucker, a estratégia de uma organização deve estar a serviço do empreendedor, isto é, o indivíduo que transfere recursos de investimentos menos produtivos para os mais produtivos, gerando, assim, a riqueza. Para Drucker, esse aspecto da estratégia é muito mais significativo com a globalização, entendida como "o contínuo período de mudanças estruturais e incertezas, que torna crescente a incongruência entre a realidade econômica, política, cultural e tecnológica com a estrutura da organização".

Drucker estimula os executivos a refletirem criticamente sobre o pensamento estratégico e o significado da estratégia. Para ele, a estratégia pode ser entendida como o conceito central do negócio, embora aparentemente ela pareça estar oculta: "Vivemos não uma revolução em tecnologia, maquinário, técnicas, software ou velocidade, mas sim em conceitos." Assim, a estratégia pode ser vista como o conjunto de hipóteses de empresários e executivos a respeito da realidade (a sociedade, os países e os mercados), o cenário onde se desenvolvem as empresas.

A administração é uma disciplina eminentemente prática, mas ela não pode ser executada sem uma integração com o pensamento estratégico. Segundo Drucker, "há três dimensões diferentes no raciocínio estratégico: a empresa atual precisa se tornar eficaz; seu potencial precisa ser identificado e realizado; deverá ser transformada numa empresa diferente para um futuro diferente". Para que isso aconteça, a empresa precisa de uma estratégia unificada e, nesse sentido, um dos maiores desafios dos executivos é incorporar a reflexão e o conhecimento à ação estratégica.

Drucker também nos mostra como a estratégia significa o comprometimento dos recursos atuais da empresa com as expectativas de crescimento no futuro. Para ele, uma estratégia bem elaborada possibilita que uma instituição seja oportunista intencionalmente. Capacita a empresa a assumir riscos maiores, que é a única forma de melhorar o desempenho empresarial. Assim, a estratégia aparece como o teste definitivo da teoria de negócio escolhida por uma empresa.

Para Drucker, a estratégia é uma teoria dos negócios por excelência. Ela permite aos empresários e executivos discutirem, em profundidade, os mais significativos temas dos negócios –, por exemplo, nem os resultados nem os recursos existem dentro da empresa, ambos estão localizados fora, na sociedade e nos mercados; os resultados são obtidos pelo aproveitamento de oportunidades, e não pela solução de problemas; qualquer posição de liderança é transitória e provavelmente de curto prazo; e o que existe está se tornando obsoleto.

Segundo Drucker, "o equilíbrio de uma empresa existe apenas no organograma". Ele faz um alerta para os empresários e executivos sobre a importância do bom entendimento da estrutura da organização. Afirma que a estrutura segue a estratégia, porém a estrutura certa isoladamente não só não assegura o sucesso empresarial como também faz com que os esforços mais bem dirigidos sejam um fracasso. O maior desafio da estratégia e da estrutura é promover o equilíbrio entre a especialização das funções, a diversificação dos negócios e a integração entre as atividades da empresa.

Drucker também explica que a estratégia determina quais são as atividades-chave de determinada empresa. "A estratégia exige que se saiba o que é nosso negócio e o que ele deveria ser." A estratégia ajuda a organização a descobrir o que significa valor para o cliente. Para ele, "na definição da finalidade e da missão da empresa há somente um enfoque, um só ponto de partida. É o cliente. O cliente define o negócio". Em consequência, "só existe uma definição válida para a finalidade de uma empresa: criar um consumidor". Assim, na formulação da estratégia o cliente deve ser colocado no centro da atividade empresarial.

Porém essa definição de missão é somente o ponto de partida da estratégia, porque ela ainda precisa ser traduzida em objetivos operacionais, em alvos específicos para as diferentes áreas da organização. Para Drucker, os objetivos definem a estratégia da organização e estabelecem o elo entre a missão e os resultados a serem perseguidos pela organização. Os objetivos servem de orientação para a concentração dos recursos e dos esforços dos executivos. Em decorrência, somente uma clara definição da missão e da finalidade da empresa torna possível a existência de objetivos claros e realistas.

A estratégia também permite aos executivos discernirem o que é realmente uma oportunidade de negócios. De acordo com Drucker, "o que é uma oportunidade somente pode ser decidido se houver uma estratégia; caso contrário, não há como saber o que aproxima a organização dos resultados desejados e o que é desvio e desperdício de recursos". Em decorrência, as empresas devem se preocupar em maximizar suas oportunidades de negócios e não apenas a maximização dos lucros. É nesse sentido que a estratégia permite às organizações serem oportunistas intencionalmente, não ficando amarradas aos sucessos do passado.

Para Drucker, a estratégia também possibilita aos empresários e executivos anteciparem o futuro, por meio da tentativa de moldá-lo a favor da empresa e da promoção de um equilíbrio entre as metas de curto e longo prazos, porque "o objetivo final da atividade estratégia é identificar negócios, tecnologias e mercados novos e diferentes que a companhia deve tentar criar a longo prazo". Nesse sentido, uma estratégia bem formulada não é aquela que evita os riscos dos negócios, mas sim aquela que possibilita à empresa assumir riscos maiores e, consequentemente, realizar uma performance superior à de seus concorrentes.

Gary Hamel e C.K. Prahalad: A Estratégia como Regeneração e Revolução

Gary Hamel e C.K. Prahalad inovaram o debate sobre a estratégia, no seminal livro *Competindo pelo futuro*, quando introduziram novos conceitos como, *intenção estratégica, competências essenciais, arquitetura estratégica* e *regeneração da estratégia*.

De acordo com Hamel e Prahalad, os executivos dedicam pouco tempo à criação do futuro de suas empresas porque estão armadilhados com as questões operacionais do dia a dia e têm reduzida compreensão do processo de criação e implementação da estratégia. Para eles, "não basta que uma empresa diminua seu tamanho e aumente sua eficiência e rapidez; por mais importantes que sejam essas tarefas, a empresa também precisa ser capaz de se reavaliar, regenerar suas estratégias centrais e reinventar seu setor".

Hamel e Prahalad criticam a forma como a estratégia é utilizada em muitas empresas ou como é ensinada nas escolas de administração porque "parece estar mais preocupada em posicionar produtos e empresas dentro da estrutura existente do que em criar os setores de amanhã". Para eles, o maior desafio é pensar diferente sobre o real significado da estratégia. Assim, eles colocam para os executivos a reflexão sobre os seguintes temas da gestão estratégica:

- A estratégia deve possibilitar a discussão da identidade da empresa e suas aspirações num horizonte de 5 a 10 anos.
- A estratégia deve criar insights sobre como mudar as bases da competição do setor.
- A estratégia deve ajudar a identificar as necessidades emergentes e não articuladas dos clientes.
- A estratégia deve possibilitar a percepção de ameaça de novos competidores não tradicionais.
- A estratégia deve confrontar a forma tradicional como a empresa realiza seu plano estratégico.

Segundo Hamel e Prahalad, muitos empresários e executivos também têm uma falsa ideia sobre qual é a verdadeira questão estratégica, ao considerarem que suas empresas enfrentam problemas com a execução da estratégia, quando, na verdade, suas empresas perderam posição competitiva em relação a novos entrantes que mudaram as bases da competição.

De acordo com Hamel e Prahalad, a estratégia é um esforço criativo para imaginar o futuro das organizações. Para eles, o processo estratégico deve se iniciar com a seguinte pergunta: O que precisamos fazer diferente hoje se quisermos criar um novo futuro para a organização? A resposta é direta: uma *estratégia inovadora*, *criativa* e *revolucionária.*

Como um fator de *inovação*, a estratégia é entendida como a inteligência e a imaginação de empresários, executivos e colaboradores da organização que possibilitam a regeneração de estratégias já superadas pelo novo contexto dos negócios. Significa também aprender a abandonar os atuais modelos mentais na organização que limitam a percepção dos executivos em relação às novas tendências da sociedade.

Como um fator de *criação*, a estratégia deve ser considerada como a capacidade de uma organização de desenvolver as competências essenciais que irão contribuir para a concepção de novas propostas de valor para os consumidores.

Como um fator de *revolução*, a estratégia deve ser elaborada para a transformação não só da empresa, mas principalmente do setor de atividade em que ela atua, possibilitando a liderança na competição pelas oportunidades do futuro.

A *intenção estratégica* é a expressão utilizada por Hamel e Prahalad para substituir o conceito de visão estratégica. Para eles, a intenção estratégica cria a noção de propósito na organização, um senso de direcionamento comum e o destino estratégico, além de inspirar e motivar a equipe de colaboradores. A intenção estratégica dá foco à organização, e o maior desafio "não é apenas concentrar-se em algumas coisas de cada vez, mas concentrar-se nas coisas certas; concentrar-se nas atividades que causarão o maior impacto em termos de valor percebido pelo cliente".

A noção de intenção estratégica antecipa um dos maiores desafios enfrentados nos projetos de Balanced Scorecard: estabelecer um alinhamento entre os objetivos dos indivíduos e os objetivos estratégicos da organização. Segundo Hamel e Prahalad, "transformar a intenção estratégica em realidade exige que todos os funcionários saibam exatamente de que forma sua contribuição é essencial para a concretização da intenção estratégica. Não só todos na organização precisam achar o objetivo emocionalmente propulsor como também todos os funcionários precisam entender a ligação entre seu próprio trabalho e a concretização da meta. Em suma, a intenção estratégica precisa ser *personalizada* para cada funcionário".

Dificilmente os executivos discordariam da afirmação de que a estratégia está voltada para a criação de valor para os clientes, para a superação dos concorrentes e para a criação de novos espaços competitivos. Entretanto, antes de mais nada, ela precisa atender aos objetivos dos acionistas e demais stakeholders. Segundo Gary Hamel, no atual ambiente dos negócios "é impossível corresponder às expectativas crescentes dos investidores sem de fato criar nova riqueza. Para criar nova riqueza é preciso inovar – de maneira que os concorrentes não consigam imitar".

De acordo com Hamel e Prahalad, a *arquitetura estratégica* é o elo de ligação entre a intenção estratégica e as competências essenciais da organização; é a forma como a organização aborda as oportunidades emergentes. A arquitetura estratégica "mostra à organização que competências ela precisa começar a desenvolver *agora*, que novos grupos de clientes precisa começar a atender *agora*, que novos canais deveria estar explorando *agora* para interceptar o futuro".

O conceito de *competências essenciais* pode ser considerado como a principal contribuição de Hamel e Prahalad para o melhor entendimento da natureza da estratégia. Eles utilizam a metáfora da organização como uma árvore para explicar o conceito: "O tronco e os galhos principais são os produtos essenciais; os galhos menores, as unidades de negócios; as folhas, flores e frutos são os produtos finais. O sistema de raiz que provê a nutrição, sustentação e estabilidade é a competência essencial."

As competências essenciais desempenham um importante papel no processo de criação de novos espaços competitivos. Para eles, as competências essenciais representam o acúmulo paciente e persistente de capital humano e capital estrutural de uma empresa. As competências essenciais podem ser definidas como "o aprendizado coletivo na organização, especialmente como coordenar as diversas habilidades de produção e integrar as múltiplas correntes de tecnologia".

Em síntese, as competências essenciais possibilitam um forte aumento do valor percebido pelos clientes, ajudam as empresas a se diferenciarem dos concorrentes e geram valor para os acionistas. Uma análise mais detalhada da importância das competências essenciais para a gestão estratégica será realizada no Capítulo 8, quando analisamos a perspectiva da aprendizagem e crescimento do Balanced Scorecard.

Michael Porter: A Estratégia como a Arte de ser Diferente

Michael Porter é considerado um dos mais influentes pensadores de estratégia da atualidade. Porter nos explica que a principal motivação para o desenvolvimento de suas pesquisas foi o reconhecimento de que a estratégia competitiva é uma área de interesse crescente para os executivos entenderem a dinâmica da indústria e da competição. Entretanto, "o campo da estratégia tem oferecido um número muito reduzido de técnicas analíticas para a obtenção desta compreensão, e àquelas que surgiram faltam amplitude e alcance".

Porter associa a competitividade de empresas, instituições e nações à criação de riqueza. Para ele, um dos principais motivos da falta de sustentabilidade na criação de valor de muitas empresas é o fato de elas não abordarem como devem os princípios da estratégia. Mas por que acontece isso? Porter responde que é porque elas "estão acostumadas a agir em um ambiente instável, preocupadas com os acontecimentos do dia a dia, sem ter noção da direção real".

Mas o que é estratégia? Antes de responder a essa pergunta, Porter nos chama a atenção para uma questão fundamental: o ponto de partida do desenvolvimento de uma estratégia competitiva eficaz é ter em mente o objetivo correto, isto é, obter um excelente retorno sobre o investimento para os acionistas e demais stakeholders, ao longo do tempo.

Na busca desse objetivo, toda empresa desenvolve uma estratégia específica. Assim, de acordo com Porter, "a estratégia competitiva é a busca de uma posição competitiva favorável em uma indústria, a arena fundamental onde ocorre a concorrência. A estratégia competitiva visa a estabelecer uma posição lucrativa e sustentável contra as forças que determinam a concorrência na indústria".

Entretanto, muitas organizações fracassaram devido à sua incapacidade de traduzir a estratégia em ações específicas para se obter uma vantagem competitiva. Os executivos dessas empresas não conseguiram determinar a atratividade da indústria (em termos de rentabilidade, tamanho, crescimento e concorrência), tampouco conseguiram identificar quais os fatores críticos para o melhor posicionamento da empresa dentro de seu setor de atividade ou das novas fronteiras dos negócios.

Segundo Porter, a estratégia está associada à criação de valor para os acionistas, clientes e demais stakeholders. Nesse sentido, a vantagem competitiva "surge fundamentalmente do valor que uma empresa tem condições de criar para seus consumidores. Ela pode tomar a forma de preços inferiores aos da concorrência por benefícios equivalentes, ou o fornecimento de benefícios únicos que mais do que compensam um preço-prêmio". Dessa maneira, a vantagem competitiva da empresa é traduzida por um desempenho superior em relação aos principais rivais.

Entretanto, os concorrentes em determinado tipo de negócio agem, continuamente, por meio de estratégias de imitação no sentido de reduzir a taxa de retorno superior sobre os investimentos das empresas líderes ou mais inovadoras. Nessa perspectiva, "a estratégia competitiva pode ser entendida como ações ofensivas e defensivas para criar uma posição defensável em uma indústria, para enfrentar com sucesso as cinco forças competitivas (rivalidade entre as empresas, poder de barganha do cliente, poder de barganha do fornecedor, ameaça de novos entrantes e ameaça de produtos substitutos) e, assim, obter um retorno sobre o investimento maior para a empresa".

16 Balanced Scorecard e a Gestão Estratégica

Um outro ponto, associado à questão da rentabilidade, que, para Porter, deve merecer a atenção dos empresários e executivos, é se a empresa terá competência para capturar o valor por ela criado para os consumidores, ou se esse valor será capitalizado pelos concorrentes. Aqui, surge a importância de a empresa ser diferente, de criar uma posição única, envolvendo todas as atividades de sua cadeia de valor.

Em um artigo de grande repercussão intitulado "O que é Estratégia", publicado na *Harvard Business Review* de novembro-dezembro de 1996, Porter demonstrou que a eficácia operacional (reengenharia, reestruturação e melhoria contínua) não gera vantagens competitivas. Uma empresa somente conseguirá ter um desempenho superior, em relação aos principais concorrentes, se conseguir construir uma diferenciação aos olhos dos clientes.

De acordo com Porter, as diferenças de uma empresa em relação às rivais têm origem no conjunto de atividades situadas no interior da cadeia de valor, necessárias para a criação, produção, venda e distribuição de produtos e serviços aos seus diferentes públicos-alvo. Segundo Porter, "a eficácia operacional significa realizar atividades semelhantes *melhor* que os concorrentes. Em contraste, o posicionamento estratégico significa realizar atividades *diferentes* daquelas dos concorrentes ou realizar atividades semelhantes de *maneira diferente*". A Figura 1.2 mostra os princípios do posicionamento estratégico.

Segundo Porter, a principal consequência da eficiência operacional é que ela leva à *convergência competitiva*, em que as principais empresas de determinado setor têm a mesma proposta de valor para os clientes, utilizam as mesmas tecnologias e oferecem os mesmos produtos por meio dos mesmos canais de distribuição. A consequência é a queda do retorno sobre os investimentos.

1º O posicionamento estratégico deve começar com o objetivo certo: superioridade no longo prazo do retorno sobre o investimento.

2º A estratégia da empresa deve possibilitar o cumprimento de uma *proposição de valor*, ou um conjunto de benefícios para os clientes, diferente do oferecido pelo concorrente.

3º A estratégia deve refletir-se numa cadeia de valor específica. Para desenvolver vantagem competitiva sustentável, a empresa precisa executar atividades diferentes das dos rivais ou executar de maneira diferente as mesmas atividades dos rivais.

4º As estratégias poderosas envolvem *trade-offs*. As empresas precisam fazer escolhas, elas devem abandonar ou abrir mão de algumas características dos produtos, serviços ou atividades, a fim de serem inigualáveis em outras.

5º A estratégia define o modo como se encaixam os elementos das atividades da empresa. A estratégia envolve o exercício de escolhas interdependentes, ao longo de toda a cadeia de valor; todas as atividades da empresa devem ser mutuamente reforçadoras.

6º A estratégia requer continuidade de direção. A empresa deve definir uma proposição de valor a ser sustentada no longo prazo, mesmo que isso signifique a renúncia a certas oportunidades.

Fonte: Michael Porter. *A Estratégia e a internet.*

FIGURA 1.2   Os Princípios do Posicionamento Estratégico

A solução proposta por Porter é ser diferente. Nesse sentido, ele reformulou seu conceito de estratégia da seguinte forma: "Estratégia competitiva consiste em ser diferente, em se diferenciar. Isso significa escolher deliberadamente um conjunto diferente de atividades em relação aos concorrentes para fornecer um mix único de valor."

Na visão da estratégia de Porter, a empresa, além de ser genuinamente diferente de seus concorrentes, precisa fazer escolhas, ter um foco e saber o que fazer, ou ter o discernimento suficiente para decidir o que não fazer. Segundo ele, "sem *trade-offs*, não haveria necessidade de escolha e, assim, nenhuma necessidade de estratégia. Qualquer boa ideia poderia ser e seria rapidamente imitada". Sem o *trade-off*, as empresas cairiam novamente na armadilha da eficácia operacional e da convergência competitiva.

A concepção de Porter sobre estratégia é ampliada para a vantagem competitiva das nações. Se a competitividade de uma empresa significa a capacidade de competir nos mercados mundiais com uma estratégia global, para os países a vantagem competitiva depende do número de empresas, em seu território, com capacidade para competir globalmente.

A competitividade das empresas contribui para a elevação da produtividade de um país, que, por sua vez, "é o determinante principal, a longo prazo, do padrão de vida de um país, pois é a causa fundamental da renda nacional *per capita*". Na pesquisa que realiza anualmente no Institute for Strategy and Competitiveness, da Harvard Business School, para avaliar a competitividade de nações, Michael Porter descobriu que "83% das diferenças no PIB *per capita* se explicam pela competitividade empresarial. Isso quer dizer que, quando um país realmente está superando outro em condições de riqueza equivalentes, aumentando a renda *per capita*, o mais provável é que seja por causa do dinamismo de suas empresas".

Para finalizar a breve análise da contribuição de Porter para a gestão estratégica, gostaríamos de dizer que suas ideias sobre as cinco forças competitivas e a cadeia de valor serão mais bem detalhadas no Capítulo 3.

Kaplan e Norton: A Estratégia como a Arte da Execução

Os empresários, os executivos e os analistas de negócios reconhecem a importância da estratégia para o sucesso das empresas. Mas por que tantas empresas não são bemsucedidas em sua formulação e principalmente em sua implementação? Qual é a origem desse problema com a estratégia?

Robert Kaplan e David Norton oferecem algumas respostas. Para eles, a raiz do problema está num conjunto de fatores integrados entre si: a estratégia competitiva é um pouco abstrata; a alta administração tem dificuldades para traduzir a estratégia em objetivos da organização, as pessoas têm dificuldades para entender o significado da estratégia e os sistemas gerenciais, por não estarem alinhados a ela, criam barreiras para sua execução.

De acordo com Kaplan e Norton, "as estratégias – a única maneira sustentável pela qual as organizações criam valor – estão mudando, mas as ferramentas para a mensuração das estratégias ficaram para trás". Há um grande descompasso entre a teoria e a prática da estratégia. Enquanto a base conceitual do significado da estratégia evoluiu, as metodologias disponíveis à sua efetiva implementação não conseguiram acompanhar esse desenvolvimento. E foi justamente para desenvolver a capacidade de executar a estratégia, pelos membros da organização, que o Balanced Scorecard foi criado. A Figura 1.3 mostra algumas das principais ideias de Kaplan e Norton a respeito da estratégia.

A estratégia também não pode mais ser considerada como um atributo apenas da alta administração da empresa. De acordo com Kaplan e Norton, "nesta era dos trabalhadores do conhecimento, estratégias devem ser executadas em todos os níveis da organização. É preciso mudar os comportamentos e adotar novos valores. A chave para essa transformação é inserir a estratégia no centro do processo gerencial. No entanto, é impossível executar a estratégia sem antes compreendê-la, e não há como compreendê-la sem primeiro descrevê-la". Entretanto, a maioria das empresas não dispõe de um referencial confiável e consistente para comunicar, de forma objetiva, a estratégia a seus colaboradores.

---

1. O conceito de estratégia
"Conceituamos estratégia como a escolha dos segmentos de mercado e clientes que as unidades de negócios pretendem servir, identificando os processos internos críticos nos quais a unidade deve atingir a excelência para concretizar suas propostas de valor aos clientes dos segmentos-alvo, e selecionando as capacidades individuais para atingir os objetivos internos, dos clientes e financeiros."

2. A estratégia significa ter um foco
"A arte da estratégia consiste em identificar e buscar excelência nos poucos processos críticos que reforçam a criação de valor para os clientes."

3. A estratégia exige mudanças no *status quo*
"A estratégia exige mudanças em praticamente todas as partes da organização. A estratégia demanda trabalho em equipe para a coordenação das mudanças."

4. A estratégia concretiza a visão
"A visão cria a imagem do destino. A estratégia define a lógica de concretização da visão. Visão e estratégia são complementos essenciais."

5. A estratégia precisa ser mensurada
"'Meça a estratégia' significa que todos os objetivos e indicadores do balanced scorecard – financeiros e não financeiros – devem emanar da visão e da estratégia da organização."

6. A estratégia reflete a proposição de valor
"A proposição de valor para o cliente e a maneira como se converte em crescimento e rentabilidade para os acionistas são os fundamentos da estratégia."

FIGURA 1.3   A Estratégia na Visão de Kaplan e Norton

Muitas empresas investem recursos e o tempo de sua equipe de executivos e de colaboradores nas reuniões para a formulação da missão, da visão e da estratégia da organização. Entretanto, não demonstram a mesma preocupação nem com o processo de implementação, nem com a educação e o treinamento de seus colaboradores em relação ao seu direcionamento estratégico. Isso acaba gerando um grande problema porque, de acordo com Kaplan e Norton, "a chave para a implementação da estratégia é a compreensão da hipótese subjacente por todos na organização, o alinhamento dos recursos com as hipóteses, o teste contínuo das hipóteses e sua adaptação em tempo real, conforme as necessidades".

Nesse sentido, para facilitar o processo de execução da estratégia, Kaplan e Norton tiveram a preocupação de explicitar o significado da estratégia, a partir da perspectiva do Balanced Scorecard. Para eles, a estratégia precisa ser vista como um conjunto de conceitos integrados entre si:

a. A estratégia é um passo de um processo contínuo: significa reconhecer que o processo da estratégia se inicia com a definição da missão e, de forma contínua, deve ser desdobrado para as ações dos colaboradores da organização, que têm seus objetivos individuais alinhados a ela. O processo é contínuo porque ele é monitorado constantemente pelos diferentes sistemas gerenciais da empresa.

b. A estratégia é uma hipótese: significa reconhecer que o movimento da empresa de sua situação atual para o destino estratégico é algo inédito para a organização e marcado pelas incertezas existentes tanto no âmbito da sociedade como do ambiente competitivo.

c. A estratégia consiste em temas estratégicos complementares: significa reconhecer que a estratégia é desdobrada em temas estratégicos para estimular a análise, o debate de novas ideias e a imaginação dos colaboradores. Esses temas permitem determinar as prioridades da organização em relação a temas conflitantes como a ênfase no curto ou no longo prazo, ou ainda a busca de crescimento das vendas *versus* a rentabilidade.

d. A estratégia equilibra forças contraditórias: significa reconhecer que o objetivo de toda estratégia é a criação de valor para o acionista. Entretanto, esse objetivo somente será atingido se a empresa conseguir gerar, em primeiro lugar, valor para os clientes e, em seguida, para os demais stakeholders.

e. A estratégia descreve *uma proposição de valor diferenciada*: significa reconhecer que a organização precisa fazer uma escolha sobre qual segmento de clientes é mais importante para ela e, a partir daí, desenvolver uma proposta de valor diferenciada, que estimule esses clientes a fazer negócios com a empresa.

f. A estratégia alinha as atividades internas com a proposição de valor: significa reconhecer que a proposta de valor somente chegará até os clientes se os processos internos de negócios e atividades internas da organização estiverem alinhados a ela.

g. A estratégia transforma os ativos intangíveis: significa reconhecer que a perspectiva do aprendizado e crescimento é o fundamento de toda a estratégia e do processo de criação de valor. O desafio para os executivos é promover um alinhamento entre os recursos humanos, a tecnologia da informação e o clima organizacional e a estratégia de diferenciação para os clientes.

São essas ideias a respeito da estratégia que Kaplan e Norton incorporaram na metodologia do Balanced Scorecard e que serão de grande utilidade na criação dos mapas estratégicos e na comunicação da estratégia para os colaboradores da organização.

A breve revisão do significado da estratégia, realizada a partir da obra clássica de Sun Tzu e de importantes analistas de negócios como Mintzberg, Drucker, Hamel, Prahalad, Porter, Kaplan e Norton, teve por objetivo mostrar que ela deve ser o ponto de partida para o melhor desempenho da empresa, no complexo e imprevisível ambiente dos negócios.

CAPÍTULO 2

O BALANCED SCORECARD COMO UM MODELO DE GESTÃO ESTRATÉGICA

"Procuram-se homens para Viagem Perigosa. Baixa remuneração, frio intenso, longos meses na mais completa escuridão, risco constante, retorno duvidoso. Honra e reconhecimento em caso de sucesso."
ERNEST SHACKELTON

~

"Nos negócios todas as coisas são novas."
HARVARD BUSINESS REVIEW, nº 1, 1922.

~

"*O padrão que liga.* Por que as escolas não ensinam quase nada sobre o padrão que liga?"
GREGORY BATESON

~

"A viagem de descoberta consiste não em achar novas paisagens, mas em ver com novos olhos."
MARCEL PROUST

~

"Ver as coisas na semente, isso é gênio."
LAO-TSÉ

O Significado da Estratégia Baseada no Balanced Scorecard

As Dificuldades para Implementação da Estratégia

Apesar de a estratégia competitiva ser considerada fundamental para o sucesso dos negócios, nota-se uma grande dificuldade por parte dos empregados dos diferentes níveis da organização, dos gerentes ao pessoal operacional, para entender, interiorizar e aplicar as orientações estratégicas no seu dia a dia de trabalho.

Ao mesmo tempo, diferentes pesquisas, nacionais e internacionais, vêm destacando que empresários e executivos, em face do complexo cenário dos negócios, estão considerando prioritário o alinhamento de sua força de trabalho à estratégia da organização. É o que mostra, por exemplo, recente pesquisa (maio de 2004) do Progep – Programa de Estudos de Gestão de Pessoas da Fundação Instituto de Administração, realizada junto a 274 profissionais, ocupantes de cargo de direção das principais empresas brasileiras, de acordo com a revista *Maiores e Melhores*. Segundo o relatório de pesquisa, 82,3% dos entrevistados consideram como seu principal desafio alinhar as pessoas, seu desempenho e as competências humanas às estratégias do negócio e aos objetivos organizacionais.

Esse fato também é ressaltado pelos principais críticos do planejamento estratégico como Tom Peters, Henry Mintzberg e James Brian Quinn. Eles fundamentam suas observações dizendo que o planejamento estratégico tradicional separa pensamento e ação, elevando, ainda mais, a dificuldade de um conceito tão abstrato como estratégia ser colocado em prática.

Por sua vez, os criadores do Balanced Scorecard, Kaplan e Norton, acentuam que muitas empresas não conseguem os resultados esperados porque o verdadeiro problema não é a má formulação da estratégia, mas sim as falhas existentes em sua implementação.

Um outro problema está associado ao próprio entendimento do que seja Balanced Scorecard. Diferentes estudos demonstram que empresas do mundo inteiro estão implementando o Balanced Scorecard como uma ferramenta de gestão. No Brasil, pesquisa realizada pela Bain & Company, em 2003, junto a 60 das maiores empresas brasileiras, mostra que 84% delas utilizam como ferramenta de gestão o Planejamento Estratégico e que 57% das empresas implementaram o Balanced Scorecard.

Entretanto, é importante destacar que inúmeras iniciativas gerenciais, por mais bem-intencionadas que sejam, não podem ser confundidas com este sistema de gestão.

Assim, o Balanced Scorecard *não é*:

- um sistema de controle gerencial;
- um conjunto de indicadores financeiros;
- um painel de informações gerenciais; ou ainda
- uma lista de *KPIs* – Indicadores-Chave de Performance.

Porém, antes de definirmos o que é Balanced Scorecard, algumas questões precisam ser respondidas:

- Por que os empresários e executivos encontram dificuldades para desenvolver estratégias capazes de gerar um valor superior para os stakeholders?
- Por que a estratégia não é capaz de envolver todos os empregados da empresa, nem mesmo sua equipe gerencial?

Como alerta Gary Hamel, no processo de elaboração de uma estratégia competitiva algumas condições precisam ser atendidas:

Primeiro, toda a organização precisa participar da criação da estratégia, que não deve ser considerada como uma área exclusiva da alta administração, mas sim uma atividade pluralista e participativa.

Segundo, as discussões referentes à estratégia devem abranger os diferentes setores da organização, inclusive os parceiros de negócios, para possibilitar uma combinação inovadora de conhecimentos.

Finalmente, as pessoas estarão envolvidas com as mudanças estratégicas quando identificarem oportunidades de recompensas e crescimento pessoal.

De acordo com pesquisa realizada em 1999 pela *Revista Fortune*, somente 10% das organizações são bem-sucedidas na implementação de suas estratégias pelos mais diferentes motivos:

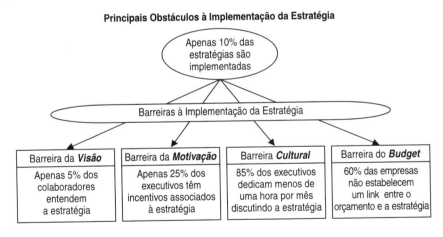

A Gestão da Estratégia Baseada no Balanced Scorecard

Os desafios da *gestão da estratégia baseada no balanced scorecard*, que pode ser definida como a construção de uma estratégia competitiva que gera valor superior aos stakeholders utilizando como instrumento esse modelo de gestão, são os seguintes:

- Tornar a formulação e a implementação da estratégia um processo contínuo de aprendizagem, em que todos os profissionais da empresa sejam envolvidos em todas as suas fases de desenvolvimento.

- Colocar a estratégia no centro do negócio e, consequentemente, no interior do processo gerencial.

- Integrar a estratégia no dia a dia operacional das pessoas.

- Assegurar a compreensão da estratégia por todos os colaboradores da organização, para o melhor desempenho de seus papéis.

- Descrever a estratégia da organização numa linguagem de fácil entendimento e de fácil explicação, a fim de estimular a troca de ideias e o envolvimento das pessoas.

- Traduzir a estratégia em um conjunto de indicadores financeiros e indicadores qualitativos para medir a eficiência e a eficácia do uso de ativos tangíveis e intangíveis, na geração de valor para a organização.

O processo estratégico exige que os executivos tenham sensibilidade e discernimento para tratar tanto com aspectos qualitativos e sutis da gestão estratégica (como a criação de novos conhecimentos) quanto com os fatores mais quantitativos e explícitos (como as informações financeiras). Este aspecto da gestão estratégica nos lembra a advertência feita por Einstein sobre o espírito científico, quando afirmou: "Nem tudo que pode ser contado importa, e nem tudo que importa pode ser contado." Dessa forma, um dos maiores desafios da equipe do projeto de Balanced Scorecard, como veremos, será a criação de um conjunto de objetivos estratégicos, qualitativos e quantitativos, integrados entre si.

Contexto Empresarial para a Criação do Balanced Scorecard

Uma série de tendências, fatores e necessidades do mundo empresarial contribuiu para o sucesso do sistema de gestão estratégica criado por Kaplan e Norton.

Em primeiro lugar, o reconhecimento por parte de empresários, executivos e analistas de mercado de que os indicadores financeiros eram insuficientes para orientar a gestão das empresas, num contexto de negócios em que a criação de valor estava migrando dos ativos tangíveis para os ativos intangíveis da organização. As novas fontes de vantagem competitiva migravam dos investimentos em ativos físicos e do acesso ao capital para a gestão de estratégias baseadas no conhecimento como relacionamentos com clientes, produtos e serviços inovadores, gestão de competências, tecnologia da informação e banco de dados, além de capacidades, habilidades e motivação da equipe de colaboradores.

Em segundo lugar, a percepção de que a maioria dos sistemas de mensuração de desempenho das empresas estava desvinculada da estratégia competitiva. Em consequência, o foco da atenção dos executivos estava na mensuração de resultados operacionais, em detrimento da gestão estratégica. Muitas organizações perceberam tardiamente que apenas medir não significava gerenciar o negócio. Esse fato explica o insucesso de muitas das iniciativas de reengenharia, downsizing e programas de qualidade total.

E, em terceiro lugar, a conscientização da necessidade das organizações em criar uma nova estrutura, uma nova linguagem e um novo sistema de comunicação e informação para transmitir e alinhar a força de trabalho em torno da estratégia competitiva. A formulação de uma boa estratégia competitiva não assegurava bons resultados nos negócios. Reconhecia-se que o sucesso estava associado, cada vez mais, a uma eficaz implementação da estratégia, que, por sua vez, dependia do aprendizado, do conhecimento e das competências da equipe de colaboradores.

Todos esses fatores, em conjunto, contribuíram para tornar o Balanced Scorecard uma das principais ferramentas de gestão da década de 1990 e do início do século XXI.

Definindo o Balanced Scorecard

Na atual sociedade do conhecimento, marcada por globalização, desregulamentação, internet, desintermediação, convergência entre os negócios e *networking* entre pessoas e empresas, medir apenas a saúde financeira de uma empresa não é mais suficiente. Agora, é preciso medir a saúde estratégica das organizações a longo prazo.

Mas, para avaliar se a posição competitiva de uma empresa está se fortalecendo ou, ao contrário, está se enfraquecendo, é preciso, antes, responder a algumas questões:

a. Dadas a missão e a visão de uma empresa, qual é sua estratégia competitiva?

b. Tomando como referência essa estratégia, que indicadores de desempenho são os mais importantes?

c. Como esses indicadores quantitativos e qualitativos se relacionam entre si?

d. Que indicadores efetivamente demonstram o sucesso do negócio em gerar valor a longo prazo?

O Balanced Scorecard procura responder a essas perguntas. De acordo com Norton e Kaplan, o Balanced Scorecard é uma ferramenta (ou uma metodologia) que "traduz a missão e a visão das empresas num conjunto abrangente de medidas de desempenho que serve de base para um sistema de medição e gestão estratégica". O Balanced Scorecard possibilita aos empresários e executivos identificarem em quais atividades críticas a empresa está gerando valor para os acionistas, clientes, colaboradores, fornecedores e para a comunidade.

Uma outra observação feita por Kaplan e Norton mostra como o Balanced Scorecard está integrado ao fluxo de valor de uma organização. De acordo com esses autores, o novo sistema de gestão "fornece um novo referencial para a descrição da estratégia mediante a conexão de ativos tangíveis e intangíveis em atividades criadoras de valor". Em seus livros e artigos, Kaplan e Norton exploraram o conceito de Balanced em diferentes perspectivas, como é mostrado na Figura 2.1.

> **1. O Balanced Scorecard coloca a visão em movimento**
> "A visão cria a imagem do destino, a estratégia define a lógica de concretização da visão. Os mapas estratégicos e o Balanced Scorecard fornecem as ferramentas para traduzir as declarações estratégicas genéricas em hipóteses, objetivos, indicadores e metas específicas."
>
> **2. O Balanced Scorecard narra a história da estratégia**
> "O scorecard deve contar a história da estratégia, começando pelos objetivos financeiros de longo prazo e relacionando-os depois com a sequência de ações que precisam ser tomadas em relação aos processos financeiros, dos clientes, dos processos internos e, por fim, dos funcionários e sistemas, a fim de que, a longo prazo, seja produzido o desempenho econômico desejado."
>
> **3. O Balanced Scorecard cria a consciência estratégica nos colaboradores**
> "As organizações focalizadas na estratégia exigem que todos os empregados compreendam a estratégia e conduzam suas tarefas cotidianas de modo a contribuir para o êxito da estratégia."
>
> **4. O Balanced Scorecard explicita o destino estratégico da organização**
> "O processo de desenvolvimento do Balanced Scorecard dá à organização, normalmente pela primeira vez, uma clara visão do futuro e do caminho para chegar lá. Além de produzir e desenvolver um roteiro organizacional que viabiliza a sua visão, o processo de desenvolvimento do scorecard capta a energia e o comprometimento de toda a equipe da alta administração."
>
> **5. O Balanced Scorecard estimula o diálogo na organização**
> "O scorecard incentiva o diálogo entre as unidades de negócios e os executivos diretores da empresa, não apenas com relação aos objetivos financeiros de longo prazo, mas também com relação à formulação e implementação de uma estratégia destinada a produzir um desempenho excepcional no futuro."

FIGURA 2.1 O Conceito do Balanced Scorecard por Kaplan e Norton

Em síntese, visando ao melhor entendimento do Balanced Scorecard por parte dos colaboradores de uma organização, ele pode ser entendido, de uma forma mais objetiva, em duas dimensões:

- É um sistema de gestão que traduz a estratégia de uma empresa em objetivos, medidas, metas e iniciativas de fácil entendimento pelos participantes da organização.
- É uma ferramenta gerencial que permite capturar, descrever e transformar os ativos intangíveis de uma organização em valor para os stakeholders.

De acordo com Kaplan e Norton, na perspectiva do Balanced Scorecard, a execução bem-sucedida da estratégia envolve o domínio de três atividades interligadas entre si, isto é, a geração de valor é igual à descrição da estratégia, mais a mensuração da estratégia, mais a gestão da estratégia.

O Balanced Scorecard é considerado um sistema balanceado de gestão porque promove um equilíbrio entre as principais variáveis estratégicas:

- Equilíbrio entre os objetivos de curto e longo prazos.
- Equilíbrio entre o foco interno e o ambiente externo da organização.
- Equilíbrio entre medidas financeiras e medidas do capital intelectual.
- Equilíbrio entre os indicadores de ocorrência (*lagg indicators*) e os indicadores de tendências (*leading indicators*).

Mas, como a própria estratégia competitiva, o conceito do Balanced Scorecard não é estático, mas sim dinâmico, estando sempre em evolução. Numa perspectiva histórica, o Balanced Scorecard, desde sua origem, em 1992, está numa contínua evolução, incorporando a aprendizagem e os novos conhecimentos decorrentes de sua implementação em centenas de empresas, em diferentes partes do mundo, e das pesquisas que Norton e Kaplan continuamente realizam em seu grupo de estudos, denominado *Balanced Scorecard Collaborative* (www.bscol.com). As Figuras 2.2 e 2.3 retratam a evolução do Balanced Scorecard desde sua criação.

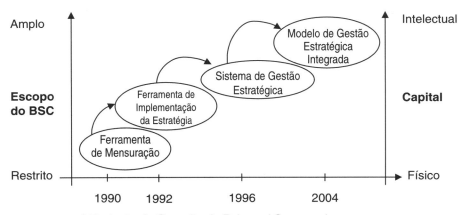

FIGURA 2.2   A Evolução do Conceito do Balanced Scorecard

28 Balanced Scorecard e a Gestão Estratégica

Fase 1
O BSC como Ferramenta de Mensuração

É caracterizada pela pesquisa Medindo a Performance nas Organizações do Futuro (1990), liderada por Norton e Kaplan, com o objetivo de desenvolver um novo modelo de medição do desempenho. Os líderes das empresas participantes do projeto acreditavam que as medidas financeiras tradicionais de avaliação de desempenho estavam prejudicando a capacidade das empresas de criar valor econômico para o futuro. O principal resultado da pesquisa foi a criação do Modelo do Balanced Scorecard reproduzido no clássico artigo "Balanced Scorecard – Indicadores que impulsionam o Desempenho", publicado na *Harvard Business Review* de janeiro-fevereiro de 1992, e que vinculava as medidas de performance à estratégia da organização.

Fase 2
O BSC como Ferramenta de Implementação da Estratégia

É caracterizada pela principal lição aprendida pelas empresas que adotaram o Balanced Scorecard: O BSC estava sendo utilizado como uma eficiente ferramenta para implementação da estratégia, e não apenas como um instrumento de mensuração da performance. Agora, o BSC incorporava quatro novos processos de negócios (Tradução da Visão, Comunicação e Conexão, Planejamento de Negócios e Feedback e Aprendizado) que possibilitavam a conexão dos objetivos estratégicos de longo prazo com as ações de curto prazo. Uma síntese desse aprendizado apareceu no artigo "Utilizando o Balanced Scorecard como Sistema Gerencial Estratégico", publicado pela *Harvard Business Review* de janeiro-fevereiro de 1996.

FIGURA 2.3   A Evolução do Conceito de Balanced Scorecard

Fase 3
O BSC como Sistema de Gestão Estratégica

Caracteriza-se pelo novo aprendizado das empresas que haviam implementado com sucesso o Balanced Scorecard: O BSC permitia o alinhamento dos recursos organizacionais (como equipes executivas, unidades de negócios, áreas de apoio, tecnologia da informação e recrutamento e treinamento de empregados) e criava o foco necessário para a implementação da estratégia. As empresas que pretendessem se tornar uma organização orientada para a estratégia deviam seguir cinco princípios gerenciais: Traduzir a estratégia em termos operacionais, alinhar a organização à estratégia, transformar a estratégia em processo contínuo e mobilizar a mudança por meio da liderança executiva.

Fase 4
O BSC como Modelo de Gestão Estratégica Integrada

É caracterizado pelo aprendizado de dois novos conceitos: os objetivos estratégicos deveriam interligar-se em relações de causa e efeito e a criação dos mapas estratégicos que possibilitavam descrever e comunicar a estratégia para os participantes da organização. Além disso, Kaplan e Norton, a partir das quatro perspectivas, procuraram incorporar, no processo de BSC, todos os avanços em gestão de negócios num sistema de gestão estratégica integrado. Os autores também enfatizaram a gestão do conhecimento com o aprofundamento da metodologia da perspectiva de aprendizagem e renovação.

As Perspectivas do Balanced Scorecard refletem a Estratégia da Empresa

De acordo com a metodologia do Balanced Scorecard, a missão e a visão da empresa precisam ser traduzidas em objetivos e medidas que reflitam os interesses e as expectativas de seus principais stakeholders e que possam ser agrupadas em quatro perspectivas diferentes:

- **Financeira**: Demonstra se a execução da estratégia está contribuindo para a melhoria dos resultados financeiros, em especial o lucro líquido, o retorno sobre o investimento, a criação de valor econômico e a geração de caixa;
- **Do Cliente**: Avalia se a proposição de valor da empresa para os clientes-alvo está produzindo os resultados esperados em termos de satisfação de clientes, conquista de novos clientes, retenção dos clientes, lucratividade de clientes e participação de mercado;
- **Dos Processos Internos**: Identifica se os principais processos de negócios definidos na cadeia de valor da empresa estão contribuindo para a geração de valor percebido pelos clientes e atingimento dos objetivos financeiros da empresa;
- **Da Aprendizagem e Crescimento**: Verifica se a aprendizagem, a obtenção de novos conhecimentos e o domínio de competências no nível do indivíduo, do grupo e das áreas de negócios estão desempenhando o papel de viabilizadores das três perspectivas anteriores.

No processo de traduzir a estratégia em objetivos e medidas mensuráveis, as quatro perspectivas (ou domínios) do Balanced Scorecard estabelecem um *diálogo* entre os formuladores da estratégia e os stakeholders da organização, como pode ser visualizado pela Figura 2.4.

Também é importante destacar que, ao construir o Balanced Scorecard, cada empresa pode definir um número maior (ou menor) de perspectivas para traduzir sua visão em objetivos tangíveis. Por exemplo, algumas empresas podem considerar que apenas três perspectivas são suficientes para contar a história de sua estratégia. Outras organizações, com elevada preocupação com a responsabilidade social empresarial, podem incluir essa perspectiva em seus scorecards; instituições de fomento, incubadoras de empresas ou as organizações não governamentais podem incluir as perspectivas dos investidores e mantenedores em seu scorecard.

A Sears é um bom exemplo de empresa que desenvolveu seu Balanced Scorecard de maneira criativa. A empresa, tomando como referência *mapas de aprendizado*, que é um eficiente recurso para aprendizagem, devido a seu apelo visual, facilidade de compreensão e de comunicação, elaborou seu mapa estratégico com apenas *três perspectivas,* como mostram as Figuras 2.5, 2.6 e 2.7.

O Balanced Scorecard como um Modelo de Gestão Estratégica 31

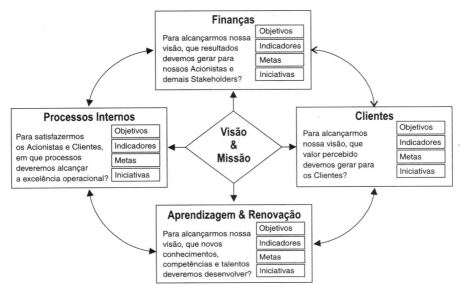

Fonte: Kaplan e Norton.

FIGURA 2.4   As Perspectivas de Valor

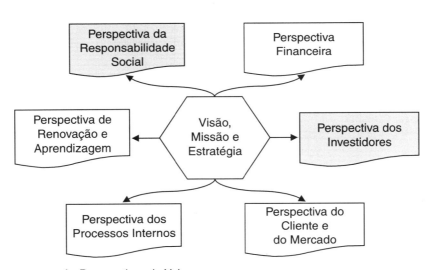

FIGURA 2.5   As Perspectivas de Valor

Perspectiva Financeira	**1. Lugar cativante para Investir** • Crescimento da receita • Crescimento superior do lucro operacional • Ganhos de produtividade
Perspectiva dos Clientes	**2. Lugar cativante para fazer Compras** • Ótimas mercadorias, com muito valor para o cliente • Excelentes serviços aos clientes, pelas melhores pessoas • Lugar divertido • Fidelidade do cliente
Perspectiva dos Empregados	**3. Lugar cativante para Trabalhar** • Ambiente propício ao crescimento e ao desenvolvimento pessoal • Apoio às ideias e inovações • Equipes e indivíduos capacitados e comprometidos

Fonte: Kaplan & Norton. *Organização Orientada para a Estratégia.*

FIGURA 2.6 Temas Estratégicos do Balanced Scorecard da Sears

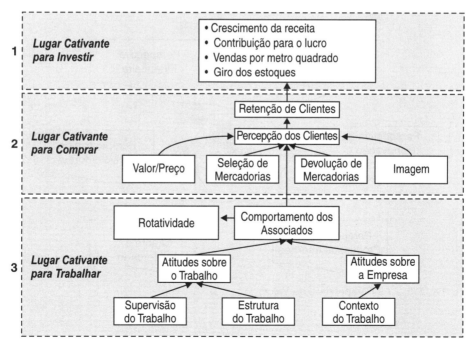

Fonte: Kaplan & Norton. *Organização Orientada para a Estratégia.*

FIGURA 2.7 Mapa Estratégico da Sears

Os Princípios de uma Organização Orientada para a Estratégia

A experiência, a pesquisa, a reflexão e os resultados dos projetos de Balanced Scorecard, realizados entre 1992 e 2000, possibilitaram a Norton e Kaplan identificar os princípios de uma organização orientada pela estratégia e que, ao mesmo tempo, utiliza a nova ferramenta de gestão. A Figura 2.8 nos permite uma visualização desses princípios:

FIGURA 2.8   Os Princípios da Organização Orientada para a Estratégia

Um detalhamento dos desafios associados aos princípios da organização orientada pela estratégia, conforme metodologia desenvolvida por Kaplan e Norton, é mostrado a seguir:

1º Princípio
Traduzir a
Estratégia em
Termos
Operacionais

Desafios
- Descrever a estratégia, utilizando como instrumento de comunicação os Mapas Estratégicos.

- Identificar e explicitar as relações de causa e efeito entre os objetivos estratégicos selecionados para as perspectivas de valor, mostrando como os ativos intangíveis se transformam em resultados financeiros.

- Selecionar o scorecard de indicadores não financeiros que possibilitam a descrição e mensuração do processo de criação de valor da empresa.

2º Princípio
Alinhar a
Organização
à Estratégia

Desafios
- Integrar as estratégias das unidades de negócios, das áreas funcionais e dos indivíduos à estratégia organizacional ou corporativa.

- Promover a sinergia de recursos, conhecimentos e competências entre as diferentes áreas da organização.

- Utilizar os temas e prioridades estratégicas como instrumento de gestão e comunicação, substituindo os tradicionais relatórios financeiros.

3º Princípio
Transformar
a Estratégia
em Tarefa
de Toda a
Organização

Desafios
- Difundir a estratégia da sala da diretoria para as equipes operacionais por meio da combinação de diferentes canais de comunicação.

- Educar toda a equipe de colaboradores da organização sobre os conceitos de negócios e a estratégia competitiva da empresa.

- Definir scorecards individuais a partir dos scorecards organizacionais.

- Vincular o sistema de remuneração e recompensas ao atingimento dos scorecards individuais e organizacionais.

4º Princípio
Converter a Estratégia em Processo Contínuo

Desafios

- Elaborar o orçamento a partir de objetivos e iniciativas estratégicas.

- Avaliar periodicamente (mensal ou trimestralmente), nos times gerenciais e operacionais, a consistência da estratégia competitiva.

- Criar uma cultura organizacional que estimule o aprendizado estratégico, em todos os níveis da empresa.

- Desenvolver sistemas de informação e análise que possibilitem ao usuário criar relatórios gerenciais para a avaliação da performance.

5º Princípio
Mobilizar a mudança por meio da Liderança Executiva

Desafios

- Realizar a iniciativa do Balanced Scorecard, tendo como patrocinador um executivo da alta administração, que desempenhará o papel de líder do processo.

- Motivar e dar autonomia aos integrantes da equipe responsável pela implementação do Balanced Scorecard para que atuem como líderes do processo, estimulando, orientando e educando os colaboradores da organização.

- Mobilizar a equipe de colaboradores para que adquiram senso de propriedade do processo de Balanced Scorecard.

- Implementar modelo de Governança Corporativa inspirado no Balanced Scorecard, entendido como um sistema de gestão estratégica.

Para finalizar, Kaplan e Norton ressaltam que, "sem uma descrição abrangente da estratégia, os executivos não podem divulgar com facilidade a estratégia entre si e compartilhá-la com os funcionários. Sem o entendimento comum da estratégia, os executivos são incapazes de promover o alinhamento em torno dela. E, sem o alinhamento, os executivos não têm condições de implementar suas novas estratégias". No complexo ambiente competitivo em que se desenvolvem as organizações, um dos maiores desafios dos executivos é a promoção de um alinhamento entre as metas individuais e as metas estratégicas da organização.

A Nova Linguagem dos Negócios introduzida pelo Balanced Scorecard

Em diferentes regiões do mundo, empresários, executivos, professores e consultores estão reconhecendo que o Balanced Scorecard está se transformando em um *novo paradigma da gestão empresarial*.

Nesse sentido, como todo paradigma, conforme a clássica análise de Thomas S. Kuhn, em seu livro *A estrutura das revoluções científicas*, estão incorporados novos conceitos, novo vocabulário, nova linguagem, novos instrumentos e técnicas que deverão ser aplicados na resolução de novos problemas associados à estratégia dos negócios. A Figura 2.9 mostra, de forma esquemática, a ideia de paradigma.

O detalhamento do Balanced Scorecard como um novo paradigma de gestão estratégica é apresentado a seguir:

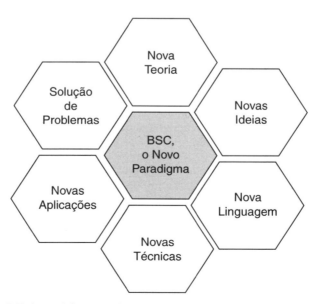

FIGURA 2.9 O Balanced Scorecard como um Novo Paradigma da Gestão Estratégica

O Balanced Scorecard como um Modelo de Gestão Estratégica

a. **Nova Teoria Estratégica**: A metodologia do Balanced Scorecard procura incorporar, a partir de uma visão holística, as principais ideias sobre gestão de negócios defendidas por seus principais representantes, como Peter Drucker, Michael Porter, Gary Hamel, C.K. Prahalad, W. Edward Deming, Michael Treacy, Fred Wiersema, Dave Ulrich, Peter Senge, Henry Mintzberg, Edgar Schein, Philip Crosby, Thomas Stewart, W. Chan Kim, Renée Mauborgne, entre outros;

b. **Novas Ideias e Nova Linguagem**: Representadas, por exemplo, pelos seguintes conceitos:

- Organização orientada para a estratégia.
- Mobilização de ativos intangíveis para a criação de valor.
- As insuficiências dos indicadores financeiros para gerenciar o negócio.
- Equilíbrio entre objetivos de curto e longo prazos, entre medidas financeiras e não financeiras e entre indicadores de tendências (*leading indicators*) e de ocorrência (*lagging indicators*).
- Tradução de visão e missão em objetivos estratégicos mensuráveis e de fácil entendimento pelos colaboradores da organização.
- Transformação da estratégia em responsabilidade da força de trabalho.
- Prontidão do capital intelectual.

c. **Novas Técnicas**: Criadas com forte apelo prático e ilusoriamente simples, como:

- As perspectivas de valor: Financeira, do Cliente, dos Processos Internos e da Renovação e Crescimento.
- O Mapa Estratégico.
- As relações de causa e efeito entre objetivos estratégicos, medidas, indicadores e iniciativas estratégicas.
- Elaboração do orçamento estratégico a partir das iniciativas do Balanced Scorecard.

d. **Novas Aplicações e Solução de Problemas**: Direcionadas principalmente para a gestão estratégica, como:

- Na formulação e implementação da estratégia empresarial.
- Na integração entre a gestão do conhecimento e a estratégia.
- Na educação empresarial e criação das universidades corporativas.
- Nos investimentos em tecnologia da informação e comunicação.
- No processo de gestão da mudança organizacional.

- Nos programas de *E-learning*.
- Na priorização e integração das iniciativas da organização.
- Na gestão da inovação.
- No alinhamento entre a estratégia e as atividades de responsabilidade social e proteção ao meio ambiente.

A abordagem do Balanced Scorecard como um novo paradigma de gestão estratégica será de grande utilidade nos processos de aprendizagem, educação, simulação e implementação para a equipe responsável pelo projeto nas organizações.

Em primeiro lugar, o Balanced Scorecard, utilizando-se uma expressão de Lev S. Vigotski, começará a fazer parte do *campo de significado* dos indivíduos e da cultura organizacional, permitindo a aplicação de conceitos, a troca de experiência e a aprendizagem sobre os negócios pelos diferentes grupos de trabalho da empresa.

Em segundo lugar, como aprender é uma experiência social, o Balanced Scorecard irá estimular a *mediação social*, que, segundo Soshana Zuboff, possibilitará a melhor interação entre diretores, gerentes, empregados e consultores durante o processo de implementação do projeto.

Finalmente, com o aprendizado de novos conceitos, novos significados e novas metodologias, os participantes da organização poderão praticar, de forma mais produtiva, o *diálogo*, no sentido dado a ele por Peter Senge quando analisou a *learning organization*.

De acordo com Senge, por meio do diálogo um grupo é capaz de acessar um grande conjunto de ideias com significado comum (como a visão, a missão e os valores) que dificilmente poderia ser acessado de forma individual. Assim, na atividade de elaboração dos mapas estratégicos, por exemplo, a prática do diálogo irá permitir aos indivíduos desenvolverem novos conceitos, indo muito além de qualquer compreensão individual. Além disso, o estímulo ao diálogo e a abertura a novas ideias irão evitar que, nas reuniões do Balanced Scorecard, os participantes trabalhem de forma mecânica e sem criatividade.

O Significado dos Principais Conceitos do Balanced Scorecard

A partir da ideia de que a produtividade e a criatividade do trabalho de implementação do Balanced Scorecard melhora com o compartilhamento de significados, torna-se importante a definição de alguns dos conceitos mais utilizados por esse sistema de gestão estratégico.

As Perspectivas de Valor do Balanced Scorecard

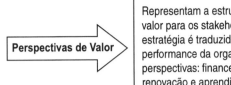

Representam a estrutura por meio da qual o processo de criação de valor para os stakeholders é visualizado. Por meio desse modelo, a estratégia é traduzida em objetivos que permitem a avaliação da performance da organização, tomando-se como referência quatro perspectivas: financeira, dos clientes, dos processos internos e de renovação e aprendizagem.

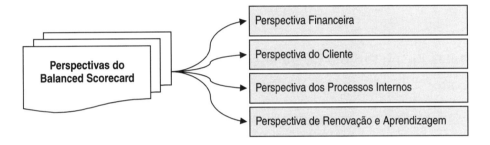

As Medidas de Desempenho derivam da Estratégia

Conceito:

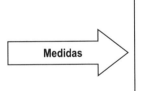

As medidas (ou indicadores) nos permitem avaliar até que ponto as atividades e ações que deveriam estar sendo desenvolvidas na organização estão progredindo, sendo completadas ou ainda merecendo o foco e a atenção dos colaboradores da organização. As medidas de desempenho, que levam em consideração o ambiente dos negócios, devem ser derivadas da estratégia de negócios e precisam estar encadeadas, entre si, nas perspectivas de valor.

A Figura 2.10 apresenta alguns exemplos de medidas para as quatro perspectivas do Balanced Scorecard: Financeira, do Cliente, dos Processos Internos e da Renovação e Crescimento.

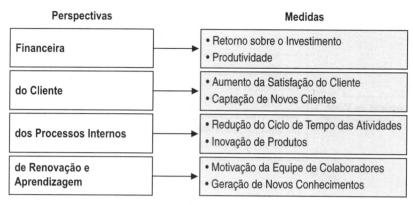

FIGURA 2.10   Exemplos de Medidas para as Perspectivas de Valor

As Metas de um Projeto de Balanced Scorecard
Conceito:

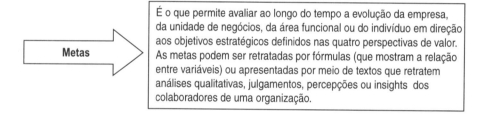

A Figura 2.11 mostra alguns exemplos de metas para as diferentes medidas das perspectivas de valor do Balanced Scorecard.

Perspectivas	Medidas	Metas
Financeira	• Retorno sobre o Investimento • Produtividade	• ROE de 18% • Aumento de 5% ao ano
do Cliente	• Aumento da Satisfação do Cliente • Captação de Novos Clientes	• 90% de clientes satisfeitos • 15% dos *prospects*
dos Processos Internos	• Redução do Ciclo de Tempo das Atividades • Inovação de Produtos	• De 4 para 3 semanas • Primeiro a lançar no mercado
de Renovação e Aprendizagem	• Motivação da Equipe de Colaboradores • Geração de Novos Conhecimentos	• Melhoria no clima organizacional • Criação de uma cultura de compartilhamento do conhecimento

FIGURA 2.11   Exemplos de Metas de Medidas para as Perspectivas de Valor

As Iniciativas Estratégicas do Balanced Scorecard
Conceito:

São as ações que uma empresa deve realizar, nas quatro dimensões do Balanced Scorecard, para alcançar os objetivos estratégicos. As iniciativas devem ser priorizadas em função de seu impacto de curto, médio e longo prazos na geração de valor e fortalecimento da posição competitiva da empresa.

A Figura 2.12. desenvolve alguns exemplos de iniciativas estratégicas que podem ser selecionadas num projeto de Balanced Scorecard.

Perspectivas	Medidas	Metas	Iniciativas
Financeira	• Retorno sobre o Investimento • Produtividade	• ROE de 18% • Aumento de 5% ao ano	• Melhorar utilização de ativos • Introduzir Seis Sigma
do Cliente	• Aumento da Satisfação do Cliente • Captação de Novos Clientes	• 90% de clientes satisfeitos • 15% dos *prospects*	• Realizar pesquisa de satisfação • Fortalecer imagem de marca
dos Processos Internos	• Redução do Ciclo de Tempo das Atividades • Inovação de Produtos	• De 4 para 3 semanas • Primeiro a lançar no mercado	• Redesenho de processos • Criar equipe multidisciplinar em P&D
da Renovação e Aprendizagem	• Motivação da Equipe de Colaboradores • Geração de Novos Conhecimentos	• Melhoria no clima organizacional • Criação de uma cultura de compartilhamento do conhecimento	• Introduzir política de participação nos lucros • Criar Universidade Corporativa

FIGURA 2.12   Exemplos de Iniciativas para as Perspectivas de Valor

O Orçamento Estratégico

Conceito:

É um instrumento de gestão estratégica do Balanced Scorecard, elaborado após a definição dos objetivos, dos indicadores, das metas e da seleção das iniciativas que determina onde e como os recursos do capital humano e do capital estrutural da organização serão alocados, ao longo do ciclo de planejamento empresarial.

A Figura 2.13 mostra como, na filosofia do Balanced Scorecard, o orçamento é elaborado a partir do mapa estratégico, dos objetivos estratégicos e das iniciativas estratégicas da empresa.

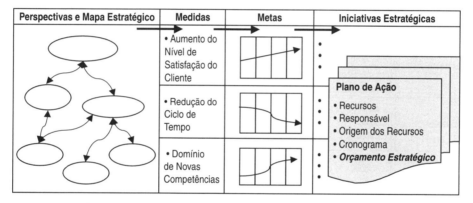

FIGURA 2.13   Dos Objetivos ao Orçamento Estratégico do Balanced Scorecard

CAPÍTULO 3

CONSTRUINDO O BALANCED SCORECARD

"Dois monges encontram-se numa longa estrada:

– Aonde vais?

– Vou a um passeio pelas redondezas.

– Qual o propósito do passeio?

– Não sei.

– Bem, não sabendo, fica mais perto."

HISTÓRIA ZEN-BUDISTA

∿

"Todo ato de criação é, em primeiro lugar, um ato de destruição."

PABLO PICASSO

∿

"O teste de uma inteligência superior é a capacidade de manter duas ideias opostas na mente no mesmo tempo e ainda ter capacidade de continuar funcionando.

A gente deveria ser capaz de, mesmo sem esperanças sobre o mundo, ter a determinação necessária para transformá-lo."

F. SCOTT FITZGERALD

A Missão e a Visão: Os Pontos de Partida do Balanced Scorecard

Introdução

A crescente utilização dos conceitos de missão e visão nas organizações mostra a preocupação dos líderes empresariais em dar um sentido ao trabalho realizado pelas pessoas nas organizações. Essa busca de propósito, direção e sentido na vida e no trabalho foi retratada por Viktor Frankl, em seu clássico livro *Em busca do sentido*. De acordo com Frankl, "a busca de um sentido na vida da pessoa é a principal força motivadora no ser humano". Após essa tomada de consciência pelo indivíduo, esse desafio deve ser traduzido num esforço pessoal para sua realização: "O que o ser humano realmente precisa não é um estado livre de tensões, mas antes a busca e a luta por um objetivo que valha a pena, uma tarefa escolhida livremente."

Dessa forma, em seu dia a dia de trabalho, as pessoas buscam respostas para as seguintes perguntas: Que lugar ocupo nesta organização? Quais são os meus objetivos? O que devo fazer? Quais são as minhas perspectivas de desenvolvimento no futuro? Mas, como já vimos, as pessoas raramente encontram uma resposta satisfatória para essas questões. Isso acontece porque executivos e colaboradores nem sempre sabem quais são os objetivos da organização e muito menos têm um entendimento de qual é a sua missão, visão e estratégia competitiva.

O processo do Balanced Scorecard procura superar essa lacuna. De acordo com o Balanced Scorecard, a estratégia de uma empresa não é algo estático, mas sim um processo dinâmico e contínuo que tem como origem a definição da missão e a criação de sua visão de futuro. Assim, podemos afirmar que, se a visão indica o destino de uma organização, a missão mostra o ponto de partida e o entendimento de onde ela se encontra, em determinado momento e contexto.

A compreensão do fluxo "missão, visão e estratégia" é fundamental para o desenvolvimento dos projetos de Balanced Scorecard, uma vez que sua metodologia revela uma contínua interação com esses conceitos. Todo o modelo é desenvolvido a partir da ideia de Kaplan e Norton, no sentido de que o Balanced Scorecard deve esclarecer e traduzir a missão e a visão de uma organização, seja ela uma corporação, uma unidade de negócios, uma instituição ou uma organização sem fins lucrativos, em medidas e objetivos de fácil entendimento por todos os seus participantes.

Mas, para construir a estratégia, os mapas estratégicos, os objetivos e os indicadores de desempenho a partir da missão e da visão, dois conceitos centrais da gestão estratégica, primeiro é preciso entender o que eles significam.

A Missão

A missão procura explicar a razão de ser de uma organização e serve de guia geral aos executivos para orientar a escolha de negócios entre as várias oportunidades existentes em seu espaço competitivo. De acordo com Peter Drucker, "somente uma definição clara da missão e da finalidade da empresa torna possível a existência de objetivos claros e realistas. É o fundamento para as prioridades, as estratégias, os planos e a definição de atribuições". Uma declaração de missão bem elaborada apresenta as seguintes características:

- Descreve o propósito da organização.
- Identifica os negócios dos quais a organização deve participar no presente e no futuro.
- Delineia a estratégia que deverá ser seguida para gerar valor para os stakeholders.
- Define o que significa sucesso para os participantes da organização.
- Incorpora os valores compartilhados e os comportamentos que a organização espera de seus colaboradores.

Dessa forma, segundo Karl Albrecht, podemos definir missão como "uma declaração simples e convincente de como a empresa deve fazer negócios. Define quem são seus clientes, a premissa de valor que ela oferece a seus clientes e quaisquer meios especiais que usará para gerar valor para eles, de modo a conquistar seus negócios e mantê-los". Uma boa declaração de missão deve ser simples, concisa e de fácil entendimento por todos os colaboradores da organização. Como mostram as Figuras 3.1 e 3.2, definir a missão de uma empresa significa responder às seguintes perguntas:

Missão significa responder: Por que existimos?

- Quem somos?
- Para que propósito a organização existe?
- Que valor nossa empresa oferece para a sociedade?
- Qual é a nossa identidade?
- Para quem existimos?
- Onde estamos agora?

FIGURA 3.1   A Definição de Missão

Exemplos de Missão

- "Preservar e melhorar a vida das pessoas." (Merck)
- "Servir alimentos de qualidade, com rapidez e simpatia, num ambiente limpo e agradável." (McDonald`s)
- "Alegrar as pessoas." (Disney)
- "Fazer contribuições técnicas para o avanço e bem-estar da humanidade." (Hewlett-Packard)

FIGURA 3.2   Exemplos de Missão de Empresas

A Visão

A visão serve como referência para a criação do mapa estratégico do Balanced Scorecard. A visão desenvolve o senso de destino para os participantes da organização e pode ser definida em diferentes dimensões. Para John Naisbitt, "o principal ingrediente da reinvenção da empresa é uma poderosa capacidade de visão – toda uma nova sensibilidade em relação a para onde caminha a empresa e sobre o modo de chegar lá". Já para J. Kouzes e B. Posner, a visão precisa denotar a singularidade e um padrão de excelência; ela é "uma imagem ideal e única do futuro".

De acordo com Warren Bennis, a visão reflete o estado futuro da empresa imaginado pelo líder. Trata-se de um alvo e um poderoso motivador porque, quando a organização tem "um senso claro de seu propósito, direção e estado futuro desejado, e quando essa imagem é amplamente compartilhada, os indivíduos são capazes de encontrar seus próprios papéis na organização e na sociedade maior da qual fazem parte".

Para Mihaly Csikszentmihalyi, a visão está associada à criatividade e a novas maneiras de realizar as coisas na organização. Para ele, "a visão é a expressão de uma forma de ser que ainda não existe; é a antecipação de um estado futuro da organização. Visão requer investimento em energia (ou seja, capital financeiro, social e psicológico) para possibilitar a evolução do sistema atual para um formato que seja tanto renovado quanto desejável. Assim, podemos definir visão como a evolução antecipada de uma organização que se fez consciente de suas potencialidades".

Segundo James Collins e Jerry Porras, a visão de uma organização está associada aos seus valores essenciais e à sua capacidade de imaginar o futuro a que ela aspira alcançar e criar. A visão é algo que exige mudanças e progresso significativos. Uma estimulante imagem do futuro precisa ter metas ambiciosas, complexas e alcançáveis.

Uma visão deve preceder a formulação da estratégia e provocar uma tensão criativa no interior da organização. A visão deve ser uma ideia tão energizante que, segundo Burt Nanus, "deve transcender o *status quo* e proporcionar o tão esperado elo entre o que está acontecendo no presente e o que a empresa aspira a construir no futuro". A Figura 3.3 apresenta algumas questões associadas à definição da visão, enquanto a Figura 3.4 nos mostra exemplos reais de declaração de visão.

Visão significa responder: Para onde queremos ir juntos?

- Qual é o sonho mais ambicioso de nossa organização?
- Qual é a nossa visão do futuro?
- O que queremos alcançar a longo prazo?
- Para onde nós vamos a partir de onde estamos?

FIGURA 3.3 Questões Associadas à Definição da Visão

> **Exemplos de Visão**
> - "Ser reconhecida como a empresa mais criativa do mundo." (3M)
> - "Construir um site onde todos possam comprar qualquer coisa." (Amazon.com)
> - "Ser o líder mundial em imagem." (Kodak)
> - "Um lugar cativante para investir, para fazer as compras e para trabalhar." (Sears)
> - "Eliminar os abusos contra o meio ambiente e promover soluções ambientais." (Greenpeace)

FIGURA 3.4   Questões Associadas à Definição da Visão

Dada a importância do conceito de missão e visão na metodologia do Balanced Scorecard, vale a pena reproduzir como Kaplan e Norton abordam esses dois conceitos, como mostra a Figura 3.5.

Conceito de Missão	Conceito de Visão
É uma declaração concisa, com foco interno, da razão de ser da organização, do propósito básico para o qual se direcionam suas atividades e dos valores que orientam as atividades dos empregados. A missão também deve descrever como a organização espera competir no mercado e fornecer valor aos clientes.	É uma declaração concisa que define as metas a médio e a longo prazos da organização. A visão deve representar a percepção externa, ser orientada para o mercado e deve expressar – geralmente em termos motivadores e *visionários* – como a organização quer ser percebida pelo mundo.

Fonte: Robert Kaplan e David Norton.

FIGURA 3.5   Abordagem de Kaplan e Norton para Missão e Visão

Em nosso trabalho como consultor, notamos, em inúmeras ocasiões, certa confusão entre os conceitos de missão e visão, principalmente entre os colaboradores da organização. Com o objetivo de facilitar o entendimento desses conceitos, apresentamos uma ilustração de forma esquemática (Figura 3.6).

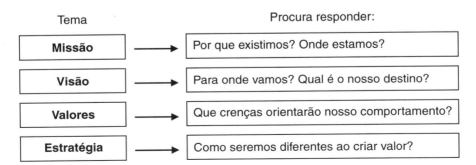

FIGURA 3.6   A Interação entre Missão, Visão, Valores e Estratégia

Após a definição de missão e visão, podemos mostrar como esses conceitos estão integrados ao vocabulário e à linguagem objetiva do Balanced Scorecard, permitindo transformar a estratégia numa história, em sequência, a ser transmitida para todos na organização, como mostra a Figura 3.7.

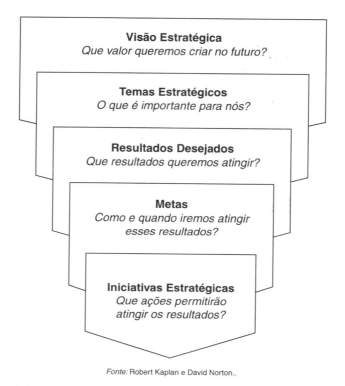

Fonte: Robert Kaplan e David Norton..

FIGURA 3.7   A Inter-relação entre a Visão Estratégica e as Iniciativas do Balance Scorecard

A Figura 3.8 ilustra como o Balanced Scorecard possibilita traduzir a missão e a visão em medidas de desempenho que desafiam e estimulam a Equipe de Colaboradores da organização.

Entretanto, a gestão estratégica baseada no Balanced Scorecard reforça a necessidade de se efetuar a análise das forças ambientais, a avaliação dos recursos e competências da organização, a análise competitiva, a definição das vantagens competitivas e a escolha da estratégia empresarial – antes de se iniciar o processo do Balanced Scorecard.

Análise do Cenário dos Negócios

Os cenários possibilitam a uma organização identificar que desafios de negócios ela irá enfrentar. Segundo Peter Schwartz, cenários não são adivinhações: eles repre-

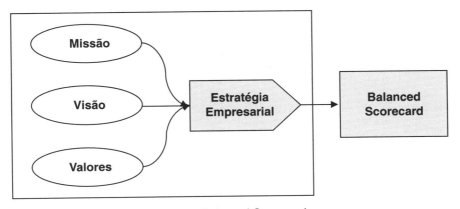

FIGURA 3.8   Da Visão Estratégica ao Balanced Scorecard

sentam uma ferramenta para ordenar a percepção sobre ambientes alternativos futuros. Cenários são histórias sobre como o mundo poderá se transformar no futuro e que impacto isso terá na vida de pessoas, grupos e organizações.

A análise de cenários permite avaliar se a organização possui os recursos e as competências necessárias para ser bem-sucedida em relação às grandes tendências que estão modelando o futuro dos negócios.

De acordo com Kees Van Der Heijden, a liderança da organização precisa avaliar se existe uma adequação entre o ambiente dos negócios e a ideia de negócio e como isso irá influenciar a criação de valor para o cliente e a efetividade do portfólio de competências da organização, como mostra a Figura 3.9.

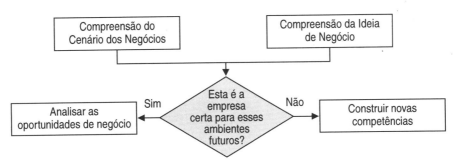

FIGURA 3.9   A Estratégia Baseada no Balanced Scorecard

Na metodologia da gestão estratégica baseada no Balanced Scorecard, o grupo responsável pelo projeto de BSC deverá buscar significado para a organização em relação aos acontecimentos relatados pela história dos cenários. Na análise de cenários, a principal responsabilidade do grupo de implementação é imaginar como as narrativas irão afetar os objetivos estratégicos das perspectivas de valor do Balanced Scorecard, como mostra a Figura 3.10.

Perspectiva	Objetivos Estratégicos (exemplos)	Cenários (Avaliar impacto sobre os Objetivos Estratégicos)	
		C-1: *Status Quo* Mesmo modelo mental com intensificação da concorrência	C-2: *Transformação* Novas tecnologias, novos *players* e fusões de empresas
Financeira	▪ Retorno sobre o Investimento ▪ Produtividade		
Do Cliente	▪ Aumento da Satisfação do Cliente ▪ Captação de Novos Clientes		
Dos Processos Internos	▪ Redução do Ciclo de Tempo das Atividades ▪ Inovação de Produtos		
De Aprendizagem e Renovação	▪ Motivação da Equipe de Colaboradores ▪ Geração de Novos Conhecimentos		

FIGURA 3.10   O Impacto dos Cenários nas Perspectivas de Valor

Análise SWOT da Empresa

A gestão da estratégia baseada no Balanced Scorecard também se utiliza do modelo SWOT (Pontos Fortes e Fracos, Ameaças e Oportunidades) para avaliar os impactos das forças setoriais nas perspectivas de valor. Entretanto, adota como instrumento de análise o modelo das Cinco Forças Competitivas desenvolvidas por Michael Porter. A interação entre as forças macroambientais e as forças setoriais resulta em novas ameaças e oportunidades para a empresa, como mostra a Figura 3.11.

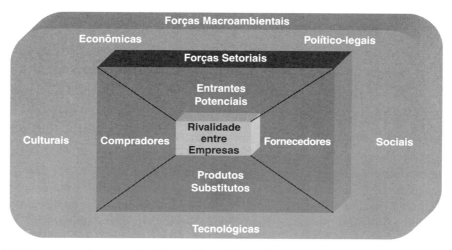

FIGURA 3.11   Ameaças das Forças Setoriais nas Perspectivas de Valor

A análise SWOT possibilitará maior diálogo e maior aprendizagem entre a equipe do projeto do Balanced Scorecard se ela for complementada pela análise do impacto das forças macroambientais (*ameaças* e *oportunidades*) sobre as perspectivas de valor, como mostra a Figura 3.12.

Forças Macroambientais	Variáveis de Impacto nas Perspectivas de Valor	*Ameaças ou Oportunidades* das Forças Ambientais sobre os Negócios a partir das Perspectivas de Valor			
		Financeira	Do Cliente	Dos Processos Internos	Da Aprendizagem e Crescimento
Econômicas					
Sociais					
Político-legais					
Tecnológicas					
Culturais					

FIGURA 3.12   *Ameaças e Oportunidades* das Forças Macroambientais nas Perspectivas de Valor

A Análise das Forças Competitivas e as Perspectivas de Valor

A análise das forças competitivas que atuam em determinada *indústria* (negócio ou setor de atividade) é outro pré-requisito para a elaboração do Balanced Scorecard. De acordo com Michael Porter, a vantagem competitiva de uma empresa pode ser identificada (e mensurada) pelo valor que ela consegue criar para seus clientes e é demonstrada pelo superior retorno sobre o investimento, a longo prazo.

Entretanto, esse retorno é afetado pela constante ação de *cinco forças competitivas*, que disputam entre si uma parcela maior do valor gerado pelo negócio. Além disso, as cinco forças competitivas:

- novos entrantes no negócio;
- ameaça de substituição;
- poder de negociação dos compradores;
- poder de negociação dos fornecedores; e
- rivalidade entre as empresas que disputam o mercado

mostram como as fronteiras entre os setores de atividades estão sendo eliminadas, surgindo concorrência de onde menos se espera.

As cinco forças competitivas determinam a rentabilidade de determinado setor (por exemplo, químico, automobilístico, de informática, de telecomunicações e varejo) porque elas agem no sentido de influenciar os preços praticados, os custos, a inovação, a geração de novos conhecimentos e a massa crítica de investimentos, que são os fatores determinantes do retorno sobre o investimento.

A recomendação de Porter é que uma empresa busque um *posicionamento* sustentável de mercado que a proteja (como a posição da Microsoft no setor de informática), reduza o impacto (como a Gol no setor de aviação) ou ainda que a empresa seja capaz de influenciar (como a Dell na comercialização de produtos de informática), a fim de conseguir uma rentabilidade acima da média do setor.

Uma análise mais profunda sobre a dinâmica das cinco forças pode ser encontrada no livro *Estratégia competitiva*, de Michael Porter. Entretanto, para os projetos de Balanced Scorecard é importante ter uma visão geral das principais características dessas forças competitivas e como elas afetam as quatro perspectivas de valor.

Força 1: Ameaça de Entrada

A entrada em um novo negócio pode ocorrer pelo desenvolvimento interno de novas competências, aquisição de empresa atuante no mercado, realização de *joint-venture* ou ainda pela realização de fusão entre empresas.

Um novo entrante influencia as bases atuais da competição porque traz novas competências, novas capacidades, novos investimentos e o desejo de ganhar *market-share* em relação às empresas já estabelecidas. O sucesso dos novos entrantes irá depender fundamentalmente das barreiras existentes (como elevados níveis de capital, diferenciação de produtos e acesso a canais de distribuição) e da reação esperada das empresas existentes contra esse novo *player*. Neste caso, o risco é de as empresas líderes subestimarem as competências do novo entrante ou demorarem para responder aos seus movimentos competitivos, principalmente os relacionados com a redução de preços ou inovações de produtos. A Figura 3.13 mostra o impacto de um novo entrante nas perspectivas de valor.

Perspectiva do Balanced Scorecard	Impacto da Força *Novos Entrantes no Negócio*
Financeira	▪ Pode afetar o objetivo de retorno sobre o investimento. ▪ Pode afetar o objetivo de crescimento das vendas.
Do Cliente	▪ Pode afetar a captação e a retenção de clientes. ▪ Pode exigir mudanças na proposta de valor.
Dos Processos Internos	▪ Pode exigir melhorias na eficiência operacional. ▪ Pode provocar mudanças na inovação de produtos.
De Aprendizagem e Renovação	▪ Pode representar a perda de talentos. ▪ Pode exigir o domínio de novas competências.

FIGURA 3.13   O Impacto de Novos Entrantes nas Perspectivas de Valor

Força 2: Intensidade da Rivalidade entre os Concorrentes Existentes

A rivalidade entre empresas pode ser observada quando um participante está descontente com seu posicionamento e identifica uma oportunidade para satisfazer melhor às necessidades e expectativas de seus clientes, ou ainda quando a alta administração é pressionada para melhorar o desempenho dos negócios.

A rivalidade é percebida no mercado por meio de táticas de redução de preços, promoções, melhoria dos serviços aos clientes, ampliação das garantias ou introdução de novos produtos. Alguns fatores como o tamanho dos rivais, o lento crescimento do negócio, a ausência de diferenciação e as barreiras de saída afetam diretamente a intensidade e a forma como a rivalidade irá se desenvolver. A rivalidade reflete a zona de atrito da estratégia competitiva das empresas concorrentes entre si. O ponto a ser observado é que o sucesso de um rival irá depender da efetividade com que irá implementar a estratégia escolhida e da qualidade de resposta de seus oponentes. A Figura 3.14 mostra o impacto da rivalidade entre os concorrentes nas perspectivas de valor.

Perspectiva do Balanced Scorecard	Impacto da Força *Rivalidade entre Concorrentes*
Financeira	▪ Pode exigir o aumento das despesas de promoção e propaganda. ▪ Pode exigir fortes reduções de custos.
Do Cliente	▪ Pode prejudicar a lealdade dos clientes. ▪ Pode aumentar o poder de negociação dos clientes.
Dos Processos Internos	▪ Pode exigir revisão dos serviços aos clientes. ▪ Pode levar a um redesenho da cadeia de suprimentos.
De Aprendizagem e Renovação	▪ Pode exigir aprendizado para imitar produtos e serviços dos rivais. ▪ Pode exigir mudanças na cultura organizacional.

FIGURA 3.14   O Impacto da Rivalidade entre Concorrentes nas Perspectivas de Valor

Força 3: Ameaça de Produtos Substitutos

Muitas empresas enfrentam a ameaça de ver seus produtos sendo substituídos por ofertas de empresas de outros setores de atividade. Por exemplo, a indústria siderúrgica vê seu principal produto, o aço, sendo ameaçado por substitutos em plástico, alumínio e cerâmica; a indústria açucareira é ameaçada por adoçantes artificiais; e os fabricantes de óculos estão competindo com os fabricantes de lentes de contato.

54 Balanced Scorecard e a Gestão Estratégica

A ameaça de substitutos acaba estabelecendo um preço-teto para os produtos de uma indústria, promovendo um *trade-off* entre preço e desempenho de diferentes produtos e materiais e, ainda, a agregação de novos serviços que podem satisfazer a uma mesma necessidade básica. Os produtos substitutos afetam a rentabilidade dos produtos e em especial as empresas com elevada lucratividade. Entretanto, a disposição de uma empresa para utilizar uma nova solução depende dos custos de mudança, do tempo e dos investimentos necessários para a força de trabalho e também de os clientes aprenderem a utilizar o novo produto. A Figura 3.15 mostra o impacto de produtos substitutos nas perspectivas de valor.

Perspectiva do Balanced Scorecard	Impacto da Força *Ameaça de Produtos Substitutos*
Financeira	■ Pode exigir uma redução no preço-teto dos produtos. ■ Pode exigir investimentos em novos ativos.
Do Cliente	■ Pode exigir aumento nos diferenciais do produto. ■ Pode estimular a venda cruzada de produtos.
Dos Processos Internos	■ Pode exigir redesenho da experiência de compra do cliente. ■ Pode exigir gerenciamento de alianças estratégicas.
De Aprendizagem e Renovação	■ Pode exigir liderança na introdução de novos produtos. ■ Pode exigir o desenvolvimento de tecnologias estratégicas.

FIGURA 3.15   O Impacto de Produtos Substitutos nas Perspectivas de Valor

Força 4: Poder de Negociação dos Compradores

O poder de negociação do comprador é exercitado quando ele força seus fornecedores a reduzirem o preço dos produtos ou quando exige uma ampliação dos serviços prestados, na mesma condição de preços. O poder de um comprador é alto quando ele compra uma grande quantidade dos produtos de determinada indústria.

O poder de barganha do comprador depende, além de seu tamanho e concentração, dos seguintes fatores: os produtos que o comprador adquire representam uma grande parcela de seus custos, os produtos que são adquiridos são padronizados ou não diferenciados ou ainda o comprador enfrenta baixos custos de mudança. Um comprador com alto poder de negociação tem como alternativa estratégica a possibilidade de promover a integração vertical dos insumos estratégicos aos seus negócios. A Figura 3.16 mostra o impacto de produtos substitutos nas perspectivas de valor.

Perspectiva do Balanced Scorecard	Impacto da Força *Ameaça de Produtos Substitutos*
Financeira	▪ Pode exigir uma renegociação dos preços dos produtos. ▪ Pode impedir o repasse do aumento de preço dos insumos.
Do Cliente	▪ Pode exigir um atendimento mais diferenciado. ▪ Pode exigir aumento do nível dos serviços prestados.
Dos Processos Internos	▪ Pode exigir redução dos prazos de entrega. ▪ Pode transferir custos da cadeia de suprimentos.
De Aprendizagem e Renovação	▪ Pode exigir maior conhecimento de suas operações. ▪ Pode exigir treinamento de sua equipe de colaboradores.

FIGURA 3.16   O Impacto de Produtos Substitutos nas Perspectivas de Valor

Força 5: Poder de Negociação dos Fornecedores

Um fornecedor tem grande poder de negociação quando ele é capaz de ameaçar os participantes de uma indústria com elevação de preços, redução dos volumes ou ainda com a padronização da qualidade dos produtos. Quando tem grande poder, um fornecedor pode cobrar preços diferentes, de acordo com diferenças no valor criado a partir do relacionamento com seus clientes.

Quando analisamos o poder de barganha dos fornecedores, não devemos nos concentrar apenas em empresas, porque os trabalhadores, em especial os organizados em sindicatos, podem deter grande poder de negociação. Um fornecedor é poderoso quando, por exemplo, não sofre a concorrência de produtos substitutos, o setor em que atua é dominado por poucas empresas, um cliente isoladamente não é importante para ele ou ainda quando o produto do fornecedor é um importante insumo para o negócio do cliente. A Figura 3.17 mostra o impacto do poder dos fornecedores nas perspectivas de valor.

A metodologia da *gestão da estratégia baseada no Balanced Scorecard* procura promover uma integração e um diálogo entre as cinco forças competitivas e as quatro perspectivas de valor, com a finalidade de a equipe do projeto ter condições de escolher objetivos que realmente reflitam a estratégia competitiva. A Figura 3.18 retrata essa preocupação.

Perspectiva do Balanced Scorecard	Impacto da Força *Poder de Negociação dos Fornecedores*
Financeira	▪ Pode exigir um repasse do aumento de custos nos preços dos produtos. ▪ Pode exigir melhoria de produtividade.
Do Cliente	▪ Pode exigir aumento da capacidade de negociação com os clientes. ▪ Pode estimular o aumento da quantidade de clientes.
Dos Processos Internos	▪ Pode exigir o desenvolvimento de novos fornecedores globais. ▪ Pode exigir redesenho da cadeia de aquisição e logística.
De Aprendizagem e Renovação	▪ Pode exigir novas habilidades de relacionamento com os clientes. ▪ Pode exigir nova política de relacionamento com os empregados.

FIGURA 3.17 O Impacto do Poder dos Fornecedores nas Perspectivas de Valor

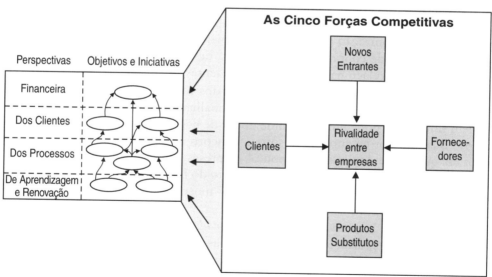

Fonte: Adaptado de Michael Porter; Robert Kaplan e David Norton.

FIGURA 3.18 O Impacto das Cinco Forças Competitivas nas Perspectivas de Valor

A Cadeia de Valor e as Perspectivas de Valor do Balanced Scorecard

A cadeia de valor é outra importante ferramenta analítica que pode ser considerada útil na formulação do Balanced Scorecard. O conceito foi originalmente desenvolvido por Michael Porter, quando procurava identificar as fontes das vantagens competitivas de uma empresa. De acordo com Porter, "a vantagem competitiva não pode ser entendida olhando-se uma empresa como um todo. Ela provém das muitas atividades distintas executadas por uma empresa ao projetar, produzir, comercializar, entregar e prestar assistência ao produto. Cada uma dessas atividades pode contribuir para a posição dos custos relativos de uma empresa, além de criar uma base para a diferenciação. A cadeia de valores desagrega uma empresa nas suas atividades de relevância estratégica para que se possam compreender o comportamento dos custos e as fontes existentes e potenciais de diferenciação". A Figura 3.19 mostra como uma cadeia de valor pode ser visualizada.

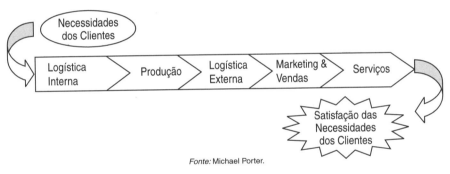

Fonte: Michael Porter.

FIGURA 3.19 A Cadeia de Valor de uma Empresa

A cadeia de valor é composta por dois tipos de atividades integradas entre si, mas subdivididas em função de sua capacidade de gerar valor para o negócio. As *atividades primárias* são aquelas envolvidas desde a criação física do produto ou do serviço, passando pelo processo de venda e de transferência para o consumidor, até os serviços de pós-venda e o relacionamento com os clientes. As *atividades secundárias*, por sua vez, são as atividades de suporte às atividades primárias, incorporando no processo de criação de valor insumos, recursos humanos, administração e finanças, bem como a infraestrutura de tecnologia de informação e de comunicação. Uma visualização da integração entre a cadeia de valor e as perspectivas do Balanced Scorecard é mostrada na Figura 3.20.

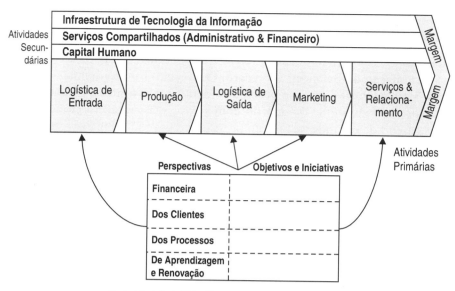

FIGURA 3.20   A Cadeia de Valor e as Perspectivas do Balanced Scorecard

Na metodologia da *gestão estratégica baseada no Balanced Scorecard*, a cadeia de valor será utilizada para identificar os pontos fortes e os pontos fracos de uma organização, nas perspectivas de valor. Uma definição desses conceitos é apresentada na Figura 3.21.

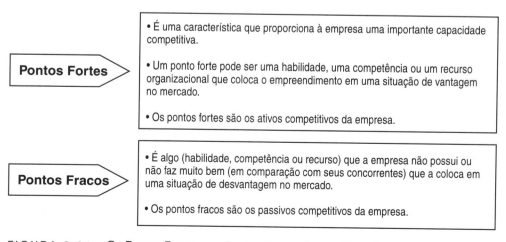

FIGURA 3.21   Os Pontos Fortes e os Pontos Fracos de uma Organização

A análise dos pontos fortes e pontos fracos de uma organização muitas vezes é negligenciada no processo de formulação e implementação do Balanced Scorecard, comprometendo a qualidade dos resultados.

Como a análise dos pontos fortes e pontos fracos gera muitos insights para o processo estratégico, ela se torna fundamental para a definição dos objetivos, seleção e priorização das iniciativas do Balanced Scorecard. A seguir, apresentam-se alguns exemplos de pontos fortes e fracos potenciais de uma empresa genérica.

- Qualidade de liderança do diretor executivo
- Capacidade de motivar a equipe de colaboradores
- Reputação dos produtos junto aos consumidores
- Amplitude e profundidade da linha de produtos
- Habilidades e competências em cada aspecto do mix de produtos
- Efetividade da proposta de valor para o cliente
- Habilidade em segmentar os mercados
- Qualidade do atendimento e relacionamento com os clientes
- Fluxo de Caixa
- Geração de Valor Econômico (EVA)
- Capacidade de captar capital próprio ou de terceiros
- Capacidade e eficiência do processo de pesquisa e desenvolvimento
- Competências do pessoal de P & D em termos de criatividade, simplicidade, qualidade, confiabilidade
- Patentes e direitos autorais
- Capacidade de produção
- Posição dos custos totais relativos (economias de escala, curva de aprendizagem)
- Sofisticação tecnológica de instalações e equipamentos
- Eficiência da cadeia de suprimentos
- Flexibilidade de produção
- Gestão da qualidade total

Análise das Alternativas Estratégicas

A avaliação realizada até o momento sobre o modelo de negócios da empresa em relação aos cenários do futuro, dos recursos e competências, da situação competitiva, dos seus pontos fortes e fracos e das ameaças e oportunidades permite à equipe executiva identificar as principais alternativas estratégicas para a organização.

A análise das alternativas estratégicas pode ser realizada pela formulação das seguintes questões elaboradas pela equipe responsável pela implementação do Balanced Scorecard na empresa, como mostra a Figura 3.22.

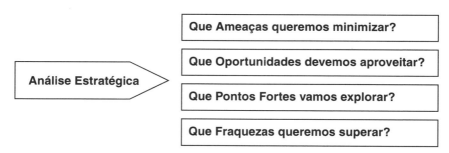

FIGURA 3.22   Análise das Alternativas Estratégicas

A reflexão sobre as alternativas estratégicas, realizada durante o processo de implementação do Balanced Scorecard, exige que as opções sejam analisadas a partir das perspectivas de valor, como mostra a Figura 3.23.

Questões para a geração de alternativas estratégicas	Impacto nas Perspectivas de Valor do Balanced Scorecard			
	Financeira	Do Cliente	Dos Processos Internos	De Aprendizagem e Crescimento
1. Que Ameaças queremos minimizar?				
2. Que Oportunidades devemos aproveitar?				
3. Que Pontos Fortes vamos explorar?				
4. Que Fraquezas queremos superar?				

FIGURA 3.23   Análise das Alternativas Estratégicas

Fatores-Chave para o Sucesso

Os fatores-chave de sucesso podem ser entendidos como as competências, os conhecimentos e os ativos tangíveis e intangíveis que uma empresa precisa desenvolver e dominar para ser competitiva e bem-sucedida do ponto de vista financeiro.

A identificação dos fatores-chave de sucesso representa uma importante fase do sistema de gestão baseado no Balanced Scorecard. Os fatores-chave de sucesso representam o elo entre a estratégia e a definição dos objetivos da organização. A Figura 3.24 apresenta exemplos dos fatores-chave de sucesso.

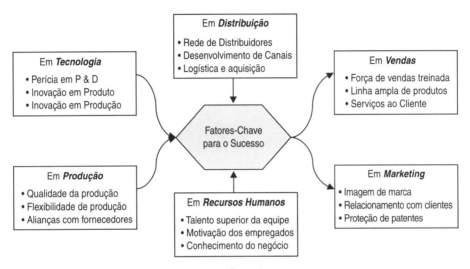

FIGURA 3.24   Os Fatores-Chave de uma Organização

A Vantagem Competitiva

O desempenho de uma empresa, em determinado mercado, é fortemente influenciado pela capacidade de criar e sustentar uma vantagem competitiva. Isso representa um grande alerta para as pessoas que pretendem implementar rapidamente o Balanced Scorecard e se concentram na seleção dos indicadores de performance, negligenciando as fontes da vantagem competitiva da empresa.

De acordo com Porter, o fracasso da estratégia de muitas empresas deve-se à sua incapacidade de traduzir em planos de ação as iniciativas que lhes permitirão o desenvolvimento ou a consolidação de suas vantagens competitivas. Embora a estratégia competitiva esteja associada à capacidade da empresa de praticar suas estratégias genéricas (liderança de custo, diferenciação e enfoque), vale a pena destacar o real significado da vantagem competitiva:

- É a condição (habilidades superiores, recursos superiores ou posição superior) que uma empresa possui para realizar determinadas funções melhor do que os concorrentes, criando valor para os clientes e gerando retornos financeiros superiores à média do mercado.

- A vantagem competitiva é sustentável somente quando outras empresas não conseguem reproduzir ou acreditam que seja muito dispendioso imitá-las.

- Uma empresa terá assegurado uma vantagem competitiva somente quando os esforços de outras empresas para imitar a sua estratégia tiverem cessado ou fracassado.

Como exemplos de vantagem competitiva, podemos citar: tecnologia patenteada, diferenciação, liderança em custos, preço competitivo, prazo de entrega, qualidade, design, recursos financeiros, entre outros.

CAPÍTULO **4**

AS PERSPECTIVAS DE VALOR DO BALANCED SCORECARD

"Em todas as atividades humanas, seja o trabalho, seja qualquer outra atividade, o propósito principal deve ser beneficiar os seres humanos. Ora, o que estamos buscando em nosso trabalho, qual é o propósito do trabalho? Como qualquer outra atividade humana, estamos buscando uma sensação de realização, satisfação e felicidade, não é? E, se estamos falando de felicidade humana, então é claro que as emoções humanas entram em jogo. Devemos, portanto, ter um cuidado especial com os relacionamentos humanos no trabalho, prestar atenção em como interagimos uns com os outros e tentar manter os valores humanos essenciais mesmo no trabalho."

DALAI LAMA

∽

"Se à primeira vista a ideia não for absurda, não há esperança para ela."

ALBERT EINSTEIN

Introdução

Para melhor entendimento de como operacionalizar as perspectivas de valor, é preciso ter em mente que o Balanced Scorecard evoluiu de um sistema de medição para um Modelo de Gestão Estratégica Integrada.

A preocupação de Kaplan e Norton em transformar o Balanced Scorecard num modelo holístico de gestão pode ser vista em seu mais recente trabalho, *Mapas Estratégicos*. Neste livro, os autores procuram incorporar, em cada uma das perspectivas de valor, conceitos de gestão das mais diferentes áreas do campo da administração: gestão financeira, gestão do valor agregado, marketing, gestão da qualidade total, seis sigma, gestão da cadeia de suprimentos, gestão de processos, gestão de competências, gestão do conhecimento, liderança, gestão da cultura organizacional, gestão da tecnologia da informação e comunicação, entre outras abordagens.

Apesar do sucesso conquistado pelo Balanced Scorecard como um modelo de gestão, muitas empresas ainda estão aprendendo como criar e implementar seu scorecard. É aqui que devemos ressaltar a importância de indivíduos, grupos e organizações utilizarem algumas *ideias norteadoras* para estimular e facilitar o processo de aprendizagem.

As ideias norteadoras serão de grande importância não só para o estímulo à criatividade, geração de novas ideias e insights, mas principalmente para não tornar mecanicista o processo de definição de objetivos, indicadores, metas e iniciativas.

A equipe responsável para a implementação do Balanced Scorecard deve aproveitar sua característica multidisciplinar para incorporar no processo experiências, novos conceitos, inovações, pesquisas, melhores práticas e lições aprendidas decorrentes das diferentes disciplinas que contribuem para a gestão dos negócios.

Assim, é recomendável que a equipe responsável pela implementação do projeto, ao analisar os objetivos de cada uma das perspectivas (financeira, do cliente, dos processos internos, da aprendizagem e crescimento), faça uma leitura dos textos dos autores mais significativos nessas áreas, discuta os principais conceitos e faça um *brainstorming* sobre como aplicar essas ideias em face da realidade dos negócios da empresa. As Figuras 4.1 e 4.2 apresentam alguns exemplos de quais pensadores dos negócios podem ajudar a equipe no trabalho.

As Perspectivas estimulam o Diálogo sobre a Estratégia

As *ideias norteadoras* dos pensadores de negócios propiciam a linguagem comum para facilitar o desenvolvimento do *diálogo* entre o executivo líder do projeto e os membros da equipe responsável pela formulação e implementação do Balanced Scorecard.

Ao trabalhar com as perspectivas, o executivo líder e a equipe do projeto serão estimulados a estabelecer um diálogo entre a estratégia e os principais stakeholders da organização:

- Diálogo entre a Estratégia e os Acionistas.
- Diálogo entre a Estratégia e os diferentes Grupos de Clientes.
- Diálogo entre a Estratégia e os Líderes dos Processos de Negócios.
- Diálogo entre a Estratégia e os Empregados.

Se esse diálogo não ocorrer nesse momento, todo o processo de criação do Balanced Scorecard estará comprometido pela imposição de ideias preconcebidas, por objetivos mal formulados, pela superficialidade da análise em razão de uma pretensa falta de tempo e pela conveniência de tornar o processo mecanicista.

Outro benefício proveniente das *ideias norteadoras* e do *diálogo* é que eles possibilitam a *aprendizagem em equipe*, considerada por Peter Senge uma das cinco disciplinas de aprendizagem. De acordo com Senge, aprendizagem em grupo é uma disciplina de interação grupal, fator crítico de sucesso no processo de Balanced Scorecard. Segundo ele, "através de técnicas como o diálogo e a discussão produtiva, as equipes transformam seu pensamento coletivo, aprendendo a mobilizar suas energias e ações para alcançar metas comuns, extraindo uma inteligência e capacidade maior do que a soma dos talentos individuais".

O *método do diálogo* desenvolvido pelo físico David Bohm é muito utilizado por indivíduos, grupos e organizações que estão vivenciando um processo de aprendizagem ou criação de novos conhecimentos. A prática do diálogo aberto, sem imposição de ideias vindas da hierarquia, torna-se um importante recurso para o sucesso dos projetos de Balanced Scorecard.

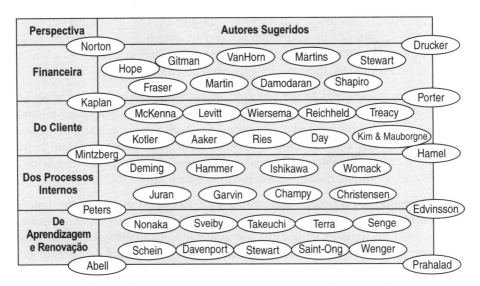

FIGURA 4.1   Referência de Autores para as Perspectivas do Balanced Scorecard

66 Balanced Scorecard e a Gestão Estratégica

Perspectiva	Exemplos de Ideias Norteadoras	
Financeira	Gestão Baseada em Valor *EVA – Economic Vallue Added* Taxa Interna de Retorno	Valor de Mercado da Empresa Gestão de Risco Inovação de Valor
Do Cliente	Proposição de Valor Valor Percebido pelo Cliente Lealdade do Cliente	*Lifetime Value* Gestão do Relacionamento com o Cliente Experiência de Compra do Cliente
Dos Processos Internos	Excelência Operacional Inovação de Produtos Gestão da Qualidade Total	Rapidez e Pontualidade Gestão de Cadeia de Suprimentos Gestão do Processo de Inovação
De Aprendizagem e Crescimento	Aprendizagem Organizacional Gestão de Competências Gestão do Conhecimento	Cultura Organizacional Motivação e Alinhamento Liderança

FIGURA 4.2 Exemplo de Ideias Norteadoras das Perspectivas do Balanced Scorecard

De acordo com David Bohm e adaptando para o trabalho em grupo da equipe responsável pelo Balanced Scorecard, três condições contribuem para o desenvolvimento do diálogo:

a. Os participantes que vêm de diferentes áreas da empresa (marketing, finanças, produção, recursos humanos, pesquisa & desenvolvimento e tecnologia da informação) devem suspender temporariamente seus pressupostos (ideias preconcebidas) porque eles são fragmentados, tendem a refletir os interesses de sua área funcional, e não da organização como um todo.

b. Os participantes têm de ver uns aos outros como colegas de um time de trabalho, que estão em busca de novas ideias, insights e soluções compartilhadas, tomando como referência a visão, a missão e a estratégia da empresa. O objetivo desse comportamento é fortalecer a troca de ideias, num clima de confiança, entre pessoas com visões diferentes do mundo dos negócios, que irão crescer juntas durante a evolução dos trabalhos.

c. No trabalho em equipe, é importante a presença de um *facilitador* (consultor ou membro do grupo), que tem como principal responsabilidade manter o contexto do diálogo, enquanto são analisados os objetivos estratégicos das perspectivas de valor. O facilitador (que não exerce papel de líder do grupo) deve ajudar as pessoas a desenvolverem o sentimento de propriedade do processo de formulação e implementação do Balanced Scorecard e a se sentirem responsáveis pelos resultados obtidos.

Outro ponto que merece ser ressaltado é que a ênfase dada ao diálogo não significa que as discussões sejam proibidas. Ao contrário, numa conversão é importante equilibrar diálogo e discussão, porque esta permite a apresentação de diferentes visões sobre os objetivos estratégicos, possibilitando que se chegue a uma nova síntese e a um novo nível de entendimento sobre o tema estratégico.

Traduzindo a Missão e a Visão em Temas Estratégicos

O processo para transformar a estratégia em objetivos integrados entre si pode se iniciar com o diálogo entre os membros da equipe do projeto sobre quais são os temas estratégicos que irão nortear a execução da estratégia da empresa. A recomendação é que se identifiquem os temas estratégicos *antes* de determinar os objetivos nas perspectivas de valor. Caso contrário, corre-se o risco de se fixar em objetivos de forma convencional, mecânica e provavelmente com pouco alinhamento à visão da empresa.

Se a estratégia é arte de criar valor, o processo de criação de valor pode ser mais efetivo pela seleção de temas estratégicos complementares e integrados entre si, considerados prioritários pela equipe de executivos envolvida no projeto de Balanced Scorecard. De acordo com Kaplan e Norton, "os temas estratégicos são os blocos de construção da estratégia. Criam um modelo microeconômico de uma dimensão da estratégia". Para eles, os temas estratégicos possibilitam às organizações concentrarem seus esforços nos objetivos considerados prioritários para a consecução da estratégia. A Figura 4.3 mostra como os temas estratégicos são derivados da missão e da visão da empresa.

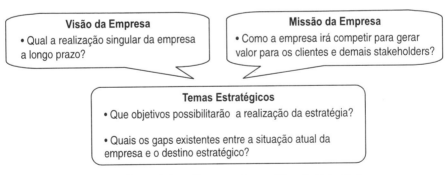

FIGURA 4.3   Os Temas Estratégicos Representam o Pilar da Estratégia

Os temas estratégicos também possibilitam que os executivos desenvolvam as propostas de valor para os clientes, criando um alinhamento em todo o fluxo de valor da empresa. A partir dos temas estratégicos, os objetivos, os indicadores, as metas e as iniciativas são integrados entre si, por meio de relações de causa e efeito, como é mostrado nas Figuras 4.4 e 4.5.

Exemplos de Temas Estratégicos

- Aumentar o valor de mercado da empresa
- Contribuir para os lucros do cliente
- Produção flexível
- Ser a melhor alternativa de investimento para os acionistas
- Recriar a experiência de compra do cliente
- Ter presença global
- Transformar o setor de atividade
- Inovar o modelo de negócios
- Melhorar o relacionamento com os distribuidores
- Ser a melhor alternativa para a autorrealização de talentos

A Missão e a Visão da Empresa geram os Temas Estratégicos

FIGURA 4.4   A Missão e a Visão da Empresa Geram os Temas Estratégicos

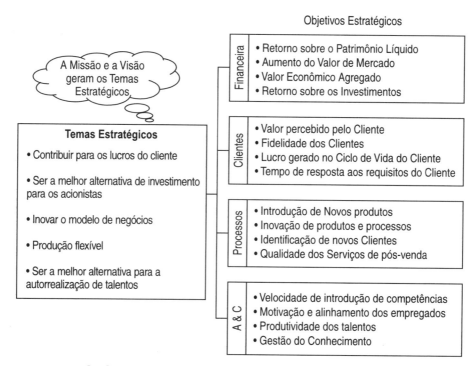

FIGURA 4.5   Os Objetivos Estratégicos Derivam dos Temas Estratégicos

Outra importante função dos temas estratégicos é que eles possibilitam a concretização da estratégia, ao longo do ciclo de planejamento. Uma das maiores armadilhas dos projetos de Balanced Scorecard é a ansiedade da equipe do projeto em começar todos os objetivos estratégicos praticamente ao mesmo tempo. Isso não é recomendável porque provoca uma sobrecarga de trabalho na organização, afetando a qualidade das iniciativas do Balanced Scorecard. É preciso determinar a ordem de prioridade dos temas estratégicos, efetuando a gestão e a coordenação dos principais temas geradores de valor e realizando aquilo que Kaplan e Norton denominam de *planejar a campanha* da estratégia.

O planejamento da criação de valor por meio da execução da estratégia, de acordo com Kaplan e Norton, deve ser realizado em seis etapas:

1ª Etapa: Definir a lacuna de valor para os acionistas e stakeholders. Significa a tomada de consciência do caminho a ser percorrido para se atingir os arrojados objetivos estratégicos, no ciclo do planejamento de longo prazo, e a atual performance da empresa na criação de valor para os stakeholders.

2ª Etapa: Redimensionar a proposição de valor para os clientes: Significa identificar novas fontes de valor para os segmentos-alvo da empresa, para atingir as elevadas e desafiadoras metas de crescimento da receita.

3ª Etapa: Estabelecer o horizonte de tempo para obter os resultados sustentáveis: Significa especificar em que tempo futuro cada objetivo estratégico deverá ser cumprido e determinar qual a contribuição individual dos temas estratégicos prioritários na sua consecução.

4ª Etapa: Identificar os poucos temas estratégicos críticos: Significa demonstrar como as lacunas de valor para os stakeholders serão distribuídas e desdobradas nas perspectivas de valor, tomando-se por base os objetivos financeiros.

5ª Etapa: Identificar e alinhar os ativos intangíveis: Significa identificar as lacunas existentes no capital intelectual da empresa para a eficiente execução da estratégia.

6ª Etapa: Identificar e financiar os programas estratégicos necessários para executar a estratégia: Significa avaliar que volume de recursos (financeiros, humanos e de infraestrutura) será necessário para executar as iniciativas estratégicas dentro do cronograma estabelecido.

O planejamento da campanha mostra a dinâmica da criação de valor e a importância da quantificação dos objetivos estratégicos, da definição do ciclo de tempo futuro necessário para a criação de valor e da seleção e priorização das poucas iniciativas estratégicas que a organização será capaz de executar simultaneamente, uma vez iniciado o mapa estratégico da organização, como mostra a Figura 4.6.

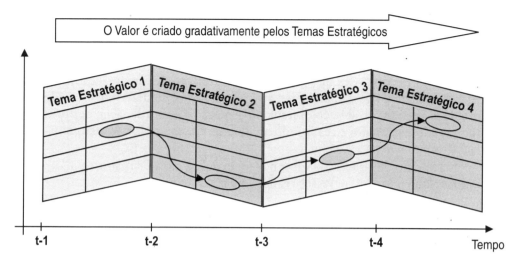

FIGURA 4.6 Os Temas Estratégicos Tornam Realidade a Estratégia

Traduzindo a Missão em Diálogos nas Perspectivas de Valor

Uma das maiores contribuições do Balanced Scorecard é possibilitar a tradução da estratégia em objetivos, medidas e iniciativas de fácil entendimento pelos participantes da organização. Mas como é que isso acontece? O que o líder e a equipe responsável pelo projeto precisam entregar para as demais pessoas da organização que deverão entender, compartilhar e implementar o Balanced Scorecard?

Uma boa maneira para visualizar e facilitar o entendimento desse processo é tomar como referência o texto da missão de empresas reais e proceder à sua tradução em diálogos nas perspectivas de valor do Balanced Scorecard.

A recomendação é que, durante a reunião de trabalho, a equipe do Balanced Scorecard promova um *brainstorming* sobre o significado da estratégia e estabeleça um diálogo sobre qual é a melhor maneira de traduzir a missão em objetivos, sob as quatro perspectivas de valor. As Figuras 4.7 e 4.8 apresentam, como exemplo, as declarações de missão da Starbucks e da Nokia e como a equipe do projeto poderia criar um diálogo com os stakeholders.

Missão da Starbucks (www.starbucks.com)

"Tornar a Starbucks como a primeira fornecedora do melhor café do mundo, ao mesmo tempo em que permanece intransigente quanto aos seus princípios à medida que cresce."

Perspectiva	Exemplo da Tradução da Missão em Diálogo com os Principais Stakeholders
Financeira (Dialogando com os Acionistas)	■ A lucratividade é essencial para o sucesso no futuro. O crescimento das vendas através de uma rede de lojas, nos mercados internacionais, permitirá um atrativo retorno sobre o investimento, a longo prazo.
Dos Clientes (Dialogando com os Diferentes Grupos de Clientes)	■ Reinventamos a tradição de beber café com ciência, arte e criatividade. O design das lojas favorece o ambiente para se criarem todos os dias momentos cotidianos gratificantes.
Dos Processos Internos (Dialogando com os Líderes dos Processos)	■ As operações serão desenvolvidas com alto padrão de excelência, funcionalidade e economia de custos. A velocidade do atendimento será percebida como decorrente da personalização do atendimento, e não da automatização dos processos.
De Aprendizagem e Renovação (Dialogando com os Empregados)	■ O nossos valores estarão presentes no ambiente de trabalho; as pessoas serão tratadas com respeito e dignidade. A diversidade e o envolvimento com a comunidade serão parte integrante da forma como fazemos negócios.

*Conteúdo criado pelo autor para fins didáticos.

FIGURA 4.7   Starbucks: O Diálogo entre a Missão e as Perspectivas de Valor

Missão da Nokia (www.nokia.com)

"Conectando pessoas, esperamos preencher uma necessidade humana fundamental de conexões sociais e de contato. A Nokia constrói pontes entre as pessoas tanto quando elas estão separadas como quando estão próximas (face a face) e também supera a lacuna entre as pessoas e as informações de que elas necessitam."

Perspectiva	Exemplo da Tradução da Missão em Diálogo com os Principais Stakeholders
Financeira (Dialogando com os Acionistas)	■ A liderança do negócio de comunicação móvel possibilitará um crescimento sustentado com elevado retorno sobre os investimentos. Os resultados serão obtidos pelo aproveitamento de oportunidades nos negócios de telefones móveis, multimídia, soluções empresariais e *networks*.
Dos Clientes (Dialogando com os Diferentes Grupos de Clientes)	■ A conexão entre pessoas será realizada pela criação de produtos e serviços que desempenham a função de ponte de ligação entre pessoas e entre elas e as informações de que necessitam para elevar sua produtividade e melhorar sua qualidade de vida. A marca será reconhecida como líder de mercado, e os produtos serão fáceis de usar e seguros.
Dos Processos Internos (Dialogando com os Líderes dos Processos)	■ Os processos de negócios serão eficientes e direcionados para a velocidade de inovação (*time to market*) e a criação de tecnologias disruptivas. A infraestrutura de tecnologia da informação e comunicação possibilitará o desenvolvimento de plataformas de produtos para as unidades de negócios.
De Aprendizagem e Renovação (Dialogando com os Empregados)	■ A organização é orientada para mudança, desenvolvimento e inovação. Os empregados são encorajados a desenvolver novas ideias, muito além dos produtos atuais. Todos os profissionais têm responsabilidade pelo sucesso da empresa. A liderança, a colaboração, o autodesenvolvimento e criação de novos conhecimentos são recompensados pela empresa.

*Conteúdo criado pelo autor para fins didáticos.

FIGURA 4.8   Nokia: O Diálogo entre a Missão e as Perspectivas de Valor

CAPÍTULO **5**

A PERSPECTIVA FINANCEIRA

"O primeiro sinal de que não sabemos o que estamos fazendo é uma obsessão pelos números."

J. W. GOETHE

~

"Todo mundo recebe um volume tão grande de informações o dia todo que acaba perdendo o bom senso."

GERTRUDE STEIN

~

"Tudo o que é sólido desmancha no ar."

K. MARX

~

"Nem tudo que pode ser contado importa; nem tudo que importa pode ser contado."

ALBERT EINSTEIN

Introdução

A perspectiva financeira tem por objetivo mostrar se as escolhas estratégicas implementadas por um organização estão contribuindo para a elevação do valor de mercado da empresa, para a geração de valor econômico e propiciando aumento da riqueza dos acionistas e demais stakeholders. A Figura 5.1 apresenta uma ilustração do significado da perspectiva financeira.

Na metodologia do Balanced Scorecard, a perspectiva financeira também possibilita identificar se o desempenho dos ativos intangíveis da organização e as outras áreas de desempenho não financeiro, como a satisfação dos clientes, a inovação de produtos e a retenção de talentos, estão contribuindo para a geração de valor, em função da estratégia escolhida pela organização. A Figura 5.2 mostra o diálogo hipotético entre os responsáveis pela gestão estratégica da empresa e os stakeholders.

FIGURA 5.1   Visualizando a Perspectiva Financeira

É preciso ficar bem claro que a perspectiva financeira tem como foco principal os interesses dos acionistas de uma empresa. Mais precisamente, o desempenho empresarial dos gestores de uma organização deve ser avaliado em função da geração de valor econômico para os acionistas.

> Para alcançarmos nossa visão, que *valor econômico agregado* devemos gerar para nossos Acionistas?

Perspectiva Financeira			
Objetivos	**Medidas**	**Metas**	**Iniciativas**
■ Elevar vendas para clientes mais lucrativos.	■ Vendas totais/ Vendas para clientes mais lucrativos.	■ Aumentar em 20% as vendas para os clientes mais lucrativos.	■ Melhorar o conhecimento do negócio dos clientes mais lucrativos.

FIGURA 5.2   O diálogo entre a Equipe de Gestão da empresa e os Acionistas

Além da pergunta básica da perspectiva sugerida por Kaplan e Norton, o diálogo entre os acionistas e a sociedade pode ser ampliado a partir da formulação das seguintes questões:

- O que a empresa significa para os acionistas?
- Por que os consumidores têm interesse na sobrevivência da empresa?
- Qual o grau de interesse dos investidores externos em alocar recursos na empresa?
- Qual a motivação dos empregados em permanecer trabalhando na empresa?
- Por que é importante para um fornecedor abastecer a empresa com insumos e produtos?
- As competências, a tecnologia e a boa imagem da empresa estimulam sua aquisição por outra empresa ou investidor?
- Que benefícios a empresa proporciona para a comunidade?

No momento em que ativistas sociais, ambientalistas e defensores dos consumidores vêm ganhando influência junto a empresas, governo, organizações não governamentais e opinião pública, a ênfase nos interesses dos acionistas parece ser contraditória. Entretanto, há cada vez mais o reconhecimento de que os interesses dos acionistas (shareholders) não precisam entrar em conflito com as expectativas e aspirações dos demais participantes da organização (stakeholders), como os consumidores, os fornecedores, os empregados, a comunidade e os defensores do meio ambiente.

Nesse contexto, o surgimento de novas abordagens de gestão como *VBM – Value Based Management* (Gestão Baseada em Valor), *SVA – Shareholder Value Added* (Valor Agregado para o Acionista) e *EVA – Economic Value Added* (Valor Econômico Agregado) pode ser entendido como instrumentos de Governança Corporativa, para orientar os executivos seniores no gerenciamento de negócios orientados para a geração de valor econômico para os acionistas.

Essas novas ferramentas de gestão de valor, quando associadas à metodologia do Balanced Scorecard, permitem melhor avaliação do sucesso dos negócios. Em especial, elas permitem responder a:

- A estratégia competitiva selecionada gera valor para o acionista?
- Os resultados dessa estratégia devem ser avaliados pelos lucros ou pela geração de valor?

A gestão baseada em valor irá possibilitar melhor entendimento do fluxo de valor entre a perspectiva financeira e as perspectivas do cliente, dos processos internos e de aprendizagem e renovação.

A Gestão Baseada em Valor e a Perspectiva Financeira do Balanced Scorecard

A Gestão Baseada em Valor é uma metodologia utilizada para avaliar até que ponto uma estratégia de negócios, desenvolvida e implementada pela alta administração de uma organização, está contribuindo (ou não) para aumentar o valor de mercado da empresa e gerar valor econômico para os acionistas.

Em relação aos projetos de Balanced Scorecard, entendidos como a formulação e a implementação de novas estratégias de negócios, a Gestão Baseada em Valor pode ser considerada como um importante fator para se medir o sucesso das iniciativas derivadas do processo estratégico. Não seria exagero afirmar que um projeto de Balanced Scorecard perde em muito sua efetividade se for realizado sem levar em consideração a abordagem da Gestão Baseada em Valor.

Como um instrumento de apoio à alta administração para conhecer melhor o processo de criação de valor, a Gestão Baseada em Valor pode se valer principalmente de três métodos:

- O método do *EVA – Economic Value Added* (Valor Econômico Agregado).
- O método do Fluxo de Caixa Livre (*Free Cash Flow*).
- A abordagem do Retorno sobre o Investimento Base Caixa, ou CFROI (*Cash Flow Return on Investment*).

Esses métodos, em conjunto, têm por objetivo ajudar a alta administração a tomar decisões que levem ao aumento do valor de mercado da empresa e do valor econômico agregado dos acionistas. O Ciclo da Gestão Baseada em Valor, que pode ser visto na Figura 5.3, dá maior ênfase à sustentabilidade da geração de valor, ao longo do tempo, do que ao lucro a curto prazo, que muitas vezes pode até ser prejudicial à saúde financeira da empresa.

A perspectiva financeira do Balanced Scorecard propõe uma série de indicadores associados ao lucro, como a rentabilidade das vendas, o retorno sobre os investimentos ou o retorno sobre os ativos. Entretanto, segundo os defensores da Gestão Baseada em Valor, o lucro não é mais um dado confiável porque apresenta, como mostram Martin e Petty, uma série de deficiências:

- Os lucros relatados não traduzem o fluxo real de caixa.
- Os lucros contábeis não levam em consideração o valor do dinheiro no tempo e seu poder de compra.
- Os lucros não refletem o risco operacional da empresa.
- Os lucros não incorporam o custo de oportunidade dos acionistas da empresa.

A solução para avaliar o sucesso de uma estratégia ou iniciativa do Balanced Scorecard é substituir o lucro pelo conceito de fluxo de caixa livre.

Adaptado de John Martin & J. William Petty

FIGURA 5.3   O Ciclo Sustentável de Geração de Valor

O Método do Fluxo de Caixa Livre

O cálculo do fluxo de caixa livre tornou-se uma das medidas fundamentais da Gestão Baseada em Valor, sendo utilizado para determinar o valor de uma empresa, de uma unidade de negócios, das decisões estratégicas, das aquisições, dos desinvestimentos ou ainda do desenvolvimento de novos produtos.

De acordo com esta metodologia, "o valor de uma empresa é o valor presente dos fluxos de caixa livres dos ativos atualmente existentes, somados ao valor presente das oportunidades existentes". Os fluxos de caixa livres permitem calcular o valor agregado de qualquer iniciativa estratégica escolhida pela alta administração da empresa.

O fluxo de caixa livre, por sua vez, pode ser definido como o montante que está à disposição dos acionistas da empresa. Ele é igual ao fluxo de caixa das operações da empresa, menos os investimentos adicionais que se fizerem necessários em capital de giro ou nos ativos de longo prazo. A Figura 5.4 mostra como ele pode ser calculado.

É importante destacar que, quando falamos em fluxo de caixa livre, estamos considerando seu valor em determinado período de tempo, isto é, o seu valor presente. Dessa forma, em qualquer análise é o valor presente do fluxo de caixa livre que deve ser considerado.

78 Balanced Scorecard e a Gestão Estratégica

Lucro Operacional

+ Depreciação e amortização

= EBITDA – *Earnings before Interest, Taxes, Depreciation ar.d Amortization* (Lucros antes de juros, impostos, depreciação e amortização)

– Pagamento de tributos (base caixa)

= **Fluxo de caixa das operações após impostos**

– Investimento no capital de giro líquido operacional

– Investimentos em ativos fixos (despesas de capital) e outros ativos de longo prazo

---

= **Fluxo de Caixa Livre**

FIGURA 5.4 O Cálculo do Fluxo de Caixa Livre

A questão do valor presente no fluxo de caixa, por sua vez, exige a identificação de qual a taxa de desconto a ser utilizada. De acordo com especialistas em Gestão Baseada em Valor, a taxa mais apropriada para descontar um fluxo de caixa livre de uma empresa é a média ponderada entre os custos do capital de terceiros e o custo do capital próprio, mais conhecido como *custo médio ponderado de capital (WACC – Wighted Average Cost of Capital)*. A Figura 5.5 mostra como podemos obter esse custo.

Fonte do Capital	Peso (%)	Custo (%)	Custo Ponderado (%)
Capital de Terceiros	30	5,2	1,6
Capital Próprio	70	12,0	8,4
Custo do Capital	100	–	10,0

FIGURA 5.5 Custo Médio Ponderado de Capital

A partir da análise do fluxo de caixa livre, é possível determinar qual é o valor da empresa. É evidente que toda empresa deve avaliar se tem de realizar um projeto de Balanced Scorecard ou se tem como objetivo elevar o seu valor de mercado e gerar valor para os seus acionistas.

Assim, podemos identificar duas fontes para o aumento do valor da empresa: os projetos que já estão em operação na empresa e os novos projetos que serão implementados num futuro próximo. Dessa forma, os instrumentos da Gestão Baseada em Valor combinados com a metodologia do Balanced Scorecard permitem identificar qual é o valor de mercado da empresa, como é mostrado na Figura 5.6.

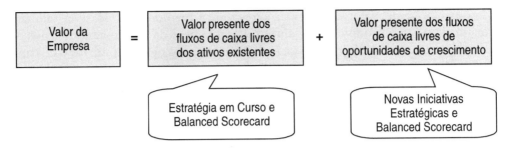

FIGURA 5.6   Cálculo do Valor da Empresa

Após a determinação do valor da empresa pelos fluxos de caixa livres, é possível determinar o valor do acionista. O valor da empresa também pode ser identificado pela fórmula:

Valor da Empresa = Valor do Acionista + Exigibilidades Futuras

E, a partir daí, é possível avaliar o valor do acionista:

Valor do Acionista = Valor da Empresa − Exigibilidades Futuras

O Método do Valor Econômico Agregado (EVA)

O *EVA – Economic Value Added* (Valor Econômico Agregado) é uma metodologia de gestão de negócios que tem por finalidade medir o valor da riqueza criada por um empreendimento. Na perspectiva do EVA, a riqueza somente é materializada quando a empresa cria um valor que supera os seus custos operacionais e também cobre o custo do capital empregado no negócio.

A ideia de EVA não é nova, tendo sua origem nos trabalhos de economistas como Merton Miller e Franco Modigliani e de pensadores de negócios como Peter Drucker. O interesse pelo EVA aumentou no início da década de 1990 e transformou-se num sistema de gestão, quando a empresa de consultoria Stern Stewart & Co. disseminou seu conceito e registrou a marca.

De acordo com Peter Drucker, o EVA é uma ferramenta de diagnóstico que mede a produtividade de todos os fatores de produção. Para Drucker, "o EVA se baseia em algo que conhecemos há muito tempo: o que realmente chamamos de lucro, o dinheiro que sobra para remunerar o capital próprio, em geral não é de modo algum lucro. Até que gere lucro superior ao custo de capital, a empresa está operando no prejuízo. Não importa que pague impostos como se o lucro de fato fosse genuíno. Ainda assim, a empresa está devolvendo à economia menos do que devorou em recursos. Até então, não cria riqueza; destrói riqueza".

80 Balanced Scorecard e a Gestão Estratégica

Na avaliação do valor econômico agregado, a metodologia do EVA também transforma o lucro econômico em fluxos de caixa livre da empresa, em termos de valor presente, utilizando como taxa de desconto o custo médio ponderado do capital. Numericamente, o EVA pode ser calculado como a diferença entre o lucro econômico de uma empresa e o custo desse capital. A Figura 5.7 mostra como o EVA é calculado.

| EVA | = | Lucro econômico após impostos | − | Despesas por todo o capital usado no negócio |

FIGURA 5.7   Cálculo do EVA da Empresa

Para melhor entendimento do EVA ele pode ser detalhado como mostra a Figura 5.8.

Vendas Líquidas

– Despesas Operacionais

= EBITDA – *Earnings before Interest, Taxes, Depreciation and Amortization* (Lucros antes de juros, impostos, depreciação e amortização)

– Pagamento de tributos (base caixa)

= Fluxo de caixa das operações após impostos = NOPAT (*Net Operational Profit After Taxes*) Lucro Operacional Líquido após Imposto de Renda

– Custo do Capital (capital investido x custo do capital)

= EVA (Valor Econômico Agregado)

FIGURA 5.8   O Cálculo do EVA

Outra forma de calcular o EVA é mostrada pela seguinte equação:

$$EVA = (r - k) \times Capital, \text{ em que}$$

r = é o retorno da empresa sobre o capital e
k = é o custo médio ponderado do capital da empresa.

Uma das vantagens de se utilizar o EVA é que ele pode ser aplicado para avaliação não só por uma corporação e suas unidades de negócios, mas também com a finalidade de medir o desempenho de departamentos, família de produtos e segmentos de mercado.

Nos projetos de Balanced Scorecard, o EVA pode ser de grande valia na mensuração dos resultados das novas estratégias de negócios e do valor gerado pelos objetivos e na real contribuição das iniciativas para elevar o valor do negócio.

Na metodologia da Gestão Baseada em Valor, após a determinação do EVA da empresa, torna-se possível medir o *valor de mercado agregado*.

O *MVA – Market Value Added* pode ser definido como a diferença entre o valor de mercado de uma empresa e o capital investido, tanto próprio como de terceiros. Assim, o MVA pode ser calculado por meio da seguinte equação:

MVA = Valor de Mercado da Empresa – Capital Investido

Mas qual é a relação existente entre o EVA e o MVA?

De acordo com essa abordagem, o valor de mercado de uma empresa depende do sucesso das estratégias de negócios em criar valor econômico agregado, isto é, depende do valor presente de seus futuros EVAs.

Assim, de acordo com a equação acima, podemos mensurar, de outra forma, o valor de mercado de uma empresa:

Valor de Mercado da Empresa = Valor Presente dos EVAs Futuros + Capital Investido

e, dessa forma, calcular o MVA da empresa como mostra a Figura 5.9.

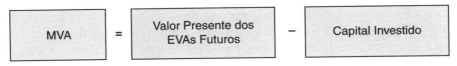

FIGURA 5.9 Cálculo do MVA da Empresa

Um dos aspectos mais importantes da abordagem do MVA é que ele mostra como a alta administração de uma empresa, ao implementar novas estratégias de negócios, pode criar ou destruir valor para os acionistas e, em consequência, afetar o valor de mercado da empresa.

Mas qual é a contribuição que a abordagem do EVA e do MVA traz para a perspectiva financeira do Balanced Scorecard?

Em primeiro lugar, ressalta a responsabilidade do diretor e da equipe do Balanced Scorecard em selecionar os objetivos da perspectiva financeira. Como esses objetivos estão ligados às outras perspectivas (do cliente, dos processos internos e da aprendizagem e renovação) por meio de relações de causa e efeito, um erro de avaliação na escolha dos objetivos pode comprometer o sucesso do projeto.

Em segundo lugar, os objetivos não financeiros em si do Balanced Scorecard, como a satisfação dos clientes, a diferenciação de produtos, a inovação e os investimentos na infraestrutura de tecnologia da informação, devem ser avaliados pela sua contribuição para o aumento do valor econômico agregado.

Em terceiro lugar, na escolha dos objetivos financeiros, os profissionais envolvidos no projeto de Balanced Scorecard precisam ter clareza de que há três formas de gerar valor econômico:

- Aumentando a taxa de retorno da base de capital investido, por meio de ganhos de produtividade e sem alocar mais capital no negócio. Esta situação reflete a estratégia em curso na empresa;

- Investindo capital adicional em projetos que apresentem um retorno superior ao do custo do capital. Esta situação é (ou deveria ser) o resultado da priorização das iniciativas do projeto do Balanced Scorecard;

- Reduzindo ou descontinuando operações em que o capital investido apresente retornos muito abaixo dos objetivos. Essa situação revela perda de vantagens competitivas da empresa e a necessidade de reestruturação de seus negócios.

O Método do CFROI – Retorno sobre o Investimento Base Caixa

Para finalizar a abordagem da Gestão Baseada em Valor, vamos agora nos concentrar no método do Retorno sobre o Investimento Base Caixa. A principal diferença do CFROI em relação aos métodos já analisados (Fluxo Livre de Caixa, EVA e MVA) é que ele é apresentado em termos percentuais, enquanto as outras métricas retratavam valores monetários.

De uma forma simples, o CFROI pode ser entendido como a taxa interna de retorno dos fluxos de caixa (entradas e saídas de capital) de todos os projetos que a empresa está implementando no momento. De acordo com Young e Byrne, "o CFROI compara os fluxos de caixa após o imposto de renda, ajustados pela inflação, disponíveis para os investidores da empresa, com os investimentos brutos ajustados pela inflação feitos por esses investidores".

A taxa do CFROI é calculada anualmente e é comparada com o custo médio ponderado de capital, para verificar se os projetos estão criando valor econômico agregado. A Figura 5.10 mostra o diagrama de como o CFROI é calculado.

Entretanto, para o CFROI ser calculado, precisamos previamente determinar:

- A vida econômica média dos ativos da empresa.

- Os fluxos de caixa brutos anuais (ajustados pela inflação) dos projetos em andamento na empresa.

- O investimento bruto total da empresa (ajustado pela inflação), somando-se os investimentos realizados nos projetos.

- O valor de liquidação (valor residual) da empresa (ajustado pela inflação) na data final da vida útil dos ativos.

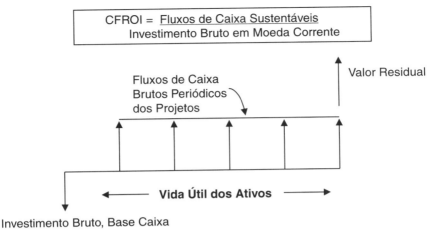

FIGURA 5.10   Cálculo do CFROI

Outros dois métodos de avaliação que vêm gradativamente sendo utilizados na Gestão Baseada em Valor são o Retorno Total do Acionista (*TSR – Total Sharehold Return*) e o Retorno Total do Negócio (*TBR – Total Business Return*), como mostra a Figura 5.11.

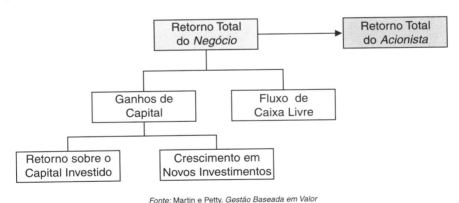

FIGURA 5.11   Retorno Total do Negócio e Retorno Total do Acionista

O *Retorno Total do Acionista (TSR)*, metodologia desenvolvida pelo Boston Consulting Group, tem por finalidade medir a taxa de retorno que os investidores obtêm pela sua participação acionária na empresa, ao longo do tempo. O Retorno Total do Acionista é igual ao retorno dos dividendos obtidos (medidos em termos do valor presente dos fluxos de caixa) mais o ganho de capital obtido pela valorização das ações no período. A Figura 5.12 mostra o diagrama do Retorno Total do Acionista.

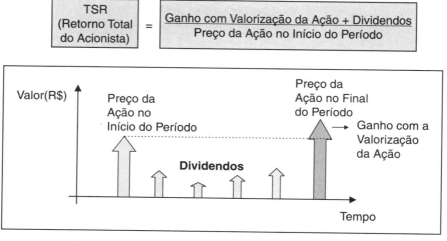

FIGURA 5.12 Retorno Total do Acionista (TSR)

O *Retorno Total do Negócio (TBR)*, por sua vez, calcula a taxa de retorno do valor gerado por um negócio, num dado horizonte de tempo. O TBR é influenciado pelos seguintes fatores: a lucratividade dos ativos existentes, o crescimento do negócio, os fluxos de caixa livres e o custo do capital. A Figura 5.13 mostra como o TBR pode ser calculado.

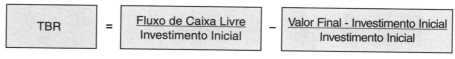

FIGURA 5.13 Cálculo do TBR

Para finalizar, vale a pena mencionar uma outra medida de performance, denominada Valor Agregado Base Caixa (*CVA – Cash Value Added*), que foi desenvolvida pelo Boston Consulting Group para medir o lucro econômico. Note-se que, na perspectiva da Gestão Baseada em Valor, o lucro econômico (que é baseado nos fluxos de caixa e não no lucro contábil) é obtido pela subtração dos custos de capital, de terceiros e próprios, do lucro operacional. Nesse sentido, o Valor Agregado Base Caixa apresenta grandes semelhanças com o EVA (Valor Econômico Agregado).

De acordo com Martin & Petty, o Valor Agregado Base Caixa é medido como o fluxo de caixa operacional menos a depreciação e menos a despesa de capital sobre o investimento bruto. O cálculo do CVA pode ser visualizado como mostra a Figura 5.14.

Fluxos de Caixa Brutos em reais correntes
– Depreciação
– Despesas de Capital (Investimento bruto x custo de capital)

= Valor Agregado Base Caixa (CVA)

FIGURA 5.14   O Cálculo do Fluxo de Caixa Livre

Os Direcionadores da Gestão Baseada em Valor e o Balanced Scorecard

O valor de uma empresa pode ser muito afetado por determinados fatores críticos de desempenho, chamados de *direcionadores de valor*, porque eles podem, no decorrer do tempo, aumentar o valor (se o retorno do investimento for superior ao custo do capital) ou destruir o valor (se os projetos ou as iniciativas não produzirem um retorno superior ao custo do capital) da empresa, de uma unidade de negócios ou ainda de uma corporação.

Numa perspectiva empresarial, a criação de valor é função de uma efetiva estratégia e não simplesmente decorrente de um conjunto de indicadores de desempenho. Mais precisamente, a criação de valor está associada às vantagens competitivas sobre as quais a empresa tem domínio (ou que estão em fase de desenvolvimento), que, por sua vez, dependem de suas competências essenciais.

Assim, podemos definir os direcionadores de valor como os indicadores-chave de desempenho de uma organização, construídos a partir da estratégia competitiva e que possuem grande potencial para gerar valor econômico agregado. Os direcionadores de valor são dinâmicos, mudando ao longo do tempo de acordo com a evolução do ciclo de vida da empresa, conforme mostra a Figura 5.15.

Uma vez identificados os *macrodirecionadores* de valor, que passam a ser referência para o processo de análise de valor, o próximo passo é selecionar novos indicadores que possam causar impactos naqueles primeiros. Esses indicadores, por sua vez, são agrupados em microdirecionadores, que servem de orientação para a tomada de decisões dos profissionais em diferentes níveis da organização. A Figura 5.16 mostra alguns exemplos da interação entre os macrodirecionadores e os microdirecionadores de valor.

Outra importante contribuição para o melhor entendimento dos direcionadores de valor veio das pesquisas de Alfred Rappaport. Seu objetivo era ajudar a alta administração a concentrar sua atenção nos direcionadores financeiros, que, na sua opinião, exercem maior impacto na geração de valor econômico agregado.

Nesse sentido, Rappaport identificou os sete mais importantes direcionadores de valor de natureza financeira: crescimento em vendas, margem de lucro operacional, investimento incremental em ativos fixos, investimento incremental em capital de giro, alíquota de imposto de renda base caixa, custo de capital e tempo de duração do crescimento em valor.

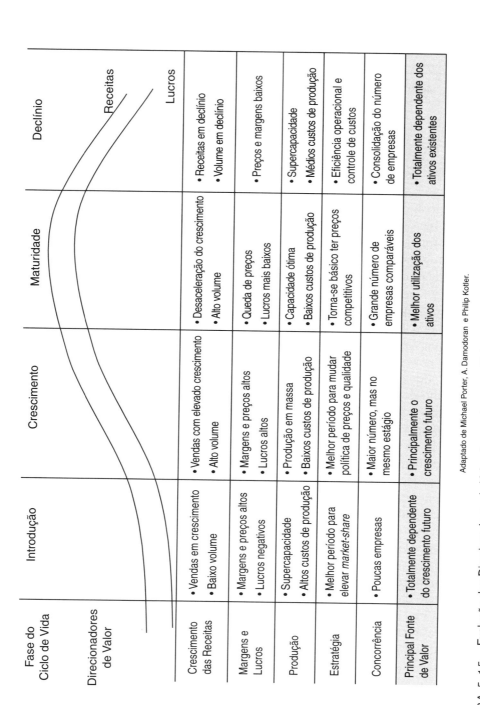

FIGURA 5.15 Evolução dos Direcionadores de Valor de acordo com o Ciclo de Vida da Empresa

Fase do Ciclo de Vida / Direcionadores de Valor	Introdução	Crescimento	Maturidade	Declínio
Crescimento das Receitas	• Vendas em crescimento • Baixo volume	• Vendas com elevado crescimento • Alto volume	• Desaceleração do crescimento • Alto volume	• Receitas em declínio • Volume em declínio
Margens e Lucros	• Margens e preços altos • Lucros negativos	• Margens e preços altos • Lucros altos	• Queda de preços • Lucros mais baixos	• Preços e margens baixos
Produção	• Supercapacidade • Altos custos de produção	• Produção em massa • Baixos custos de produção	• Capacidade ótima • Baixos custos de produção	• Supercapacidade • Médios custos de produção
Estratégia	• Melhor período para elevar market-share	• Melhor período para mudar política de preços e qualidade	• Torna-se básico ter preços competitivos	• Eficiência operacional e controle de custos
Concorrência	• Poucas empresas	• Maior número, mas no mesmo estágio	• Grande número de empresas comparáveis	• Consolidação do número de empresas
Principal Fonte de Valor	• Totalmente dependente do crescimento futuro	• Principalmente o crescimento futuro	• Melhor utilização dos ativos	• Totalmente dependente dos ativos existentes

Adaptado de Michael Porter, A. Damodoran e Philip Kotler.

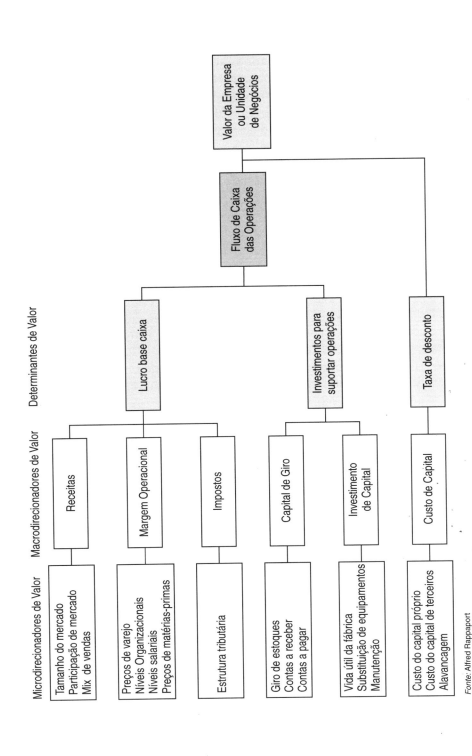

FIGURA 5.16 A Interação entre os Direcionadores de Valor de uma Empresa

Fonte: Alfred Rappaport

Os Direcionadores de Valor e a Estratégia de Negócios

A vantagem competitiva de uma empresa pode ser entendida como a sua capacidade de criar valor, de forma sustentável, para os acionistas e para os seus clientes. E, como sabemos desde a publicação de *Vantagem competitiva*, de Michael Porter, ela pode se manifestar por meio de duas estratégias genéricas: sob a forma de liderança de custos ou (num sentido de *trade-off*) sob a forma de diferenciação.

A partir dessas estratégias genéricas, o desafio da alta administração da organização é criar uma proposição de valor que faça sentido e que atenda às necessidades dos consumidores. Entretanto, a escolha feita pela organização, seja ela de liderança de custos, seja ela de diferenciação, tem grande impacto nas iniciativas de criação de valor econômico na empresa.

Por essa razão, nos projetos de Balanced Scorecard é fundamental um entendimento, pelo diretor responsável e pela equipe de implementação, de como a estratégia escolhida pode afetar a consecução dos objetivos na perspectiva financeira, isto é, aqueles que retratam mais diretamente os interesses dos acionistas da empresa.

É nesse momento que podemos perceber com maior clareza as contribuições dos especialistas da Gestão Baseada em Valor no processo de elaboração do Balanced Scorecard. De acordo com eles, quando uma empresa adota uma estratégia genérica, ela passa a dar indícios para os administradores e para o mercado sobre quais indicadores são os mais importantes para a criação de valor.

As empresas que optaram pela *diferenciação*, por buscarem mais intensamente a identificação de novas oportunidades, o lançamento de novos produtos e a rápida adaptação às mudanças no ambiente dos negócios, tendem a realizar seus objetivos num horizonte maior de tempo, em decorrência de seus investimentos em pesquisa e desenvolvimento, dos esforços para a personalização do atendimento e do tempo necessário para a adoção de novas tecnologias e novos estilos de vida. Em consequência, os direcionadores de valor de natureza não financeira tendem a prevalecer.

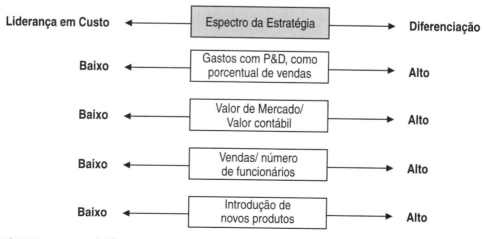

FIGURA 5.17 As Estratégias Genéricas e os Direcionadores de Valor

Por sua vez, as empresas que perseguem a liderança de custos, por buscarem mais intensamente a rentabilidade e a eficiência operacional, tendem a valorizar os objetivos de curto prazo tais como o lucro operacional, o retorno sobre os ativos e o valor econômico agregado. Em decorrência, os direcionadores de valor de natureza financeira são os preferidos.

É claro que, em função das peculiaridades dos mercados e de sua cultura organizacional, cada empresa seleciona os direcionadores de mercado que levem ao aumento de seu valor econômico. Mas, como podemos observar na Figura 5.17, os indicadores sobre as alternativas da estratégia genérica, sugeridos por Young e Byrne, nos possibilitam uma série de insights:

- Os gastos (melhor considerar os investimentos) com Pesquisa & Desenvolvimento em relação às vendas podem mostrar a propensão dos dirigentes de uma empresa em buscar novos produtos. Aqui, o esperado é que as empresas que seguem uma orientação para a diferenciação mostrem um índice superior ao daquelas cujo foco é a liderança em custos.

- A relação entre o valor de mercado e o valor contábil de uma empresa mostra como os investidores recompensam o capital intelectual da organização e sinaliza o quanto a alta administração busca o crescimento por meio de novas oportunidades de mercado. Neste caso, pesquisas demonstram que as empresas orientadas para a diferenciação apresentam um índice superior ao das que buscam a liderança em custos.

- A relação entre as vendas e o número de empregados exige maiores análises dos direcionadores de valor, porque o esperado é que as empresas líderes em custos apresentem um índice superior ao daquelas orientadas para a diferenciação. Entretanto, nas empresas mais inovadoras em tecnologia ocorre exatamente o contrário.

- O número de novos produtos introduzidos em relação ao mix atual de produtos mostra o quanto a alta administração está empenhada na expansão de suas ofertas e em seu escopo competitivo. Neste caso, o esperado é que, nas empresas orientadas para a diferenciação, a participação das vendas de novos produtos seja superior à das empresas direcionadas para a liderança em custos.

O uso dos direcionadores de valor nos projetos de Balanced Scorecard oferece uma grande contribuição para o processo, porque permite avaliar o potencial de determinada estratégia na geração de valor. A ideia central é que, apesar da boa vontade dos executivos, nem todas as estratégias produzem valor em si mesmas. As vendas podem crescer, os lucros podem aumentar, mas esses resultados podem destruir valor se, em conjunto, não forem superiores ao custo de capital da empresa.

Medindo o Valor das Estratégias

O Balanced Scorecard procura traduzir a estratégia de uma empresa em objetivos e iniciativas que sejam entendidos por todos os participantes da organização. Entretanto, é preciso dar um passo além: o processo de Balanced Scorecard deve ajudar a alta administração da empresa a identificar e selecionar as estratégias que efetivamente contribuam para o aumento do valor econômico agregado da empresa.

Mas como medir o valor gerado pela estratégia?

Antes de responder a essa pergunta, precisamos rever alguns dos conceitos das abordagens desenvolvidas até o momento. Como vimos, um dos pontos fortes do Balanced Scorecard é a integração entre os direcionadores de valor não financeiros (ou associados ao capital intelectual) e os indicadores tipicamente financeiros.

Por outro lado, apesar de a Gestão Baseada em Valor ter contribuído sobremaneira para o entendimento de como as organizações criam valor econômico, seus principais representantes reconhecem que seu ponto fraco é a ausência de *leading indicators*, ou direcionadores não financeiros. Todos os seus principais indicadores de desempenho como EVA, CFROI, MVA, TBR, TSR e CVA são indicadores de resultados. Dessa forma, somente podem ser medidos numa perspectiva histórica, isto é, depois que ocorreram.

Se o nosso principal interesse é medir o valor de uma estratégia, não é possível esperar até a finalização de sua implementação para avaliar o resultado obtido. Nesse sentido, a integração entre a metodologia do Balanced Scorecard e da Gestão Baseada em Valor pode ajudar, em muito, a alta administração da empresa e a equipe de projeto a formularem e implementarem estratégias de valor para o negócio.

O processo de formulação da estratégia competitiva, mostrado no Capítulo 3, se desenvolve a partir dos seguintes passos: a alta administração elabora a missão e a visão da empresa; em seguida, é feita uma avaliação das influências que o cenário exerce sobre a organização; essa análise continua com o diagnóstico dos recursos, conhecimentos e competências de domínio da empresa; o processo avança com a análise dos concorrentes. Nesse ponto, é feita uma avaliação dos pontos fortes e pontos fracos da empresa em relação aos concorrentes, bem como uma identificação das ameaças e oportunidades.

De posse dessas informações, a alta administração começa a identificar quais são os fatores críticos para a empresa ter sucesso nos negócios dos quais decidiu participar. Nesse momento, a alta administração precisa ter muita percepção para identificar quais são os negócios com maior atratividade. Além disso, é preciso comparar a força competitiva da empresa com a de seus principais concorrentes.

É nesse contexto que a alta administração começa a identificar quais são as alternativas estratégicas que podem fortalecer a posição competitiva da empresa no negócio. Porém, é preciso tomar cuidado, porque este é um momento de grande risco vivenciado pelas organizações: as estratégias selecionadas tanto podem contribuir para a criação de valor como também podem levar à destruição de valor, apesar das melhores intenções dos executivos.

Outro fator de risco é selecionar estratégias de forma mecânica, assumindo indicadores genéricos e de acordo com a sabedoria convencional. Para demonstrar esse fato, podemos considerar que a maioria dos administradores responderia afirmativamente às seguintes perguntas:

A satisfação do cliente gera automaticamente valor para a empresa, certo? Depende, porque oferecer um produto com qualidade superior, com funcionalidades especiais ou ainda com serviços de pós-compra não são vantagens sustentáveis se os custos totais, a longo prazo, incluindo o custo de capital, forem superiores ao valor presente do caixa gerado pela venda. Em síntese, oferecer aos clientes mais valor do que eles estão dispostos a pagar não gera nenhuma vantagem competitiva; ao contrário, pode estar destruindo valor.

Aumentar a participação de mercado, adotando uma agressiva estratégia de redução de preços, visando ao aumento de volume produzirá benefícios no futuro, certo? Depende, porque os ganhos de produtividade decorrentes do aumento da produção, igualmente, poderão não compensar a perda de receita relativa à redução de preços, ao aumento das necessidades de capital de giro e ao custo de capital. Em síntese, uma empresa, ao elevar sua participação de mercado, poderá estar reduzindo seu valor econômico agregado.

A lição a ser aprendida nesses dois exemplos é que uma estratégia gera valor econômico agregado somente se o retorno sobre os investimentos associados à sua formulação e à sua implementação for superior ao custo de capital. Além disso, é a geração de valor sustentável que demonstra se uma empresa possui, ou não, uma vantagem competitiva.

Apesar de o processo de calcular o valor de uma estratégia ser complexo, tomando-se como referência as metodologias do Balanced Scorecard e da Gestão Baseada em Valor, podemos afirmar que o valor de uma estratégia depende da interação entre os direcionadores de valor de natureza financeira e os de natureza não financeira, com a finalidade de gerar valor econômico agregado. A Figura 5.18 apresenta um roteiro para a mensuração do valor de uma estratégia.

No processo de cálculo do valor de uma estratégia, a alta administração precisa responder às seguintes perguntas:

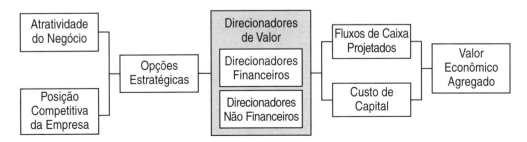

FIGURA 5.18   Avaliando o Valor de uma Estratégia

- Qual é o objetivo de geração de valor econômico agregado para a empresa, num horizonte de cinco anos?
- O plano estratégico que está sendo formulado ou implementado gera valor econômico agregado para a empresa? Se a resposta for afirmativa, quanto?
- Qual estratégia, entre as opções selecionadas, tem maior possibilidade de maximizar o valor?

A resposta a essas questões é fundamental porque o valor de mercado de uma empresa, o valor de uma estratégia e o valor de uma vantagem competitiva estão intimamente relacionados. O ponto central da análise deve ser o reconhecimento de que as empresas somente criam valor quando realizam investimentos em estratégias, projetos, tecnologias e iniciativas em que as projeções de retorno sejam superiores ao custo de capital.

Se, como afirmado anteriormente, o valor de uma empresa é igual ao valor presente dos fluxos de caixa livre dos ativos existentes, mais o valor presente dos fluxos de caixa livres das oportunidades de crescimento, podemos mensurar qual é o valor de determinada estratégia, como mostra a Figura 5.19.

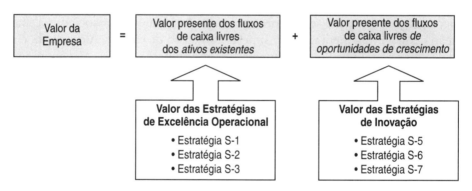

FIGURA 5.19 O Valor da Empresa e o Valor das Estratégias

Assim, nos projetos de Balanced Scorecard é fundamental que a equipe do projeto tenha conhecimento do objetivo de geração de valor da empresa no período do plano estratégico e qual deverá ser a composição desse crescimento em valor, entre as atividades atuais e as oportunidades de crescimento futuro. Observe-se que na maioria das empresas os componentes de crescimento futuro representam a maior parte do valor de mercado da empresa.

Ao proceder à avaliação do valor de uma estratégia, a equipe do Balanced Scorecard deve considerar, por exemplo, os seguintes direcionadores de valor:

- Vendas e aumento de participação de mercado.
- A satisfação dos clientes.
- A confiabilidade dos produtos.

- Geração de valor econômico agregado.
- Inovação de produtos, processos e modelo de gestão.
- O relacionamento e as alianças com os fornecedores.
- A produtividade da força de trabalho.
- A imagem de marca no mercado.
- O grau de risco (*rating*) associado à capacidade de pagamento aos seus credores.
- Retorno sobre o capital investido.
- Qualidade da gestão e sua competência para implementar a estratégia.

Em seguida, a equipe de projeto deve verificar como a estratégia selecionada é influenciada por esses indicadores, lembrando que o principal objetivo é maximizar a geração de valor econômico da empresa. O processo de identificação do valor de uma estratégia se inicia em sua fase de formulação e vai até a recompensa dos executivos e equipe de colaboradores, como mostra a Figura 5.20.

Fase 1: Formulação da estratégia competitiva

Fase 2: Elaboração do Mapa Estratégico do Balanced Scorecard

     Definição dos objetivos nas perspectivas de valor

     Seleção dos Indicadores de performance

     Escolha e priorização das iniciativas estratégicas

Fase 3: Elaboração do orçamento estratégico

Fase 4: Alocação de recursos e de capital

Fase 5: Mensuração do Desempenho

Fase 6: Determinação do valor econômico agregado das estratégias

Fase 7: Recompensa (remuneração e reconhecimento) do profissional e equipe pelos resultados obtidos

---

FIGURA 5.20   Processo de Avaliação do Valor de uma Estratégia

O fluxo de valor de uma estratégia, nas abordagens do Balanced Scorecard e da Gestão Baseada em Valor, mostra como as estratégias devem ser traduzidas em direcionadores de valor (financeiro e não financeiro), que, por sua vez, devem ser integrados às perspectivas de valor para poderem gerar valor econômico agregado. A Figura 5.21 descreve o fluxo de valor de uma estratégia.

Outro ponto a ser destacado é que o retorno mínimo esperado por uma estratégia deve ser equivalente ao custo de capital da empresa. É claro que objetivos estratégicos de maior alcance, como a conquista de um novo cliente importante, o aprendizado e o conhecimento gerado no desenvolvimento de uma solução para o cliente ou ainda iniciativas voltadas para a responsabilidade social empresarial, podem tornar defensáveis estratégias com resultados abaixo desse critério.

FIGURA 5.21 O Fluxo de Valor da Estratégia

Os Objetivos Estratégicos da Perspectiva Financeira

Identificando os Objetivos Estratégicos da Perspectiva Financeira

Como é na perspectiva financeira que preferencialmente acontece a integração entre o Balanced Scorecard e a Gestão Baseada em Valor, os objetivos estratégicos da organização devem estar alinhados aos direcionadores de valor.

Assim, as empresas que adotam o Balanced Scorecard como sistema de gestão poderiam escolher, por exemplo, os seguintes objetivos estratégicos mostrados nas Figuras 5.22 e 5.23.

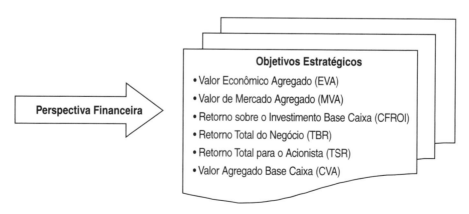

FIGURA 5.22 Objetivos Estratégicos da Perspectiva Financeira

- Retorno sobre o Investimento
- Valor Econômico Agregado
- Crescimento e Mix da Receita
- Redução dos Custos
- Melhoria da Produtividade
- Utilização dos Ativos
- Estratégia de Investimentos
- Retorno sobre o ativo
- Faturamento por empregado
- Fluxo de caixa das operações
- Equilíbrio entre crescimento e risco
- Redução de custos
- Redução do capital próprio investido
- Elevação da margem operacional
- Identificação de novas fontes de receita
- Melhor exploração das fontes atuais de receita
- Otimização da alocação de capital
- Maior eficiência do capital de giro
- Número de aquisições e desinvestimentos
- Aumento de receitas de serviços integrados
- Ativos por empregado
- Conquista do *rating AAA* (S&P)

FIGURA 5.23 Exemplos de Objetivos Estratégicos na Perspectiva Financeira

Selecionando os Objetivos Estratégicos na Perspectiva Financeira

Na metodologia do Balanced Scorecard, como já mencionado, os objetivos estratégicos das quatro perspectivas de valor devem derivar da missão e da visão da organização. Nesse sentido, a equipe do projeto, tomando como referência os principais temas estratégicos sugeridos pela diretoria e profissionais-chave da empresa, nas entrevistas e nos workshops, começa o importante trabalho de identificação, seleção e priorização dos objetivos, a partir da perspectiva financeira. A Figura 5.24 apresenta uma ilustração desse processo.

Exemplos de Temas Estratégicos

- Elevar o Valor Econômico Agregado (EVA)
- Aumentar o Retorno Total do Negócio (TBR)
- Entrada em Novos Negócios
- Inovação de Produtos
- Produção Flexível
- Atração e Retenção de Talentos

Exemplos de Objetivos Estratégicos na Perspectiva Financeira

- Retorno sobre o Patrimônio Líquido
- Aumento do Valor de Mercado
- Valor Econômico Agregado
- Retorno sobre os Investimentos

FIGURA 5.24 Os Objetivos Estratégicos derivam dos Temas Estratégicos

A Matriz de Criação do Mapa Estratégico na Perspectiva Financeira

A seleção dos objetivos na perspectiva financeira, a partir dos temas estratégicos, é um processo criativo e complexo, exigindo a exploração de novas ideias, insights e novas abordagens pela equipe do projeto do Balanced Scorecard. Para facilitar esse processo, sugerimos o desenvolvimento dos trabalhos a partir das seguintes questões:

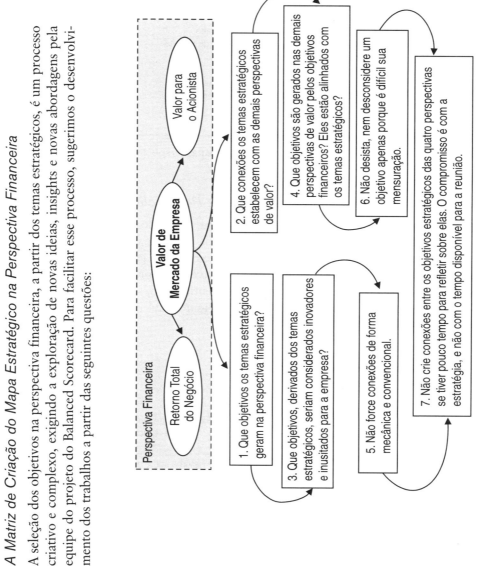

Exemplo 1 de Mapa Estratégico com Ênfase na Perspectiva Financeira

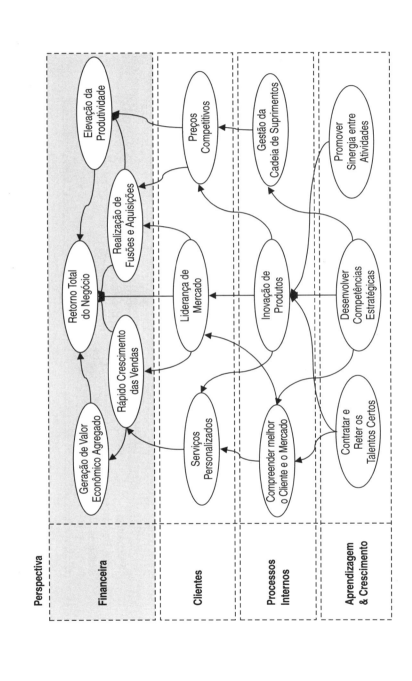

Exemplo 2 de Mapa Estratégico do Balanced Scorecard

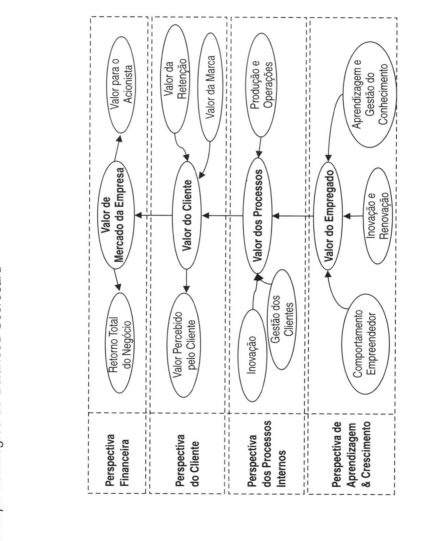

CAPÍTULO **6**

A PERSPECTIVA DO CLIENTE

"Espere o inesperado ou você não o encontrará."
HERÁCLITO

~

"Nós lemos o mundo errado e dizemos que ele nos decepciona."
TAGORE

~

"O ato de descoberta tem um aspecto perturbador e construtivo. Deve romper os rígidos padrões da organização mental para alcançar a nova síntese."
ARTHUR KOESTER

"A criatividade é correlata à capacidade de suportar a falta de estrutura, falta de futuro, de previsibilidade e de controle; é poder tolerar a ambiguidade e a ausência de planejamento."
ABRAHAM MASLOW

"Alguns homens veem as coisas como são, e dizem *Por quê?*
Eu sonho com as coisas que nunca foram e digo *Por que não?*"
GEORGE BERNARD SHAW

Introdução

A perspectiva do cliente procura identificar qual é o *valor do cliente* para determinada empresa. O valor do cliente, apesar da dificuldade de mensuração, pode ser obtido a partir de seus dois componentes:

- o valor vitalício de um cliente (*lifetime value*), segundo a perspectiva da empresa; e
- o valor percebido pelo cliente em seu relacionamento com a organização.

A perspectiva do cliente tem por objetivo mostrar se as escolhas estratégicas implementadas por uma organização estão contribuindo para o aumento do valor percebido pelos clientes em relação aos produtos, serviços, imagem de marca, experiência de compra e relacionamento. A Figura 6.1 apresenta uma ilustração do significado da perspectiva do cliente.

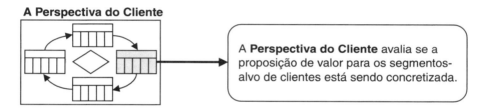

FIGURA 6.1 Visualizando a Perspectiva do Cliente

Na perspectiva do cliente, é possível à alta administração da organização verificar se a estratégia de diferenciação, de liderança de custos ou de enfoque está produzindo os resultados esperados. A Figura 6.2 mostra o diálogo hipotético entre os responsáveis pela gestão estratégica da empresa e os clientes.

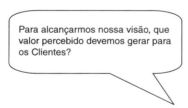

Perspectiva do Cliente e do Mercado			
Objetivos	Medidas	Metas	Iniciativas
■ Atrair e reter mais clientes.	■ Número de novos clientes nos segmentos estratégicos.	■ Conquistar cinquenta novos clientes por segmento.	■ Introduzir programa de fidelização dos clientes.

FIGURA 6.2 O diálogo entre a equipe de gestão da empresa e os clientes da empresa

É importante destacar que o *valor de mercado* de uma empresa depende do valor da carteira de seus clientes que ela consegue fidelizar ao longo do tempo. A fidelização de um cliente, por sua vez, está associada à proposta de valor da organização, ao valor percebido pelo cliente e à qualidade do relacionamento entre as duas partes.

Entretanto, antes de apresentar as principais características da perspectiva do cliente, é preciso um entendimento do *fluxo de valor do cliente*.

O Valor do Cliente

Uma das mais importantes tendências na gestão dos negócios é o deslocamento do *foco do produto (brand equity)* para o *valor do cliente (customer equity)*. Conceitos tradicionais, como o de retenção de clientes, estão sendo substituídos por conceitos de relacionamento. De acordo com Rust, Zeithaml e Lemon, o principal desafio atualmente enfrentado pelos administradores é o de maximizar o valor de seu ativo mais importante: o valor da base de seus clientes ao longo de seu ciclo de vida, isto é, o período de tempo em que eles mantêm relacionamento com a empresa.

Mas qual é o significado de valor do cliente? O que as empresas precisam fazer para identificar o valor de sua carteira de clientes? Para ajudar os administradores nesta tarefa, Rust, Zeithaml e Lemon, inspirados nos conceitos de marketing de relacionamento (*marketing one to one*) e de fidelização de clientes, desenvolveram uma metodologia denominada de *Customer Equity*, que nos possibilita mensurar a lucratividade de um cliente individualmente ou de segmentos de clientes.

De acordo com essa perspectiva, o *valor do cliente (customer equity)* é formado pela soma do valor percebido pelo cliente mais o valor da marca e o valor da retenção, conforme é mostrado na Figura 6.3. É importante destacar que o valor do cliente deve ser calculado de acordo com os procedimentos utilizados para se obter o valor econômico agregado, conforme apresentado na perspectiva financeira do Balanced Scorecard.

Como a análise do valor do cliente tem importantes implicações para a estratégia de uma organização, é preciso um aprofundamento de seus principais indi-

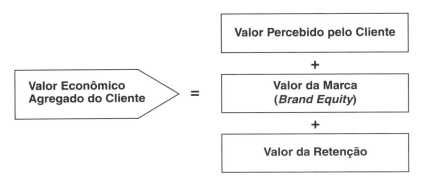

FIGURA 6.3   O Valor Econômico Agregado do Cliente

102 Balanced Scorecard e a Gestão Estratégica

cadores de valor. A alta administração da empresa precisa ter respostas para as seguintes perguntas:

- Quais os motivos que levam determinado cliente a escolher uma empresa para comprar produtos e serviços?
- A experiência de compra leva os clientes a desejarem repetir suas compras com a empresa?
- Qual é o grau de influência que a empresa pode exercer sobre as decisões de compra do cliente?

A análise da estrutura de valor do cliente na perspectiva do Balanced Scorecard procura ajudar os administradores na resposta a essas perguntas.

O Valor Percebido pelo Cliente

De modo geral, os administradores, a partir de suas ideias, percepções e modelos mentais, têm um entendimento sobre a dimensão do valor que uma empresa oferece aos clientes por meio de seus produtos e serviços. Entretanto, quando o foco é deslocado do produto para o cliente, o importante passa a ser não o valor em si, mas o valor percebido pelo cliente (que pode ser totalmente diferente da proposta de valor criada pelos administradores) das ofertas da empresa.

De acordo com pesquisa realizada por Rust, Zeithaml e Lemon, diferentes grupos de clientes podem entender o valor de quatro maneiras:

- Valor é preço baixo;
- Valor é aquilo que quero em um produto;
- Valor é a qualidade que recebo pelo preço que pago;
- Valor é o que recebo por aquilo de que abro mão, incluindo tempo e esforço.

Assim, *o valor percebido pelo cliente* pode ser definido como a comparação (avaliação objetiva e subjetiva) que um cliente faz a respeito do que ele *recebe* da organização (qualidade, preço, imagem, conveniência, atendimento) *versus* o que ele dá em troca (dinheiro, tempo, esforço e aprendizagem) numa experiência de compra.

Outra maneira de se medir o valor percebido pelo cliente é apresentada por Heskett, Sasser Jr. e Schlesinger em seu livro *Lucro na prestação de serviços (The Service Profit Chain)*. Segundo os autores, os administradores precisam entender que existe uma relação direta entre o lucro e o crescimento das vendas com a satisfação e a fidelidade dos clientes, como mostra a Figura 6.4. Além do mais, não podemos esquecer que a fidelidade dos clientes também está intimamente relacionada com a produtividade, a motivação e a fidelidade dos próprios colaboradores da empresa.

Na equação, vale a pena destacar que os clientes, ao comprarem produtos e serviços, estão, na verdade, buscando soluções ou resultados para seus problemas, neces-

Valor Percebido pelo Cliente	=	Resultados gerados para o cliente + Qualidade do processo
		Preço para o cliente + Custos de aquisição do produto ou serviço

FIGURA 6.4   A Equação de Valor do Cliente

sidades ou expectativas. Essa preocupação com os resultados já estava presente em Theodore Levitt, quando afirmou que as pessoas compram produtos a fim de resolver seus problemas, porque eles são ferramentas para a solução de problemas. Portanto, é a perspectiva do cliente, e não a da empresa, que deve prevalecer. Para Levitt, "os clientes atribuem ao produto um valor proporcional à capacidade que parece ter de ajudá-los a resolver seus problemas. Por isso, um produto só tem significado do ponto de vista do comprador ou do usuário final".

A qualidade do processo reflete a gestão da qualidade total pela empresa, em especial os processos de criação de valor. Esse ponto é destacado por Boulton, Libert e Samek, quando afirmam que "o valor é criado em todo modelo empresarial – que abrange todo o portfólio de ativos – por meio de processos de negócios básicos e atividades de trabalho individuais".

Do ponto de vista do cliente, a qualidade do processo está associada à sua experiência de compra e demonstra o quanto ela foi (ou não) satisfatória. Quando uma empresa presta serviços abaixo do esperado pelo cliente ou não cumpre o que foi prometido durante o processo de venda, ela corre o risco de ver a confiança e a sua reputação junto ao mercado serem abaladas.

Pesquisa realizada por Leonard Berry e A. Parasuraman demonstra que a qualidade dos serviços ao cliente apresenta cinco dimensões: confiabilidade, tangíveis, sensibilidade, segurança e empatia. Para nossa reflexão acerca do valor percebido pelo cliente, essas dimensões podem ser entendidas da seguinte forma:

- *Confiabilidade*: significa a capacidade da organização de entregar o produto ou o serviço prometido de modo confiável e com precisão em todas as fases da experiência de compra do cliente.
- *Tangíveis*: representam a parte visível de todos os momentos de verdade do cliente, quando ele entra em contato com a área da empresa, como a aparência física das instalações, os equipamentos, a disposição da equipe de atendimento e os materiais de comunicação.
- *Sensibilidade*: demonstra a boa vontade da equipe de colaboradores da empresa em ajudar e orientar o cliente durante todo o processo de compra e uso do produto ou serviço.
- *Segurança*: mostra o conhecimento, a qualidade das informações e a disposição dos empregados em transmitir confiança e confiabilidade para os clientes.
- *Empatia*: demonstra a atenção e a capacidade de aprender quais as necessidades e dificuldades, do ponto de vista dos clientes, no uso dos produtos e serviços da empresa.

Na busca de oferecer maior valor para seus clientes, as empresas devem evitar cair na armadilha do preço, isto é, reduzir o preço na esperança de que irão criar mais valor para os clientes. É claro que o preço é um dos fatores determinantes do valor. Entretanto, a empresa orientada para o cliente busca alternativas inovadoras para criar uma progressão no valor econômico percebido pelos clientes e, desta forma, diferenciar sua proposição de valor dos concorrentes. Como acentuou James Barnes, "o maior valor é agregado quando a empresa consegue criar um ambiente em que exista uma forte relação emocional entre a empresa e seus clientes; em outras palavras, um relacionamento genuíno".

Mas, para melhorar o valor percebido pelo cliente, as empresas devem não apenas acrescentar novas coisas, características ou atributos ao produto ou serviço. O valor percebido pelo cliente também pode se elevar quando a empresa, de forma inteligente e suportada por pesquisas, retira alguma coisa da experiência de compra do cliente. De acordo com James Barnes, alguns fatores que podem estar ausentes ou presentes na experiência de compra determinam a maior satisfação dos clientes, conforme pode ser visto na Figura 6.5.

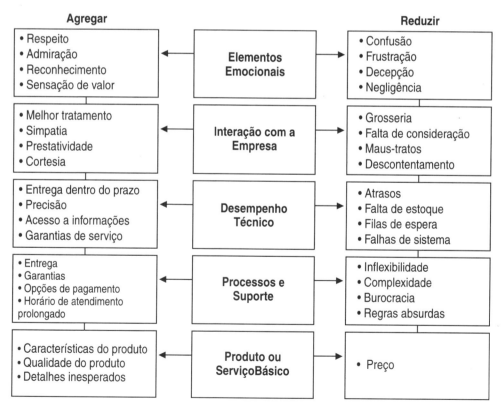

Fonte: James G. Barnes

FIGURA 6.5 Fatores Determinantes do Valor Percebido pelo Cliente

O Valor da Marca

O relacionamento de um cliente com uma organização não se limita às situações típicas de compra e venda de produtos e serviços. O relacionamento apresenta também um vínculo emocional. A marca procura estabelecer o elo emocional entre a empresa e seus clientes. O valor emocional da marca, de acordo com Janelle Barlow e Dianna Maual, pode ser visto "como o valor econômico ou monetário dos sentimentos vivenciados quando os clientes têm uma experiência positiva com produtos e/ou serviços oferecidos por uma empresa".

Para os pesquisadores Rust, Zeithaml e Lemon, "o valor da marca é a avaliação subjetiva e intangível da marca pelo cliente, acima do seu valor percebido de forma objetiva". Na mensuração do valor do cliente, o valor da marca demonstra até que ponto a empresa consegue diferenciar suas ofertas, na mente dos clientes, influenciando sua predisposição para a aquisição de produtos e serviços.

O valor de uma marca é afetado pelas estratégias de marketing e de comunicação da empresa. Essas iniciativas procuram fortalecer o vínculo emocional do cliente com a organização, criando um significado entre a marca e os diferentes aspectos da vida do consumidor. Mas como a marca de um produto ou serviço agrega valor para a empresa? De acordo com Gary Hamel e C.K. Prahalad, as marcas elevam a predisposição de um consumidor em adquirir os produtos e serviços de uma empresa por meio do reconhecimento, da reputação, da afinidade e do domínio.

- *Reconhecimento*: representa a lembrança ou o nível de consciência da marca por um cliente ou *prospect*.
- *Reputação*: representa a estima e a confiança que determinado consumidor tem em relação aos possíveis benefícios prometidos pela marca.
- *Afinidade*: demonstra até que ponto a marca corresponde ou está alinhada à noção que um consumidor tem de si mesmo.
- *Domínio*: procura avaliar até que ponto a amplitude da marca pode ser estendida a outros produtos e serviços.

Como um ativo estratégico da empresa, a marca deve ser gerenciada pelos executivos seniores, com a finalidade de elevar seu valor ao longo do tempo. Nesse sentido, David Aaker desenvolveu o conceito de *brand equity* para demonstrar como a marca gera valor tanto para a empresa como para os clientes. Assim, *brand equity* (equidade da marca) pode ser definida como "um conjunto de ativos e passivos ligados a uma marca, seu nome e seu símbolo, que se somam ou se subtraem do valor proporcionado por um produto ou serviço para uma empresa e/ou para os consumidores dela".

A equidade da marca contribui para o valor da empresa ao fortalecer a fidelidade dos clientes, ao reduzir as pressões da organização para competir em preços, ao ressaltar a qualidade das ofertas da empresa ou ainda ao estimular a adoção de inovações e de novos produtos pelos consumidores.

Na perspectiva da gestão do valor da empresa, os executivos seniores devem desenvolver estratégias que fortaleçam os fatores que influenciam o valor da marca: a consciência de marca pelo cliente, a atitude do cliente em relação à marca e a percepção da responsabilidade social da empresa, como mostra a Figura 6.6.

Fonte: Adaptado de Rust, Zeithaml e Lemon.

FIGURA 6.6   O Valor da Marca

O Valor da Retenção: Fidelização do Cliente

A maioria das pessoas não tem dúvidas de que a retenção de clientes é um fator importante para a geração de valor econômico para a empresa. Entretanto, contrariando esse ponto de vista, alguns analistas afirmam que nem todos os clientes são atrativos para a empresa. Alguns não são lucrativos e, por essa razão, devem ser desestimulados a continuar fazendo negócios com a empresa.

Nesse sentido, é fundamental que os administradores façam uma avaliação do valor atual e do valor potencial de sua base de clientes. Para ajudá-los nesse processo, foram desenvolvidas várias metodologias, como a gestão da lealdade do cliente, o marketing de relacionamento e o marketing *one-to-one*.

As novas metodologias de gestão nos alertam que agora o importante é a *qualidade* do *market-share*, e não o *market-share* em si; e que a *participação no cliente* é uma medida mais efetiva do que a conquista de novos clientes. O desafio dos executivos seniores da empresa passa a ter como foco descobrir produtos para os seus clientes, e não apenas encontrar clientes para os produtos atuais. De acordo com Don Peppers e Martha Rogers, esse processo pode ser facilitado se as empresas identificarem, diferenciarem, interagirem e personalizarem os clientes, como é explicado a seguir:

- *Identificar* significa conhecer as pessoas que compõem sua base de clientes, de uma forma individualizada, com o detalhamento necessário para o desenvolvimento dos programas de marketing.

- *Diferenciar* significa desenvolver um discernimento sobre o perfil dos diferentes clientes, em função do valor que representam para a empresa e em função de suas necessidades individuais. Os clientes, por sua vez, em função do valor que geram para a empresa, podem ser classificados em clientes de maior valor, clientes de maior potencial e clientes com retorno abaixo de zero.
- *Interagir* significa estabelecer diálogo, comunicação e troca de informações com os clientes para aprimorar o relacionamento.
- *Personalizar* significa tratar cada cliente específico de forma diferente, considerando seus valores, necessidades e expectativas, com a finalidade de gerar benefícios para eles.

Outro importante tema relacionado com o valor da retenção é a *lealdade do cliente*. De acordo com os defensores dessa abordagem, uma elevada retenção de clientes pode se transformar numa importante vantagem competitiva, numa era em que muitos clientes estão insatisfeitos com o relacionamento que mantêm com seus fornecedores. Frederick Reichheld realizou uma pesquisa mostrando que "as empresas norte-americanas perdem, em média, metade de seus clientes em cinco anos, metade de seus funcionários em quatro anos e metade de seus investidores em menos de um ano". E um dos principais motivos dessa perda (além da insatisfação dos clientes) é que os executivos seniores da empresa não pesquisam os motivos dessa deserção de clientes.

Mas a simples retenção de clientes não significa necessariamente lealdade. Muitos clientes compram produtos de determinadas empresas somente porque não têm outras opções, ou pelo preço, pela conveniência ou ainda pela acomodação. Somente quando existe um vínculo emocional entre a empresa e o cliente podemos falar em relacionamento duradouro. Por essa razão a lealdade do cliente está se transformando no indicador mais importante de sucesso de uma empresa. Assim, a *lealdade* pode ser entendida como a construção de um relacionamento de confiança, de aprendizagem e de resultados, em que o valor percebido pelo cliente, no longo prazo, se transforma em valor econômico agregado para a empresa.

Mas quais são os benefícios concretos da lealdade do cliente? Como podemos medir a lealdade?

Antes de mais nada, é importante ressaltar que a conquista de novos clientes é mais dispendiosa do que a retenção dos clientes atuais, devido aos custos de propaganda, promoção, descontos nos preços e despesas administrativo-financeiras tais como a avaliação de crédito e o processamento de informações.

Por outro lado, a retenção possibilita a criação de um círculo virtuoso de lucratividade, em que a satisfação do cliente leva à retenção e esta à fidelidade, que, por sua vez, gera mais valor pela repetição das compras, pelas referências a novos clientes e pela maior participação nas compras dos clientes. James Barnes, especialista em CRM (Gestão do Relacionamento com o Cliente), identificou nove motivos, mostrados na Figura 6.7, pelos quais a retenção do cliente compensa.

Estudos realizados por Reichheld mostram que um aumento de 5% no índice de retenção proporciona aumentos no valor presente líquido de um cliente médio en-

> **Motivos pelos Quais a Fidelização de Clientes Gera Valor**
>
> - O recrutamento de novos clientes custa dinheiro.
> - Os clientes gastam mais em nossa empresa.
> - Eles se sentem mais à vontade no trato conosco.
> - Eles fazem uma propaganda positiva boca a boca.
> - Sai mais barato servi-los.
> - Eles são menos sensíveis ao preço.
> - Eles são mais condescendentes quando algo dá errado.
> - Eles aumentam a eficiência de nosso programa de marketing.
> - Eles oferecem maior potencial de lucro.

Fonte: James Barnes.

FIGURA 6.7   A Fidelização de Clientes Gera Valor

tre 35% (no setor de software) até 95% (no setor das agências de publicidade), dependendo do ramo de atividade da empresa.

Esses benefícios, obtidos com a fidelização de clientes maduros para a empresa, devem ser comparados com os resultados produzidos pelos novos clientes conquistados. A Figura 6.8 mostra graficamente a composição do valor gerado pela fidelização de clientes.

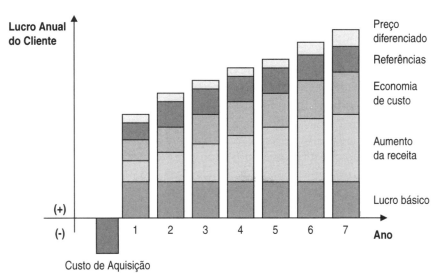

Fonte: Frederick Heichheld.

FIGURA 6.8   Lucratividade da Base de Clientes de uma Empresa

A Perspectiva do Cliente **109**

É a fidelização dos clientes que nos permite o cálculo do *Lifetime Value* (Valor vitalício do cliente), ou seja, a geração de valor econômico agregado pelo cliente ao longo do tempo em que ele realiza negócios com a empresa. O *Lifetime Value* de um cliente personalizado pode ser alavancado a partir das seguintes iniciativas da gerência sênior da empresa:

- Aumentar a participação na carteira do cliente (*share of wallet*), isto é, aumentar a participação da empresa nas compras totais dos clientes.
- Desenvolver o volume de negócios com o cliente por meio de venda cruzada de produtos (*cross selling*) ou ainda de vendas de maior valor agregado (*up selling*).
- Redução dos índices de perda de clientes (*churn*), isto é, a diferença entre a conquista de novos clientes e a evasão de clientes.
- Atrair e conquistar os melhores clientes dos concorrentes.

Apesar de sua complexidade, o cálculo do valor vitalício de um cliente pode ser facilitado pela aplicação da fórmula desenvolvida por Rust, Zeithaml e Lemon, mostrada a seguir:

$$\text{Valor Vitalício do Cliente} = \sum_{t=0}^{T} [(\,1 + d)^{-t}\, F_{it}.\, S_{it}.\P_{it}], \text{ em que:}$$

T = é o período de tempo do planejamento (por exemplo, cinco anos);

t = é o subperíodo de tempo em que o cálculo é realizado (por exemplo, trimestre, semestre ou ano);

d = é a taxa de desconto (custo de capital) para se achar o valor presente;

F_{it} = é a frequência esperada de compra pelo cliente (por exemplo, duas compras por mês);

S_{it} = é a participação esperada na carteira do cliente no período considerado;

$\P_{it}$ = é a média de contribuição (lucro ou margem de contribuição) de uma compra do cliente.

Vale a pena destacar que, na moderna gestão estratégica, a *participação no valor do cliente* permite fazer uma análise mais refinada da eficiência de uma estratégia de marketing em gerar valor do que a simples mensuração da participação de mercado. Nesse sentido, as empresas podem estar posicionadas numa das seguintes situações:

- Alta participação de mercado e baixa participação no cliente: isto pode significar que a empresa está perdendo negócios porque, de suas ofertas totais para os clientes, apenas pequena parcela se transforma em vendas.

- Baixa participação de mercado e alta participação no cliente: isto é uma indicação de que a empresa mantém um bom relacionamento com seus clientes, apresentando um grande potencial de crescimento de vendas.

- Baixa participação de mercado e baixa participação no cliente: significa que a empresa não está conseguindo atrair clientes com sua proposição de valor; isto é um indicador de que a empresa está perdendo competitividade e está ameaçada de risco.

- Alta participação de mercado e alta participação no cliente: isto significa que a estratégia da empresa e sua proposta de valor estão contribuindo para a geração de valor econômico agregado. A empresa é competitiva e mantém um relacionamento de longo prazo com seus clientes.

A Figura 6.9 apresenta a matriz de posicionamento competitivo de uma empresa, tomando-se como referência sua participação na carteira do cliente e sua participação relativa de mercado.

	Falha na Execução da Estratégia	**Estratégia que Gera Valor**
Alta	• Empresa tem conhecimento dos principais negócios do mercado • Empresa perde negócios para seus concorrentes • Empresa precisa conhecer melhor seus clientes	• Proposta de valor alinhada às necessidades e expectativas do cliente • Empresa é bem-sucedida em sua estratégia de fidelização • Empresa se beneficia de suas vantagens competitivas
Participação de Mercado	**Estratégia Deslocada do Mercado**	**Estratégia de Crescimento**
Baixa	• Empresa desconhece as principais oportunidades de negócios do mercado • Empresa não conhece seus clientes-alvo • Proposta de valor distante da realidade dos clientes	• Empresa conhece sua base atual de clientes • A proposta de valor está ajustada aos clientes atuais • Empresa pode atrair novos segmentos de clientes
	Baixa	**Participação na Carteira do Cliente** **Alta**

FIGURA 6.9 Matriz de Participação no Cliente e Participação de Mercado

A Proposição de Valor para o Cliente

Numa sociedade caracterizada pelo grande número de ofertas de produtos e serviços, um dos maiores desafios dos administradores é diferenciar a oferta de sua empresa em relação aos seus concorrentes. Há um conflito entre a sobrecarga de informações e a capacidade de atenção da mente das pessoas. De acordo com Thomas Davenport e John Beck, "o gerenciamento do fator atenção é hoje o mais importante determinante isolado do êxito dos negócios". Vivemos numa verdadeira economia da atenção, e atenção deve ser entendida como o "envolvimento mental concentrado com determinado item de informação".

Mas como chamar a atenção dos consumidores numa sociedade onde há tanta abundância de ofertas? Um típico consumidor americano tem à sua disposição: 260 modelos de veículos, 400 modelos de computadores, 250 mil softwares, 4,8 milhões de websites, 150 canais de televisão, 458 novos filmes por ano, 285 estilos de tênis, 36 tipos diferentes de lentes de contato e muito mais.

Nesse contexto, as pessoas e, consequentemente, os clientes estão mais preocupados em selecionar as informações recebidas do que absorver um número ainda maior de novas informações. É nesse ambiente da concorrência pela atenção dos consumidores que a proposição de valor ganha importância. A proposição de valor procura captar a atenção dos consumidores, ocupando um espaço em suas mentes, isto é, conquistando o que Jack Trout denomina de *share of mind*.

A proposição de valor tem origem no conceito de proposição única de venda (*USP – Unique Sales Proposition*), criado por Rosser Reeves na década de 1960, segundo o qual a marca de uma empresa deveria promover apenas um benefício para o segmento-alvo. Posteriormente, vários autores desenvolveram a ideia, merecendo destaque Michael Porter, com as estratégias de liderança, diferenciação e nicho, e Michael Treacy e Fred Wiersema, que popularizaram sua aplicação. Mais recentemente, Kaplan e Norton adotaram os conceitos de Treacy e Wiersema e os aplicaram, com grande sucesso, na metodologia do Balanced Scorecard.

A proposição de valor pode ser considerada como um dos elementos centrais da formulação da estratégia competitiva da empresa. De acordo com Treacy e Wiersema, a proposição de valor "é a promessa que uma empresa faz aos clientes de entregar determinada combinação de valores – preço, qualidade, desempenho, seleção e conveniência".

Na perspectiva do Balanced Scorecard, Kaplan e Norton afirmam que a proposição de valor deve refletir a estratégia competitiva e demonstrar o contexto em que os ativos tangíveis e intangíveis criam valor para a empresa. Nessas condições, a proposição de valor "descreve a combinação única de produto, preço, serviço, relacionamento e imagem que o negócio oferece aos clientes". Ela serve de referência para os executivos seniores selecionarem os segmentos-alvo e como a empresa irá se diferenciar de seus concorrentes.

Outra importante contribuição de Treacy e Wiersema para a metodologia do Balanced Scorecard, em especial para o desenvolvimento dos temas estratégicos, é dada pelas três disciplinas de valor: a *excelência operacional*, a liderança em produtos e a *intimidade com o cliente* (ou solução total). As principais características das disciplinas de valor são mostradas na Figura 6.10.

1. Excelência Operacional

1.1. Descrição da Proposição de valor

- Praticam a excelência operacional as empresas que entregam a seus clientes uma combinação de qualidade, preço e facilidade de compra que nenhum concorrente consegue igualar.
- Essas empresas não são inovadoras em produtos ou serviços, nem cultivam um relacionamento personalizado com seus clientes.
- Elas executam extraordinariamente bem seus processos e asseguram a seus clientes a garantia de preços baixos e atendimento sem problemas.

1.2. Características do Modelo Operacional

- Processos de suprimento e atendimento básico de ponta a ponta otimizados e simplificados para minimizar custos e problemas.
- Operações padronizadas e simplificadas que são rapidamente controladas e planejadas centralizadamente, deixando poucas decisões a critério dos colaboradores operacionais.
- Sistemas gerenciais que focalizam transações integradas, confiáveis e rápidas, além da obediência a normas.
- Uma cultura que abomina o desperdício e premia a eficiência.

Fonte: Adaptado de Treacy e Wiersema.

2. Liderança em Produtos

2.1. Descrição da Proposição de valor

- Praticam a liderança de produtos as empresas que procuram introduzir no mercado uma nova geração de produtos e serviços.
- Elas se concentram em oferecer aos clientes produtos e serviços que expandam as fronteiras de desempenho existentes.
- A proposição para os clientes é oferecer-lhes o melhor produto do mercado, sem nenhuma dúvida possível.
- Essas empresas precisam ser criativas, comercializar rapidamente suas ideias e atacar seus próprios produtos.

2.2. Características do Modelo Operacional

- Foco nos processos de invenção, desenvolvimento de produtos e exploração de mercado.
- Uma estrutura flexível para se ajustar às inovações e fortalecimento do espírito empreendedor.
- Sistemas gerenciais voltados para resultados, que medem e premiam o sucesso de novos produtos e não punem a experimentação necessária à sua criação.
- Uma cultura que encoraja a imaginação e a realização individual, bem como uma mentalidade aberta e movida pelo desejo de criar o futuro.

Fonte: Adaptado de Treacy e Wiersema.

FIGURA 6.10   As Características das Disciplinas de Valor

3. Intimidade com o Cliente (Solução Total)

3.1. Descrição da Proposição de valor

- Praticam a solução total as empresas que se empenham em conhecer os negócios de seus clientes.

- Elas desenvolvem soluções específicas para seus clientes, e não produtos genéricos para o mercado.

- Elas aperfeiçoam continuamente seus produtos para satisfazer às necessidades específicas de seus clientes, a um preço razoável.

- A proposição para os clientes é desenvolver a melhor solução do mercado.

- Essas empresas não estão preocupadas em transações, mas sim em relacionamento de longo prazo com seus clientes.

3.2. Características do Modelo Operacional

- Foco nos processos essenciais para o desenvolvimento de soluções (isto é, ajudar o cliente a compreender exatamente o que necessita), gerenciamento de resultados (isto é, garantia de implementação da solução) e gerenciamento dos relacionamentos.

- Uma cultura que valoriza o *empowerment*, delegando as tomadas de decisões aos colaboradores mais próximos dos clientes.

- Sistemas gerenciais orientados à criação de resultados para os clientes.

- Processos orientados ao desenvolvimento de soluções específicas, em vez de soluções genéricas.

Fonte: Adaptado de Treacy e Wiersema.

FIGURA 6.10 As Características das Disciplinas de Valor (Continuação)

114 Balanced Scorecard e a Gestão Estratégica

Apesar da consistência de suas propostas, as empresas que adotam a metodologia das disciplinas de valor correm o risco, ao longo do tempo, de sofrer as seguintes ameaças, como mostra a Figura 6.11.

Disciplina de Valor	Principal Ameaça
Excelência Operacional	▪ Procurar elevar a produtividade de ativos que estão ficando obsoletos.
Liderança em Produtos	▪ Comprometimento com novas tecnologias que não agregam valor para os clientes.
Intimidade com o Cliente (Solução Total)	▪ Ilusão de que sempre serão os únicos a desenvolver solução total para os clientes.

FIGURA 6.11 Ameaças das Disciplinas de Valor

Outro ponto a ser destacado é que algumas empresas podem correr o risco de perder o foco, ao se concentrarem igualmente nas três propostas de valor. A recomendação é que a empresa, em função de sua cultura e do contexto dos negócios, selecione uma proposta de valor em que pretenda ser referência de mercado. Entretanto, não deve negligenciar as duas outras disciplinas de valor, procurando manter pelo menos a paridade com seus principais concorrentes.

Principais Objetivos da Perspectiva do Cliente

Identificando os Objetivos Estratégicos da Perspectiva do Cliente

É o sucesso na perspectiva do cliente que permite às empresas gerarem valor econômico agregado e aumentarem seu valor de mercado. Por esse motivo, a gestão da criação de valor pelo cliente deve merecer toda a atenção dos executivos seniores da empresa.

Assim, as empresas que adotam o Balanced Scorecard como sistema de gestão devem escolher, por exemplo, os seguintes temas estratégicos: Valor vitalício dos clientes (*lifetime value*), participação nas compras do cliente, lucratividade dos clientes, relacionamento com os clientes, satisfação dos clientes e participação de mercado. As Figuras 6.12 e 6.13 mostram, com maiores detalhes, os principais temas e objetivos estratégicos.

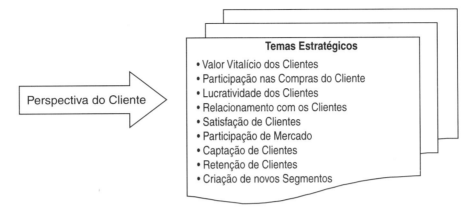

FIGURA 6.12   Temas Estratégicos da Perspectiva do Cliente

- Aumento da receita por cliente
- Aumento da quantidade de clientes
- Criação de demanda para novos serviços aos clientes
- Aumento dos diferenciais do produto
- Redução do custo por cliente
- Venda cruzada de produtos e serviços para os clientes
- Redução do custo do produto
- Apoio ao cliente para melhorar sua performance e inovar
- Introdução de nova geração de produtos
- Elevar o reconhecimento da marca
- Melhorar a disponibilidade dos produtos nos canais de venda
- Introdução de produtos no estado da arte
- Diferenciação da oferta em relação aos concorrentes
- Lealdade dos clientes
- Vendas fechadas por contato de venda
- Tempo médio gasto nas relações com os clientes.

FIGURA 6.13   Exemplos de Objetivos Estratégicos na Perspectiva do Cliente

Selecionando os Objetivos Estratégicos na Perspectiva do Cliente

Como já vimos, na metodologia do Balanced Scorecard, os objetivos estratégicos das quatro perspectivas de valor devem derivar da missão e da visão da organização. No trabalho de selecionar os objetivos estratégicos da perspectiva do cliente, a equipe do projeto de Balanced Scorecard, além de levar em consideração os temas estratégicos da organização, deverá tomar como referência os objetivos estratégicos já definidos na perspectiva financeira, para estabelecer as relações de causa e efeito entre elas. A Figura 6.14 apresenta uma ilustração desse processo.

FIGURA 6.14   Os Objetivos Estratégicos derivam dos Temas Estratégicos

Exemplo de Mapa Estratégico com Ênfase na Perspectiva do Cliente

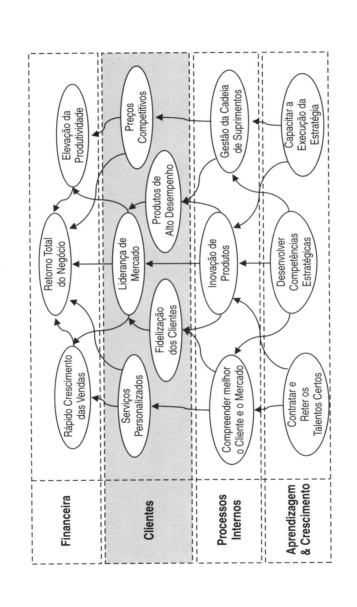

CAPÍTULO **7**

A PERSPECTIVA DOS PROCESSOS INTERNOS

"À medida que o trabalho se transforma em uma série contínua de emergências, os esforços empregados para atingir as metas principais dão lugar ao conserto dos estragos. O tempo é gasto em medidas de emergência: apagar incêndios, impedir vazamentos e tapar buracos. Não há espaço para uma ação criativa ou para desfrutar do fluxo de produtividade, porque todos os nossos recursos são canalizados para recuperar o atraso, consertar erros e ajustar planos. O ciclo se autoperpetua: não temos tempo para fazer um bom plano porque nosso tempo é gasto consertando as falhas do plano original, não podemos tornar a comunicação clara, porque estamos processando as emoções geradas pelas comunicações anteriores."

TARTHANG TULKU

∽

"Meu maior medo é o de não embarcar por incapacidade minha ou de terceiros. Eu me apavoro diante da possibilidade de abrir mão de certos sonhos."

AMYR KLINK

Introdução

A perspectiva dos processos internos nos leva ao tema da *execução* da estratégia, isto é, se o plano da alta administração para gerar valor econômico para o cliente e, em consequência, elevar o valor de mercado da empresa e a riqueza dos acionistas está sendo implementado com sucesso.

Nessa perspectiva do Balanced Scorecard, o executivo líder e a equipe do projeto identificam os processos críticos do negócio que são essenciais para tornar a proposição de valor uma realidade para o cliente e fonte de vantagem competitiva.

É por meio da execução dos processos, quer dizer, da tradução da estratégia em resultados, que a alta administração avalia se a inovação em produtos, a qualidade das operações e da produção e a satisfação dos clientes estão sendo atingidas. A Figura 7.1 apresenta uma ilustração do significado da perspectiva dos processos internos.

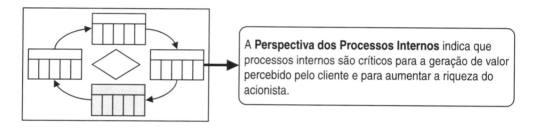

FIGURA 7.1   Visualizando a Perspectiva dos Processos Internos

Se a estratégia é considerada a arte de criar valor, o maior desafio do executivo líder e da equipe do projeto é identificar os poucos e críticos processos de negócios que dão a melhor contribuição para a execução da estratégia. Os processos internos desempenham três importantes papéis na implementação do Balanced Scorecard:

- Concentram o foco da organização nas iniciativas que viabilizam a proposição de valor para o cliente.
- Contribuem para a elevação da produtividade e geração de valor econômico agregado.
- Indicam os novos conhecimentos e as novas competências que os empregados precisam dominar para gerar valor para o negócio.

Seguindo a metodologia de Kaplan e Norton, a Figura 7.2 apresenta um diálogo hipotético entre os líderes dos processos e os clientes e acionistas.

Para propiciarmos satisfação aos Acionistas e Clientes em que processos deveremos alcançar a excelência operacional?

Perspectiva dos Processos Internos de Negócio			
Objetivos	Medidas	Metas	Iniciativas
• Reduzir prazo de entrega de produtos	• Data Entrega – data do pedido.	• Redução de cinco dias nos itens-chave.	• Introduzir metodologia de SCM (Supply Chain Management).

FIGURA 7.2 O Diálogo entre a Equipe de Gestão da Empresa e os Acionistas e Clientes da Empresa

A Execução da Estratégia

Importantes analistas de negócios como Henry Mintzberg, Gary Hamel e Tom Peters, entre outros, vêm afirmando que muitas empresas estão em dificuldades pela incapacidade de sua equipe gerencial e de colaboradores de implementar, com sucesso, a estratégia de negócios pretendida.

As empresas estão perdendo vantagem competitiva tanto pela falta de qualidade da estratégia de negócios como pelas falhas em sua implementação. Vários presidentes de empresas do Brasil e do exterior estão sendo substituídos porque não tiveram competência para alinhar a organização em torno da estratégia empresarial.

Com o objetivo de ajudar as organizações a aumentarem sua efetividade na implementação de suas estratégias, Larry Bossidy e Ram Charan desenvolveram uma nova ferramenta de gestão: a *disciplina da execução*. Para eles, a execução pode ser entendida de diferentes maneiras:

- Como a superação da lacuna existente entre a estratégia pretendida e a pequena parte da estratégia efetivamente implementada.
- O principal motivo pelo qual uma empresa não consegue elevar seu valor de mercado.
- Como uma disciplina para traduzir a realidade dos negócios em ação, alinhando líderes e pessoas a objetivos e resultados.

Uma das principais deficiências do processo estratégico é a distância existente entre aqueles que pensaram a estratégia (alta administração) e aqueles que deverão fazer a implementação (equipe operacional). Além disso, muitos líderes de empresas não se envolvem em todas as fases do processo estratégico. Para eles, a execução é tática, e não estratégia. E como nos ensina a sabedoria convencional, os altos executivos não devem perder tempo com aspectos operacionais dos negócios.

De acordo com Bossidy e Charan, a disciplina da execução deve estar inserida na estratégia da empresa, nos objetivos, nas iniciativas e na cultura organizacional. As empresas que ainda não aprenderam a dominar a arte da execução estão perdendo muitas oportunidades de negócios porque estão sistematicamente operando muito aquém de seu potencial de criar riquezas.

A disciplina da execução integra pessoas, competências e recursos no processo estratégico. Avalia se a organização tem pessoas com habilidades suficientes para implementar a estratégia, verifica se o líder está efetivamente comprometido com o trabalho que precisa ser feito e aloca recursos financeiros, de produção e de tecnologia para executar a estratégia.

No processo de implementação da estratégia e do Balanced Scorecard, as ferramentas da gestão da qualidade total como o Kaizen, ou melhoria contínua, e o ciclo de Deming, ou PDCA (*Plan, Do, Check* e *Act*), podem ser de grande utilidade para a disciplina da execução. A Figura 7.3 mostra as etapas do ciclo de Deming, adaptado para a metodologia do Balanced Scorecard.

Um dos elementos centrais na gestão da qualidade total é a estruturação das atividades da empresa em processos. É consenso entre os especialistas em negócios que o desempenho dos processos internos de negócios é crítico para a geração de valor agregado. Mas qual é o significado de um processo? De acordo com Michael Hammer, "um processo é um grupo de tarefas relacionadas que, juntas, geram um

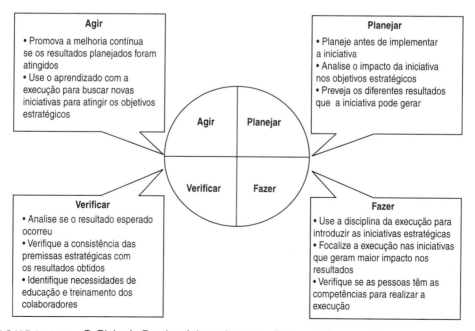

FIGURA 7.3   O Ciclo de Deming Adaptado para o Balanced Scorecard

resultado que tem um valor para o cliente". Os processos também podem ser considerados fluxos de valor ou uma estrutura para a execução que permite a uma empresa mover-se de uma situação atual (efeitos de uma estratégia realizada) para uma situação futura, melhor e diferente (resultado da visão estratégica), como mostra a Figura 7.4.

Assim os resultados dos processos típicos do Balanced Scorecard como inovação, produção, marketing e relacionamento somente ocorrerão numa data futura. Essa situação exige um contínuo monitoramento da execução das iniciativas, do atingimento das metas e da adoção de contramedidas para corrigir os desvios.

A atividade de monitoramento dos processos de negócios, por sua vez, também é considerada crítica nos projetos de Balanced Scorecard, devido à sua abordagem holística e às relações de causa e efeito entre os diferentes objetivos das perspectivas de valor. Uma das lições aprendidas nos projetos de Balanced Scorecard é que a implementação da estratégia (e a análise dos resultados) gera grande aprendizagem para a organização, possibilitando não só o compartilhamento desse conhecimento como também a melhoria contínua da eficiência dos processos.

O ciclo de Deming, como uma ferramenta de gestão, ajuda a equipe do projeto a atingir os objetivos e iniciativas estratégicas do Balanced Scorecard. De acordo com a filosofia do ciclo de Deming, o planejamento pode ser entendido como as iniciativas que precisam ser executadas para que as metas sejam atingidas. Segundo Vicente Falcone Campos, as metas, por sua vez, são constituídas de três partes: um valor (fidelizar 50% da carteira de clientes), um prazo (até o final de 2005) e uma iniciativa (melhorar o atendimento ao cliente). Esses conceitos estão bem alinhados à metodologia do Balanced Scorecard.

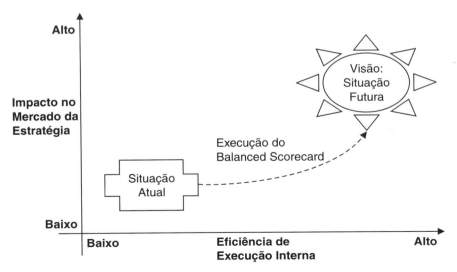

FIGURA 7.4   Os Processos da Empresa como Fluxos de Valor da Estratégia

Ao utilizar o ciclo de Deming, a equipe do Projeto de Balanced Scorecard tem a oportunidade de monitorar, periodicamente (mensal, trimestral, semestral ou anualmente), os resultados da implementação das iniciativas estratégicas. A cada giro do PDCA, isto é, a cada processo de avaliação, é possível identificar os desvios, reforçar as iniciativas que estão produzindo resultado ou ainda promover uma revisão da consistência da estratégia.

Os Principais Processos de Negócios na Perspectiva do Balanced Scorecard

Se o valor percebido pelos clientes, o aumento do valor de mercado da empresa e a geração de riqueza para o acionista são criados por meio dos processos internos, então, antes de sua identificação, torna-se necessário examinar a cadeia de valor do negócio.

Ao descrever os processos sem levar em consideração a cadeia de valor do negócio, corre-se o risco de definir os objetivos dessa perspectiva desvinculados da estratégia competitiva. É por meio da análise da cadeia de valor da empresa que a equipe do projeto do Balanced Scorecard deve procurar as referências para a identificação dos processos críticos do negócio. A cadeia de valor genérica de um negócio foi desenvolvida, pela primeira vez, por Michael Porter, em seu clássico livro *Vantagem competitiva*.

Entretanto, para facilitar o trabalho da equipe de implementação do Balanced Scorecard, vamos considerar que uma cadeia de valor genérica é composta pelos seguintes processos: inovação, produção e gestão de clientes, como mostra a Figura 7.5.

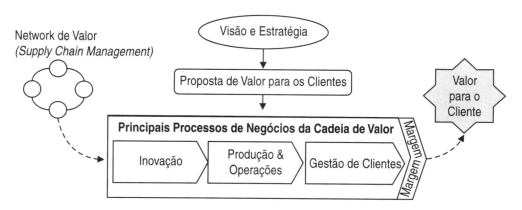

FIGURA 7.5   Os Processos da Cadeia de Valor de uma Empresa

O Processo de Inovação

Introdução

Embora na metodologia do Balanced Scorecard a inovação seja abordada na perspectiva dos processos internos, ela deve ser considerada como um importante fator no desenvolvimento da estratégia de negócios da empresa. Diferentes autores como Peter Drucker, Richard Foster, Gary Hamel, Clayton Christensen, W. Chan Kim e Renée Mauborgne, entre outros, vêm destacando que a inovação não pode ficar restrita a novos produtos, processos e serviços. A inovação tem um significado maior, especialmente relacionado com inovação do modelo de negócios, inovação da gestão e, mais recentemente, inovação de valor.

Para demonstrar as diferentes dimensões da inovação e sua capacidade de criar riqueza, vale a pena apresentar alguns exemplos históricos de empresas que criaram toda uma nova geração de produtos, processos, modelos de negócios e inovação na capacidade de criar valor. A Figura 7.6 apresenta o impacto que empresas como a Ford, a IBM (International Business Machines), a 3M (Minnesota Mining and Manufacturing), a Sony, a Microsoft, a Apple, a Federal Express, a HP (Hewlett-Packard), a Wal-Mart, a Dell e a Amazon.com exerceram na sociedade.

O ponto de partida para a análise da inovação nos foi dado por Joseph Schumpeter, ao cunhar a expressão *destruição criativa* em seu clássico livro, *Capitalismo, Socialismo e Democracia*, publicado em 1942. Em razão de sua atualização vale a pena reproduzir as palavras de Schumpeter, quando analisa o processo de evolução da economia capitalista. De acordo com ele, "a abertura de novos mercados – estrangeiros ou domésticos – e o desenvolvimento organizacional, da oficina artesanal aos conglomerados como a U.S. Steel, ilustram o mesmo processo de mutação industrial – se me permitem o uso do termo biológico – que incessantemente revoluciona a estrutura econômica, a partir de dentro, incessantemente destruindo a velha, incessantemente criando a nova. Esse processo de Destruição Criativa é o fato essencial acerca do capitalismo".

Schumpeter também lança luz sobre a importância da criação no processo de formulação da estratégia. Para ele, "todos os elementos da estratégia de negócios só adquirem sua verdadeira significação contra o pano de fundo desse processo e dentro da situação por ele criada. Devem ser vistos em seu papel, sob o vento perene da destruição criativa; não podem ser compreendidos a despeito dele ou, na verdade, sob a hipótese de que existe eterna calmaria". Muitos empresários e executivos poderiam ter evitado a crise ou a falência de suas empresas se tivessem conhecimento das recomendações de Schumpeter.

Seguindo essa linha de raciocínio, Peter Drucker afirmava (em 1969) que "atualmente nos defrontamos com uma Época de Descontinuidade da economia e da tecnologia" provocando profundas mudanças nas estruturas industriais, na teoria econômica e no conhecimento necessário à gestão das empresas e do governo. Nesse ambiente, em constante mudança, somente as atividades de marketing e a inovação seriam capazes de criar um consumidor e um valor para a empresa.

126 Balanced Scorecard e a Gestão Estratégica

Empresa	Tipo de Inovação	O que foi a Inovação
Ford	Inovação no conceito de Produto	Introdução do Modelo T, primeiro automóvel produzido em série, a preço acessível para a população americana.
IBM	Inovação no conceito de Produto	Introdução do System 360, o primeiro sistema de informática modularizado do mercado.
3M	Inovação no modelo de Negócio	Institucionalização da regra dos 15%, que permite a todo pessoal técnico dedicar 15% de seu tempo em projetos escolhidos por ele.
Sony	Inovação no conceito do Produto	Introdução do Walkman (sem pesquisa de mercado) que possibilitava às pessoas ouvirem música onde quer que elas estivessem.
Microsoft	Inovação no conceito de Serviço	Introdução do MS-DOS (Microsoft's Disk Operating System), o software que revolucionou a indústria de informática.
Apple	Inovação no conceito do Produto	Introdução do Apple II, o computador pessoal que revolucionou o estilo de vida das pessoas em todo o mundo.
Federal Express	Inovação no modelo de Negócios	Introduziu o serviço de entrega rápida e confiável de documentos e pequenos pacotes.
HP	Inovação no conceito de Produto	Empresa pioneira do Vale do Silício que utilizou a tecnologia para desenvolver vários produtos: calculadoras eletrônicas, impressoras e computadores.
Wal-Mart	Inovação no modelo de Negócios	Mudou as bases da competição no negócio de varejo, com sua estratégia de preços baixos todos os dias, e tornou-se a maior empresa do mundo.
Dell	Inovação no modelo de Negócios	Introduziu o modelo de venda direta de computadores fabricados sob encomenda para os consumidores.
Amazon.com	Inovação do modelo de Negócios	Revolucionou o comércio eletrônico ao criar a primeira livraria virtual e o primeiro shopping center virtual do mundo.

Fonte: Adaptado de Stuart Grainer e Howard Rothman.

FIGURA 7.6 As Dimensões da Inovação: do Produto ao Modelo de Negócios

De acordo com Drucker, "a inovação mais produtiva é um produto ou serviço diferente, criando um novo tipo de satisfação, em vez de uma simples melhoria". Dessa forma, a inovação está associada à geração de valor econômico e é diferente da invenção, que tem um significado tipicamente tecnológico. A inovação não é restrita aos seus aspectos tecnológicos e econômicos. As inovações sociais e as inovações na forma de gerenciar uma empresa são tão relevantes quanto as econômicas. O senso de inovação de uma organização tem de possibilitar o abandono sistemático do que já é antigo.

Outra importante contribuição para o melhor entendimento do processo de inovação nos foi dada pelo conceito de *tecnologias disruptivas* desenvolvido por Clayton Christensen, em seu já clássico livro, *O dilema da inovação*, de 1997. A proposta de Christensen é instigante: as empresas dominantes em seus mercados atuais que ouvem seus clientes, promovem melhoria contínua de produtos e buscam aumento do crescimento e lucratividade perderam sua posição de liderança e fracassaram porque não investiram ou não tiveram interesse em adotar as emergentes tecnologias de ruptura de seu setor.

Para Christensen, uma empresa bem administrada (que é um importante fator para o sucesso) também corre riscos de sobrevivência, porque a administração está comprometida com formas tradicionais de fazer negócios e não percebe o valor potencial de uma tecnologia disruptiva. Isso acontece porque as "tecnologias disruptivas mudam a proposição de valor de um mercado. Quando aparecem, elas quase sempre oferecem menor desempenho em termos dos atributos a que os consumidores tradicionais estão habituados".

Os executivos, pressionados pelos resultados de curto prazo e utilizando as habituais medidas de desempenho, não percebem quando uma inovação irá revolucionar o setor atividade. Quando percebem, já é tarde, um inesperado entrante já tem o domínio dos melhores segmentos do mercado.

O tema da *revolução da inovação* está associado a Gary Hamel. Para ele, somente a inovação radical possibilita um crescimento lucrativo, sendo impossível criar riqueza sem a inovação. Uma empresa somente conseguirá se diferenciar se inovar de uma forma que os concorrentes não consigam imitar no curto prazo. Caso contrário, cairá na armadilha da convergência estratégica, na qual os clientes não conseguem perceber diferenças nas propostas de valor das principais empresas que atuam no setor.

De acordo com Hamel, a inovação deve começar logo pela definição da missão da empresa, que deve ser nitidamente distinta da missão de outras empresas do setor. Para Hamel, a unidade de análise de inovação não é o produto, o serviço ou a tecnologia, mas sim o conceito de negócio, que pode ser definido como "a capacidade de imaginar conceitos de negócio drasticamente diferentes ou maneiras completamente novas de diferenciar conceitos de negócios já existentes". Somente com conceitos de negócios radicais a empresa conseguirá superar as limitações da melhoria contínua e dar saltos radicais de inovação.

As contribuições de Schumpeter, Drucker, Christensen e Hamel sobre o processo de inovação são resumidas na Figura 7.7.

128 Balanced Scorecard e a Gestão Estratégica

Autor	Conceito Inovador	Visão da Inovação
Schumpeter	Destruição Criativa	Inovação é o processo de *criação* do novo e *destruição* do que está se tornando obsoleto. Inovação é a capacidade da empresa de superar a concorrência perfeita, estabelecendo uma situação de monopólio temporário ao criar um novo mercado para seus produtos.
Drucker	Era da Descontinuidade	Inovação é a tarefa de dotar os recursos humanos e materiais de nova e maior capacidade de produzir riqueza. Inovação é a capacidade de uma empresa de criar um consumidor. Inovação significa supor que todos os produtos, processos e mercados da empresa estão se tornando rapidamente obsoletos.
Christensen	Tecnologia Disruptiva	Inovação é a mudança nas tecnologias para transformar mão de obra, capital, materiais e informação em produtos e serviços de grande valor agregado. Inovação é a capacidade de transformar o baixo desempenho de uma nova proposta de valor, baseada numa tecnologia disruptiva, em desempenho superior, o mais rápido possível.
Hamel	Inovação Radical	Inovação significa inventar conceitos de negócios inteiramente novos ou efetuar mudanças radicais nos existentes. A inovação radical tem origem na criação de um destino futuro coletivo, que estimula a imaginação das pessoas da organização na busca de oportunidades não convencionais.

FIGURA 7.7   Evolução do Conceito de Inovação

Ronald Jonash e Tom Sommerlatte citam uma pesquisa realizada pela Arthur D. Little para identificar como os profissionais das áreas de compra e venda definiam uma inovação. Uma síntese das respostas é apresentada a seguir:

- Para 32%, significava melhores produtos e serviços.
- Para 21%, novos processos.
- Para 15%, pensamento inovador.
- Para 15%, novos produtos e ampliação do mix de produtos.
- Para 9%, capacidade de ser sensível ao mercado.
- Para 9%, custos menores.
- Para 6%, criatividade.

Para a análise dos principais objetivos estratégicos dos processos internos de negócios, tomando-se como referência os conceitos de inovação analisados até o momento, as inovações serão classificadas em inovação de produtos e serviços, inovação do modelo de negócios e inovação de valor.

Inovação de Produtos e Serviços

Os consumidores se encantam quando um novo produto ou serviço tem sucesso no mercado. E eles nem precisam ser revolucionários, como é o caso do Kinder Ovo, da barra de cereal, das lojas de conveniência, dos postos de gasolina ou do cibercafé para terem sucesso.

As pessoas também não veem a hora de poder comprar a nova geração de produtos, como um novo telefone digital, uma nova televisão de plasma ou de cristal líquido, um gravador de DVD, um novo PDA, uma câmera digital ou um novo produto que integre as mídias móveis (internet, celular, notebook e rádio).

Entretanto, nem todas essas inovações terão sucesso no mercado. No passado, produtos novos como o Ford Edsel, o Selecta Vision (disc-laser da RCA), a New Coke, o Zap-Mail (correio eletrônico da Federal Express), o Polarvision (o cinema instantâneo da Polaroid) e o Premier (o cigarro sem fumaça da J.R. Reynolds) não foram bem-sucedidos e acabaram sendo retirados do mercado.

Apesar desses e de outros reveses, a inovação em produtos e serviços é considerada um dos mais importantes fatores para a geração de valor, diferenciação e superação dos concorrentes. Entretanto, poucas empresas têm processos de inovação alinhados à sua estratégia ou consideram a inovação como uma competência essencial do negócio. As principais razões para essa situação são o risco, a incerteza e o medo de que os investimentos em inovações não produzam os retornos esperados ou comprometam a saúde financeira da empresa.

É nesse contexto que surge o *dilema do inovador*: se a empresa não investir em inovação, poderá ser superada pelos seus concorrentes mais agressivos e criativos; se investir e fracassar, corre o risco de destruir valor econômico. Inúmeros analistas de negócios confirmam esses temores, como Philip Kotler, ao afirmar que "apenas 20% dos lançamentos de bens de consumo embalados e 40% dos lançamentos de produtos *business-to-business* são bem-sucedidos".

A equipe do projeto do Balanced Scorecard, ao definir os principais objetivos dos processos de inovação, precisará ter em mente os principais motivos para a falha no lançamento de novos produtos:

- O produto não estava alinhado com a visão e a estratégia da empresa.
- O produto não oferecia um benefício exclusivo para o cliente.
- O produto foi mal posicionado no mercado.
- Os custos de desenvolvimento do novo produto foram superiores ao planejado, prejudicando sua rentabilidade e viabilidade.
- O produto foi colocado tardiamente no mercado, devido ao longo tempo decorrido entre a ideia e o lançamento no mercado.
- A reação dos concorrentes ao novo produto foi maior e mais efetiva do que a esperada, prejudicando seu crescimento no mercado.

- O produto foi lançado com alguns problemas técnicos que prejudicaram sua imagem.
- A nova tecnologia não foi traduzida em valor percebido pelo cliente.

A conscientização dos executivos sobre os principais motivos do fracasso de novos produtos é de grande importância para o aprimoramento do processo de desenvolvimento de novos produtos, que deve ser considerado como uma competência essencial da empresa. O novo processo de desenvolvimento de produtos está intimamente ligado à capacidade da empresa de ser criativa, aprender mais rapidamente do que seus rivais e transformar os novos conhecimentos em competências difíceis de serem imitadas pelos concorrentes, no curto prazo.

De acordo com José Carlos Barbieri, "um processo de inovação específico só se completa quando novos conhecimentos estiverem definitivamente incorporados em produtos, serviços, processos produtivos, técnicas de gestão e orientação estratégica". Um efetivo processo de inovação está orientado para a criação de valor para o cliente e para a empresa e, nesse sentido, Barbieri nos mostra que o Fórum de Inovação da Eaesp/FGV adota uma fórmula bem objetiva para avaliar uma inovação, mostrada a seguir:

$$\textbf{Inovação = Ideia + Implementação + Resultados}$$

Tomando-se essa fórmula como referência, podemos detalhar todo o processo de desenvolvimento de novos produtos nas seguintes etapas: identificação de novas oportunidades para novos produtos, geração de novas ideias, gerenciamento do portfólio de pesquisa e desenvolvimento (até a criação do protótipo), manufatura do novo produto, atividades de marketing e vendas, lançamento do produto no mercado e avaliação do valor percebido pelos clientes. A Figura 7.8 apresenta o processo de desenvolvimento de novos produtos da identificação das oportunidades até a geração de valor para o cliente.

No processo de lançamento de novos produtos e serviços, os executivos precisam definir qual será a estratégia de inovação e que oportunidades com maior potencial de gerar valor serão exploradas. Para executar a estratégia competitiva, os administradores precisarão selecionar qual a melhor opção para a empresa: ser a pioneira do mercado (a primeira empresa a se mover para um novo mercado), ser uma seguidora que introduz rapidamente um produto similar, uma empresa orientada para nichos de mercado ou de produtos, ou uma empresa reativa, que responde às mudanças nas necessidades e nas expectativas dos consumidores.

Um ponto vem sendo destacado por inúmeros analistas de negócios (Gary Hamel, Geoffrey Moore e Clayton Christensen, entre outros): ser uma empresa orientada para o cliente não garante o sucesso no lançamento de novos produtos e serviços. As empresas precisam dar um passo além, no sentido de antecipar as emergentes tendências de mercado e as necessidades não articuladas pelos clientes.

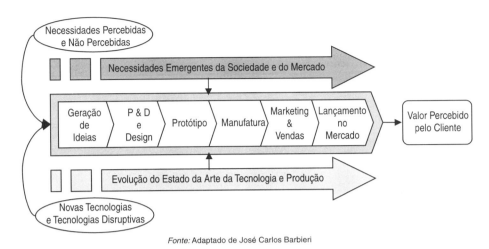

Fonte: Adaptado de José Carlos Barbieri

FIGURA 7.8   O Processo de Desenvolvimento de Novos Produtos

A maioria das empresas ainda não aprendeu como explorar sua visão do futuro (quando elas efetivamente retratam a imaginação e a criatividade das pessoas) para gerar insights sobre os produtos que os clientes desejarão comprar no futuro, mas ainda não sabem como. É preciso ir além das tradicionais formas de pesquisar as necessidades dos clientes. Como bem destacou Akio Morita: "Nosso plano é influenciar o público com novos produtos, em vez de perguntar que produtos eles querem. O público não sabe o que é possível, mas nós sim. Por isso, em vez de realizar muita pesquisa de mercado, aperfeiçoamos nosso raciocínio sobre um produto e seu uso e tentamos criar um mercado para o produto, educando o público e comunicando-nos com ele". Esse foi o comportamento que a Sony utilizou para lançar com sucesso o walkman, apesar das pesquisas de mercado mostrarem que o produto dificilmente seria aceito pelo público.

As empresas que buscam novas oportunidades de mercado, identificando apenas as necessidades que os clientes conseguem articular, correm o risco de serem ultrapassadas por rivais que apostam no lançamento de um novo conceito de produto, alinhado à sua criativa visão de futuro, e não a pesquisas de mercado. A Figura 7.9 mostra a matriz de oportunidades existentes nas necessidades não articuladas dos clientes.

Outro desafio enfrentado pelas empresas quando lançam novos produtos é revelado pelo *ciclo de adoção de inovação* pelos consumidores. Os administradores precisam estar cientes de que, mesmo para os produtos de sucesso, não existe uma relação automática entre o lançamento do novo produto, a percepção de valor pelo cliente e a decolagem das vendas. Pessoas diferentes assumem um comportamento diferente em relação à compra de produtos inovadores no mercado. Alguns consumidores adoram novidades e desejam ser os primeiros a consumir o novo lançamento; outros são mais receosos e céticos e esperam o novo produto ser consumido pela grande maioria das pessoas antes de se decidir pela compra.

132 Balanced Scorecard e a Gestão Estratégica

Não Articuladas	**Oportunidades Inexploradas**	**Oportunidades Inexploradas**
	■ Futura linha de produtos e serviços	■ Oportunidades abertas para o futuro
	■ Entrada futura em novos segmentos de mercado	■ Produtos novos para o mundo
	■ Explorar tecnologias atuais	■ Tecnologias dIsruptivas
Necessidades dos Clientes	**Concorrência pelas Oportunidades**	**Concorrência pelas Oportunidades**
	■ Ofertas similares entre os rivais	■ *Gaps* na atual oferta de produtos e serviços
	■ Impedir declínio dos produtos atuais	■ Reposicionamento de produtos
	■ Defender *market-share*	■ Concorrer por *market-share*
Articuladas		
	Servidos **Tipos de Clientes**	Não Servidos

Fonte: Adaptado de Gary Hamel, C. K. Prahalad e Stephen C. Harper.

FIGURA 7.9   Matriz de Oportunidades para Novos Produtos

Um dos pioneiros na pesquisa do ciclo de adoção de inovações foi Everett Rogers, que criou a tradicional classificação dos consumidores em inovadores, adotantes iniciais, maioria inicial, maioria tardia e retardatários. As ideias de Rogers foram posteriormente desenvolvidas por Geoffrey Moore, quando pesquisou o perfil de adoção de novas tecnologias pelas pessoas, como é mostrado a seguir.

Os *inovadores*, que representam 2,5% dos consumidores, são as pessoas entusiasmadas com as novidades, são os primeiros a assumir o risco de compra dos novos produtos, com utilidade e qualidade não comprovadas. Os inovadores exercem grande influência sobre como os produtos serão percebidos pelos demais consumidores, mas geralmente não têm um elevado poder aquisitivo.

Os *adotantes iniciais* (*ou visionários*), que representam 13,5% dos consumidores, são as pessoas que têm os inovadores como grupo de referência e têm a ousadia de introduzir as descontinuidades de qualquer inovação nas empresas e no governo. A principal motivação deste grupo de indivíduos é utilizar a inovação como fonte de vantagem competitiva em relação aos seus atuais concorrentes. Os adotantes iniciais veem enorme potencial nos novos produtos, solicitando modificações personalizadas, que dificilmente são atendidas pelo fornecedor da inovação.

A *maioria inicial* (*ou pragmáticos*), representada por 34% dos consumidores, são as pessoas que consideram a inovação como uma evolução, e não como ponto de ruptura. Eles são pragmáticos, adotando uma inovação somente após verificarem que o novo produto tem um histórico de sucesso, medido pelo aumento da produtividade. Eles não compram a tecnologia em si, mas o que ela é capaz de fazer para viabilizar os negócios.

A *maioria tardia* (*ou conservadores*), também representada por 34% dos consumidores, são as pessoas mais conservadoras e céticas em relação às inovações, sendo pessimistas quanto à possibilidade de obter algum retorno sobre os investimentos em novas tecnologias. Valorizam a funcionalidade e a praticidade dos produtos, sendo muito sensíveis aos preços.

Os *retardatários*, que representam 16% dos consumidores, são as pessoas mais inseguras com as novidades, não gostam de experimentar coisas novas e não seguem modismos. São tradicionalistas, preferem realizar suas atividades de forma costumeira e somente adotam a inovação quando não lhes resta outra alternativa.

De acordo com Moore, o *mercado inicial* para um novo produto é formado pelos inovadores e os adotantes iniciais; enquanto o *mercado desenvolvido* é composto pelos grupos de maioria inicial, maioria tardia e retardatários, conforme é mostrado na Figura 7.10.

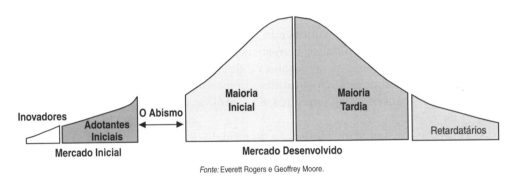

FIGURA 7.10 O Ciclo de Adoção de Novos Produtos

O modelo do ciclo de adoção de inovações é um importante instrumento para se entender que, entre o lançamento de um novo produto, o sucesso e o hipercrescimento das vendas, existe o risco de o produto cair numa espécie de limbo ou **abismo** (*chasm*). Segundo Moore, quando um novo produto é lançado no mercado, atrai rapidamente o interesse dos inovadores e dos visionários, que veem o potencial da inovação e são facilmente atraídos pelas informações divulgadas pela mídia.

Entretanto, esse mercado inicial representa apenas uma pequena parcela (cerca de 16%) do potencial de vendas. Agora, é preciso convencer os outros consumidores, que representam o mercado desenvolvido. No entanto, esse desafio não é fácil de superar e muitas empresas acabam não sendo bem-sucedidas com o novo produto. Há um período de estagnação da adoção devido ao comportamento dos pragmáticos e conservadores, que querem ver exemplos reais dos benefícios da inovação, antes de se decidirem pela compra. Em síntese, eles desejam a constatação de que a nova proposição de valor está gerando resultados concretos. A recomendação para os executivos é que eles encontrem um nicho de mercado atrativo e desenvolvam uma solução que demonstre a utilidade da inovação para o mercado.

Inovação do Modelo de Negócios

O crescimento lucrativo de uma empresa depende da inovação. Entretanto, precisamos estar conscientes de que ela não está associada apenas à introdução de novos produtos. A inovação, por seu impacto na formulação da estratégia e na geração de valor, tem uma dimensão relacionada com a criação de novos modelos de negócios. Quando analisamos o sucesso de empresas como a Federal Express, CNN, Amazom.com, Dell, Wal-Mart e Starbucks, notamos que o fator estratégico foi a inovação do modelo de negócios, e não de produtos.

Nesse sentido, conforme explica Adrian Slywotzky, um modelo de negócios "é a totalidade de como uma empresa seleciona seus clientes, define e diferencia suas ofertas, define as tarefas que realizará e as que terceirizará, configura seus recursos, entra no mercado, cria utilidade para os clientes e captura lucros". O modelo de negócios é uma importante fonte de vantagem competitiva e pode contribuir para elevar o valor de mercado de uma empresa. Assim como os produtos, um modelo de negócios tem um ciclo de vida para a criação de valor.

Os executivos que estão promovendo a inovação do modelo de negócios já perceberam que a inovação, para ser bem-sucedida, precisa envolver todas as áreas da organização, e não apenas as de pesquisa e desenvolvimento. Mais precisamente a inovação do modelo de negócio considera que a empresa faz parte de uma rede de valor, em que fornecedores, parceiros e os próprios clientes estão envolvidos na criação de valor.

As empresas que colocam a inovação do modelo de negócios no centro de sua estratégia perceberam que as bases da competição mudaram: agora a concorrência não se dá apenas entre produtos e serviços, mas entre modelos de negócios de empresas rivais entre si. Um modelo de negócio inovador está voltado para a criação de valor percebido pelo cliente, para a execução de vantagens competitivas que superem as ofertas dos concorrentes e para a geração de valor econômico agregado para os acionistas.

Para Gary Hamel, um modelo de negócios é formado por quatro grandes componentes: a estratégia essencial, os recursos estratégicos, a interface com o cliente e a rede de valor, como é mostrada na Figura 7.11.

Fonte: Adaptado de Gary Hamel.

FIGURA 7.11   O Modelo de Negócios

A *estratégia essencial* está associada ao direcionamento estratégico da empresa (envolvendo a missão, o negócio e a proposta de valor) e ao conjunto de critérios utilizados para a mensuração do progresso, como os objetivos, os indicadores, as metas e as iniciativas. A inovação está relacionada com a capacidade da empresa de desenvolver uma missão, significativamente diferente das principais empresas do setor. Representa inovar na definição dos mercados em que a empresa pretende atuar, ampliando o escopo e as fronteiras entre negócios. Significa inovar nas dimensões da diferenciação que os executivos desejam posicionar no mercado.

Os *recursos estratégicos* devem ser considerados como as fontes da vantagem competitiva da empresa, envolvendo as competências essenciais, os ativos estratégicos e os processos críticos de negócios. A inovação surge da configuração, da combinação e da integração, de forma criativa, desses elementos a fim de oferecer aos clientes um valor substancialmente diferente dos entregues pelos concorrentes. Os recursos estratégicos são essenciais para o domínio de novos conhecimentos, que, por sua vez, possibilitarão à empresa explorar novas oportunidades de negócios.

A *interface com o cliente* mostra como a empresa chega até o mercado e conquista novos consumidores, que canais utiliza e qual é o pacote de serviços oferecidos para os clientes. A inovação surge dos benefícios oferecidos, da facilitação do acesso à empresa pelo cliente, de como as tecnologias dão *empowerment* aos clientes e de como estão capacitadas a aumentar as informações e os conhecimentos sobre os diferentes segmentos de mercado. A inovação também está associada à criação de uma memorável experiência de compra que fortalece os laços dos clientes com a empresa.

A *rede de valor* demonstra como a empresa pode construir uma rede de relacionamento com parceiros, fornecedores e instituições que ampliam o portfólio de recursos, competências, informações e conhecimentos da empresa no processo de criação de valor. A inovação surge das coalizões que a empresa é capaz de formar para desenvolver novas tecnologias, desenvolver novos produtos, criar novos mercados para elevar o potencial de geração de riqueza para todos os participantes da rede de valor. Como resultado da inovação da rede de valor, a empresa conseguirá sustentar retornos superiores, a longo prazo, além de bloquear os movimentos dos concorrentes.

Inovação de Valor

A proposta da inovação do valor, ao defender uma abordagem não ortodoxa dos negócios, pode chocar os executivos habituados com o pensamento estratégico tradicional. A mensagem da inovação de valor é muito clara: as empresas não devem buscar vantagens competitivas, não devem disputar *market-share* nem ficar presas aos pressupostos aceitos como verdadeiros sobre o setor de atividade.

A ideia da inovação de valor foi desenvolvida pelos pesquisadores do Insead, W. Chan Kim e Renée Mauborgne, e tem por finalidade tornar "a concorrência irrelevante, ao oferecer fundamentalmente um valor novo e superior para o comprador nos mercados existentes, e por permitir um salto quantitativo no valor para o comprador, ao permitir a criação de novos mercados".

De acordo com Kim e Mauborgne, um mercado é composto por dois diferentes espaços: os setores conhecidos, ou o mercado servido pelas principais empresas estabelecidas no mercado; e os setores emergentes, ou o mercado ainda desconhecido pelos concorrentes. Os autores utilizam a metáfora *oceano vermelho* para designar os mercados disputados por vários concorrentes entre si e *oceano azul* para representar um novo mercado, onde ainda não há concorrência, nem disputa de *market-share*. A diferença existente entre as estratégias para os espaços de oceano azul e de oceano vermelho é apresentada na Figura 7.12.

Variável Estratégica	Estratégia de Oceano Vermelho	Estratégia de Oceano Azul
Posicionamento	▪ Competir em espaço existente de mercado	▪ Criar espaço de mercado não disputado
Forças Competitivas	▪ Superar a concorrência	▪ Tornar a concorrência irrelevante
Demanda	▪ Explorar a demanda existente	▪ Criar e conquistar nova demanda
Proposta de Valor	▪ Escolher entre Valor e Custo	▪ Romper o dilema Valor/Custo
Modelo de Negócios	▪ Alinhar todo o sistema de atividades da empresa à opção estratégica de diferenciação *ou* baixo custo	▪ Alinhar todo o sistema de atividades da empresa em busca de diferenciação e baixo custo

Fonte: Adaptado de W. Chan Kim e Renée Mauborgne.

FIGURA 7.12 A Estratégia de Oceano Azul e a Estratégia de Oceano Vermelho

Outra importante contribuição da metodologia da inovação de valor é o conceito de *curva de valor*, que não pode ser confundido com o de proposição de valor, mas sim como um instrumento para comparar a oferta da empresa com as existentes no setor. De acordo com Kim e Mauborgne, "a curva de valor – uma demonstração gráfica da forma como uma empresa ou um setor configuram suas ofertas para os clientes – é uma ferramenta poderosa para criar novos espaços de mercado. Ela é desenhada traçando-se o desempenho da oferta relativa às alternativas ao longo dos principais fatores de sucesso que definem a competição no setor ou na categoria". Para a criação de uma curva de valor, é preciso formular quatro questões básicas, como mostra a Figura 7.13.

Essas questões possibilitam aos executivos a identificação das variáveis do negócio onde ocorrem as inovações de valor: no produto, no serviço (manutenção, suporte e serviços ao cliente) e na entrega (logística e canais de distribuição). A nova curva de valor introduz a inovação ao possibilitar a busca simultânea da oferta de um valor superior aos clientes, ao mesmo tempo em que reduz os custos da empresa, ao eliminar aqueles relacionados à busca de paridade com os concorrentes.

A Perspectiva dos Processos Internos **137**

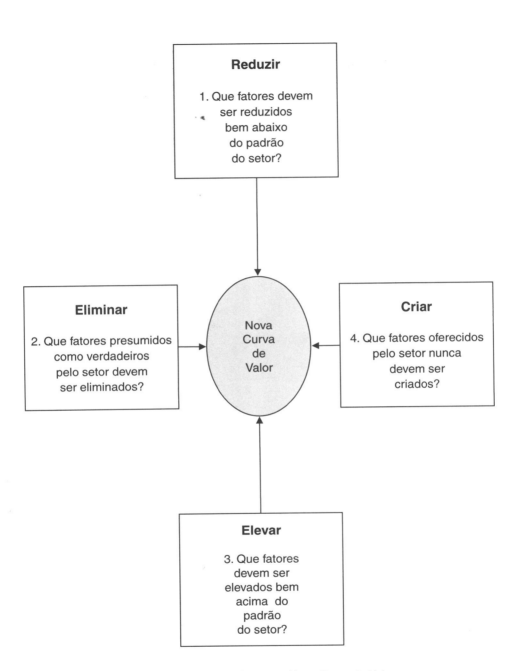

FIGURA 7.13   Questões Críticas para Criar uma Nova Curva de Valor

A inovação de valor tem origem no conhecimento e nas ideias que os executivos têm a respeito dos mercados, exigindo que eles redefinam criativamente as necessidades, os problemas e as expectativas dos clientes. A inovação de valor coloca o cliente, e não o concorrente, no centro da formulação da estratégia, possibilitando a elaboração de curvas de valor ainda não imaginadas pelos concorrentes.

Para a elaboração de uma nova curva de valor, os executivos precisam identificar os elementos-chave da proposta de valor, tais como o produto, os serviços e a entrega oferecidos pelas empresas do setor, e, em seguida, questionar todos esses pressupostos, tendo como objetivo mudar as bases da competição e captar o valor criado. A Figura 7.14 mostra o exemplo, criado por Kim e Mauborgne, da curva de valor do Quicken, o software de finanças pessoais da empresa Intuit.

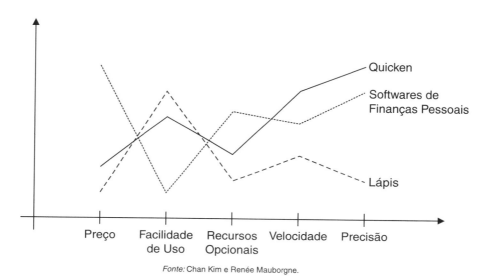

Fonte: Chan Kim e Renée Mauborgne.

FIGURA 7.14   A Nova Curva de Valor do Setor de Finanças Pessoais

O Processo de Produção e Operações

O fenômeno da globalização, que tem provocado a integração de mercados, tecnologias, conhecimentos e estilos de vida, também está contribuindo para o aumento da concorrência entre empresas, em termos locais e internacionais. Com a globalização, as empresas estão cada vez mais orientadas para os clientes, mais focalizadas nas oportunidades, mais flexíveis para responder às mudanças da sociedade e mais abertas para participar de redes de valor.

Nesse ambiente, para as empresas serem bem-sucedidas não basta apenas terem bons produtos, elas precisam conquistar a excelência nos processos que criam valor. Elas, independentemente de seu porte, precisam se transformar rapidamente em empresas de classe mundial (*world class*). Essas empresas, que também podem ser consideradas *cosmopolitas*, entregam valor superior aos clientes por meio da integração e combinação de tecnologia, qualidade, capacidade de resposta, entrega no prazo, custos competitivos e práticas de responsabilidade social. De acordo com Rosabeth Moss Kanter, uma empresa, para ser considerada de classe mundial (*best-in-world*), precisa se destacar em três ativos intangíveis: *conceitos*, *competências* e *conexões*, detalhados a seguir.

- **Conceitos:** significa que a empresa tem domínio dos melhores e mais avançados conhecimentos e ideias, que são transformados em projetos, produtos ou serviços, possibilitando a ela a vantagem da liderança e a geração de valor agregado para seus clientes;
- **Competência:** significa a habilidade de atender aos mais altos padrões de qualidade, gerenciar os fluxos de valor de forma eficaz, com um curto ciclo de tempo para transformar ideias em produtos de sucesso;
- **Conexões:** significa que a empresa lidera redes de valor, mantendo bons relacionamentos e alianças estratégicas com parceiros capazes de agregar novas competências, novos recursos e novas ideias para melhorar a proposta de valor para seus clientes ou descobrir novas oportunidades no mercado.

É em função dos desafios da globalização e da busca da excelência que a equipe do projeto de Balanced Scorecard deve abordar os objetivos da perspectiva dos processos internos de negócio. Nesse sentido, vale a pena abordar duas ferramentas de gestão desenvolvidas recentemente, que podem contribuir para a excelência operacional das empresas: a metodologia do Seis Sigma (*Six Sigma*) e a Gestão da *Network* de Valor, isto é, a Gestão da Cadeia de Suprimentos (*Supply Chain Management*).

O Seis Sigma

O *Seis Sigma* é um método de gestão que tem por objetivo melhorar a produtividade, a competitividade, a lucratividade e a capacidade de uma empresa de gerar valor. O Seis Sigma é uma evolução do movimento da qualidade total, do Kaizen e das ideias de Joseph Juran e W. Deming, tendo sido utilizado pela primeira vez na Motorola, em janeiro de 1987. Em seguida, outras empresas, inspiradas no sucesso da Motorola (que ganhou em 1988 o Prêmio Nacional de Qualidade Malcolm Bridge, nos Estados Unidos), também aderiram ao Seis Sigma: a AlliedSignal, General Electric, Dupont, Federal Express, Kodak, Sony, entre outras.

O conceito de Seis Sigma foi popularizado com a ideia de *zero defeito*, isto é, as empresas com o programa poderiam atingir um índice de qualidade de 3,4 defeitos por milhão de operações realizadas. No entanto, o Seis Sigma deve ser entendido como uma filosofia de gestão que provoca grandes mudanças nos aspectos técnicos e culturais de uma empresa. De acordo com Pande, Neuman e Cavanagh: "Seis Sigma é um sistema abrangente e flexível para alcançar, sustentar e maximizar o sucesso empresarial. Seis Sigma é singularmente impulsionado por uma estreita compreensão das necessidades dos clientes, pelo uso disciplinado de fatos, dados e análise estatística e pela atenção diligente à gestão, melhorias e reinvenção dos processos de negócios."

A metodologia do Seis Sigma foi inspirada no ciclo de Deming (PDCA – Planejar, Fazer, Verificar, Agir) e traduzida no modelo de melhoria denominado DMAIC – Defina, Meça, Analise, Melhore, Controle. Nos projetos de Balanced Scorecard, o DMAIC pode ser adaptado, como é mostrado na Figura 7.15.

Ciclo DMAIC	Adaptação para o Balanced Scorecard
Defina (*Define*)	■ Definir os processos de negócios a serem melhorados ■ Definir os objetivos estratégicos e as iniciativas ■ Definir a relação de causa e efeito entre as perspectivas de valor
Meça (*Measure*)	■ Medir a eficiência e a eficácia dos processos atuais ■ Medir o desempenho do processo em relação às exigências ■ Descobrir o significado dos resultados obtidos
Analise (*Analyze*)	■ Analisar as causas pelas quais os processos precisam de melhoria ■ Analisar a relação e o impacto do processo com os objetivos estratégicos das perspectivas de valor
Melhore (*Improve*)	■ Desenvolver alternativas para a melhoria do processo de negócio ■ Simular resultados ■ Implementar soluções ou redesenhar o processo, se for o caso
Controle (*Control*)	■ Garantir que a melhoria do processo se sustente ao longo do tempo ■ Monitorar periodicamente a performance dos processos ■ Corrigir problemas quando necessário

FIGURA 7.15   Adaptação do Modelo DMAIC para o Balanced Scorecard

O Seis Sigma avalia se um processo está atendendo às expectativas dos clientes, utilizando como referência as medidas de eficiência de processo, como o ciclo de tempo, o custo, a mão de obra e o valor agregado.

Vale a pena destacar que o Seis Sigma apresenta uma versão denominada de *Lean Six Sigma*, em que, além das preocupações com a qualidade, o foco primário é a velocidade do processo. De acordo com Michael George, "enquanto Seis Sigma é mais estritamente associado a defeitos em qualidade e à eliminação da variação, *Lean* é ligado à velocidade, à eficiência e à eliminação de desperdício. A meta de *Lean* é acelerar a velocidade de qualquer processo por meio da redução de desperdício em todas as suas formas".

A metodologia do Seis Sigma, ao se concentrar nas medidas de eficiência dos processos internos, permite às empresas melhorar sua lucratividade, eliminando inúmeras atividades geradoras de custos, como mostra a Figura 7.16.

A Perspectiva dos Processos Internos **141**

Esses exemplos de custos que podem ser eliminados oferecem excelentes insights para a equipe do projeto de Balanced Scorecard para definir os objetivos, os indicadores, as medidas e as iniciativas estratégicas.

> - O retrabalho
> - O desperdício
> - O excesso de inventário
> - O uso de garantias
> - O tempo de manutenção de máquinas e equipamentos
> - Os chamados *recalls* de produtos
> - A perda de negócios pela má reputação
> - A perda de contratos por não entregar o que foi prometido ao cliente

Fonte: Michael George.

FIGURA 7.16 Atividades Geradoras de Custos nos Processos de Negócios

Mas quais são os benefícios proporcionados pelo Seis Sigma e como a equipe do projeto do Balanced Scorecard pode ser beneficiada? As empresas que implementaram o Seis Sigma reportaram os seguintes benefícios:

- Uma acentuada redução dos custos em atividades-chave da empresa.
- A melhoria nos índices de produtividade.
- Crescimento na participação de mercado.
- A elevação dos índices de retenção de clientes.
- A redução do ciclo de tempo no atendimento de pedidos e no lançamento de novos produtos.
- Uma sensível redução de peças e produtos que apresentavam defeitos.
- O surgimento de uma nova cultura organizacional que valoriza a qualidade, a produtividade e a geração de valor.

Outra importante contribuição da metodologia do *Lean Seis Sigma* para os projetos de Balanced Scorecard é a **Lei de Little** (criada pelo matemático Peter Little). Conforme demonstrado por Michael George, a velocidade do fluxo de qualquer processo (ou de qualquer iniciativa estratégica) é inversamente proporcional ao volume de trabalho em processo. Mais precisamente, a Lei de Little afirma que "a quantidade de coisas em processo, por sua vez, aumenta em decorrência de tempos de *setup* longos, retrabalho, o impacto da variação de oferta e demanda, o tempo e a complexidade da oferta de produto".

Nos projetos de Balanced Scorecard, muitas empresas, no afã de cumprir todos os objetivos estratégicos das perspectivas de valor, caem na armadilha de pretender im-

142 Balanced Scorecard e a Gestão Estratégica

plementar, ao mesmo tempo, entre 25 e 30 iniciativas. Entretanto, apesar de todo esse esforço, a Lei de Little nos mostra como o excesso de iniciativas em andamento, sem nenhum critério de priorização, pode levar a organização a uma sobrecarga de trabalho, comprometendo a evolução e a qualidade dos resultados dos processos. A recomendação é que os líderes do projeto selecionem para implementação cerca de cinco iniciativas consideradas prioritárias e com maior potencial de geração de valor.

As Redes de Valor Agregado: A Gestão da Cadeia de Suprimentos

O atual ambiente competitivo também provocou grandes mudanças no entendimento e na forma como as organizações gerenciam os processos de aquisição e logística. No passado, essas atividades eram tipicamente operacionais, sendo responsáveis pela movimentação, armazenagem e entrega de materiais e produtos o mais rápido possível e ao menor custo. Atualmente, de acordo com a filosofia da gestão baseada em valor, essas atividades adquiriram um *status* empresarial, passando a ser consideradas estratégicas e fonte de vantagem competitiva.

Quer sejam denominadas Redes de Valor Agregado (*Value Added Network*), quer Gestão da Cadeia de Suprimentos (*Supply Chain Management*), o novo papel dessas atividades é *entregar*, de acordo com as expectativas dos clientes, a proposta de valor da empresa. Mais precisamente, uma rede de valor (ou cadeia de suprimentos) não tem mais como principal objetivo o fornecimentos de bens, mercadorias ou produtos; agora, ela desempenha um importante papel no processo de criação de valor para o cliente.

Vale a pena relembrar que as antigas atividades de aquisição e logística apresentavam como principais problemas o elevado custo das operações, os frequentes atrasos na entrega, a baixa produtividade e a perda de confiança junto aos clientes. Além disso, essas atividades eram realizadas de forma fragmentada: a área de aquisição e logística não atuava em conjunto com as áreas de marketing, produção e financeira, sem falar de seu distanciamento e desconhecimento dos clientes.

Para superar essas dificuldades, novas ferramentas de gestão foram desenvolvidas, entre elas a Gestão da Cadeia de Suprimentos e a Rede de Valor Agregado. De acordo com Michael Hutt e Thomas Speh, a Gestão da Cadeia de Suprimentos pode ser definida como "a integração dos processos de negócios do usuário final aos fornecedores originais que fornecem produtos, serviços e informações que agregam valor para os clientes". Uma cadeia de suprimentos típica está envolvida com as seguintes funções: a procura de produtos e insumos, a aquisição, o projeto de produtos, a programação da produção, a produção, o processamento de pedido, o gerenciamento de estoques, o manuseio de materiais, a armazenagem e o serviço aos clientes.

A cadeia de suprimentos, entendida como uma rede para a criação de valor para clientes, fornecedores, distribuidores e parceiros, pode ser um importante fator de vantagem competitiva da empresa. De acordo com Hau L. Lee, as modernas cadeias de suprimentos apresentam três características: agilidade, adaptabilidade e alinhamento, todas detalhadas a seguir.

Agilidade: significa a capacidade para reagir rapidamente às mudanças de curto prazo no mercado, como uma retração ou um aquecimento da demanda. Para conquistar agilidade, as empresas compartilham informações com seus parceiros, desenvolvem com os clientes e fornecedores um relacionamento de parceria e apresentam grande capacidade de resposta às situações inesperadas de mercado;

Adaptabilidade: significa a capacidade para mudar rapidamente o modelo da cadeia de suprimentos a mudanças estruturais nos mercados e na estratégia. As empresas elevam sua adaptabilidade desenvolvendo competências para detectar tendências, mudar suas redes de suprimentos e entender as necessidades do consumidor final, e não apenas de seus canais de distribuição;

Alinhamento: significa a capacidade para alinhar os interesses de todos os seus parceiros aos seus próprios, numa relação ganha-ganha, visando à maximização do valor. As empresas melhoram o alinhamento criando centros de fornecimento próximos às suas fábricas e compartilham riscos, custos e benefícios com todos os integrantes da rede.

Nos projetos de Balanced Scorecard, a equipe do projeto, ao analisar a perspectiva dos processos internos, precisa levar em consideração que os principais objetivos do gerenciamento da cadeia de suprimentos são os seguintes: redução das perdas nas operações, redução do ciclo de tempo (do atendimento do pedido, dos estoques e do fluxo de caixa), flexibilidade das operações e redução dos custos unitários.

Na gestão da cadeia de suprimentos, os executivos seniores da empresa também devem decidir qual é a abrangência das atividades que precisam realizar para cumprir a proposta de valor para os clientes. Como as empresas dificilmente possuem todos os conhecimentos e competências de que necessitam para serem competitivas, é preciso decidir que atividades serão realizadas internamente e quais deverão ser terceirizadas.

Durante o processo de identificação dos objetivos da perspectiva dos processos internos, as questões da Figura 7.17, sugeridas por David Bovet e Joseph Martha, poderão ser úteis para a equipe do projeto na seleção daqueles que serão considerados prioritários para a geração de valor.

> **Questões para Elevar a Eficiência da Cadeia de Suprimentos**
>
> 1. A empresa está atendendo aos requisitos dos clientes em termos de rapidez, confiabilidade e conveniência?
>
> 2. A empresa está perdendo clientes para concorrentes que oferecem soluções e não apenas produtos e serviços?
>
> 3. Uma nova empresa, entrante no mercado, está disputando seus clientes?
>
> 4. As margens de lucro estão sendo corroídas pelo elevado nível de estoques e de capital investido?
>
> 5. A empresa pode elevar sua agilidade, escalabilidade e lucratividade caso não seja a proprietária de determinados ativos, mas tendo acesso a eles por meio de serviços terceirizados?
>
> 6. Na equipe gerencial consideram-se os fornecedores como inimigos e não como parceiros de negócios?
>
> 7. Os executivos seniores consideram a cadeia de suprimentos como uma questão operacional?

FIGURA 7.17   Avaliando a Cadeia de Suprimentos da Empresa

Processos de Gestão de Clientes

Os processos de gestão de clientes devem ter como ponto de partida a ideia desenvolvida por Peter Drucker de que "só existe uma definição válida para finalidade de uma empresa: criar um consumidor". É a disposição do consumidor em pagar por produtos e serviços que transforma os recursos econômicos de uma empresa em riqueza e em valor agregado. Atualmente, na perspectiva do Balanced Scorecard, podemos acrescentar que uma empresa, além de conquistar clientes, deve se esforçar para reter e manter um relacionamento de longo prazo com eles.

Isso significa que a empresa, para ser competitiva, precisa ser orientada para o cliente. E essa não é apenas uma atividade da área de marketing: todos os processos da organização devem ser orientados para criar valor para o cliente, de uma forma lucrativa.

Uma empresa orientada para o cliente apresenta três características: uma visão estratégica desenvolvida para criar valor para o cliente, uma cultura organizacional orientada para o mercado e competências para viabilizar a proposta de valor para o cliente. De acordo com George Day, uma empresa orientada para o cliente apresenta uma habilidade superior, em relação a seus concorrentes, para compreender os mercados e uma capacidade superior para atrair e manter clientes.

- A habilidade superior para compreender os mercados significa que a organização está em prontidão para sentir as oportunidades emergentes, antecipar os movimentos dos concorrentes e tomar decisões suportadas por uma base superior de conhecimento.

- A capacidade superior para atrair e manter clientes significa que a organização consegue entregar um valor percebido superior para os clientes, conquistar a lealdade deles e alavancar, melhor do que os concorrentes, os investimentos que realiza no mercado.

Como resultado de sua orientação para o cliente a empresa tem como benefícios o aumento do valor de mercado, a geração de valor agregado para os acionistas, o aumento das receitas, preços mais competitivos, maior satisfação da equipe de colaboradores e ainda consegue neutralizar movimentos competitivos de seus rivais. A Figura 7.18 nos mostra um exemplo de uma empresa orientada para o cliente.

FIGURA 7.18   A Empresa Orientada para o Cliente

Uma das mais importantes atividades do processo de gestão de clientes, e também uma das mais negligenciadas, é a identificação dos grupos de consumidores que serão considerados como alvo das iniciativas de marketing da empresa. Essa orientação para o cliente, que se inicia com a identificação de que necessidades dos consumidores deverão ser atendidas, é essencial para a construção da demanda da empresa a partir da conquista, da manutenção e do aprofundamento do relacionamento com os clientes.

Deve-se destacar que o processo de gestão de clientes apresenta uma dupla mão. A pergunta "Que clientes a empresa deseja conquistar?" reflete a perspectiva e os objetivos da organização. Para desenvolver uma percepção que reflita os interesses e as expectativas dos clientes, os administradores precisam ter uma resposta convincente sobre quais são os motivos que levam um consumidor a desejar realizar negócios com a empresa. Derek Abell desenvolveu um roteiro que pode ser muito útil para o processo de identificar, selecionar, conquistar, reter e fidelizar clientes, conforme é mostrado na Figura 7.19.

Mas o que uma empresa precisa fazer para conquistar novos clientes? Antes de mais nada, ela precisa decidir quem são seus clientes em potencial e que benefícios eles desejam quando adquirem produtos e serviços para satisfazer às suas necessidades e expectativas de valor.

Para responder a essas perguntas, os executivos seniores utilizam como ferramentas de marketing a segmentação de marketing, a seleção do mercado-alvo (*targeting*) e o posicionamento. A segmentação de mercado permite aos administradores reconhecerem que clientes diferentes raramente têm necessidades semelhantes; o *targeting* procura responder qual segmento de mercado tem maior atratividade e potencial para gerar vendas; e o posicionamento reflete o esforço de comunicação para tornar consciente, na mente dos clientes, a proposta de valor da empresa.

Questões Estratégicas para a Identificação dos Processos dos Clientes	
Quais	■ benefícios o cliente busca e tem expectativa de receber? ■ fatores influenciam o nível de demanda nos períodos de crescimento ou de recessão? ■ são as bases de comparação com outros produtos e outras proposições de valor? ■ riscos o cliente percebe? Quais os custos de mudança de fornecedor pelo cliente? ■ serviços o cliente espera receber?
Como	■ os clientes compram produtos e serviços? ■ vários elementos do composto de marketing influenciam os clientes no processo de compra? ■ a experiência de compra é valiosa? ■ o produto se encaixa nos estilos de vida ou nas operações do cliente?
Quanto	■ demora o processo de compra (da necessidade ao fechamento desta)? ■ os clientes estão dispostos a pagar pelos benefícios que esperam receber?
Onde	■ é tomada a decisão de compra? Que indivíduos do centro de compra participam? ■ os clientes buscam informações sobre o produto? ■ os clientes compram o produto?
Quando	■ é tomada a primeira decisão de compra? ■ o produto é novamente comprado?
Por Que	■ os clientes compram os produtos de nossa empresa? ■ os clientes escolhem determinada marca e não outra?
Quem	■ são os indivíduos ou organizações identificados pelas perguntas anteriores? ■ compra os produtos de nossa empresa e por quê? ■ compra os produtos dos concorrentes e por quê?

Fonte: Adaptado de Derek Abell

FIGURA 7.19   Identificando, Segmentando e Conquistando Clientes

Nos esforços de conquista de novos clientes, é fundamental que os membros da equipe do projeto de Balanced Scorecard definam com os demais executivos da empresa como será desenvolvido o processo de prospecção e conquista de novos clientes. Em especial, é preciso reunir as melhores informações sobre o perfil do consumidor, seu potencial de compras e sua predisposição à compra. Num típico processo de conquista dos clientes em potencial, o mercado pode ser subdividido nos seguintes grupos de consumidores: o *suspect*, o *prospect*, o cliente em potencial qualificado e finalmente o cliente conquistado.

Os *suspects* representam as empresas ou pessoas sobre as quais a empresa tem informações que permitem considerá-las como possíveis compradores de seus produtos e serviços. Os *prospects* são representados pelas pessoas ou empresas que possuem, ou possam vir a possuir, as necessidades que serão atendidas pela proposição de valor da empresa, tendo potencial financeiro e poder de decisão para realizar a compra. Os clientes em potencial qualificado são aqueles que já foram contatados pela organização e demonstraram algum interesse em desenvolver um relacionamento comercial com a empresa. Este último segmento torna-se o alvo preferencial do processo de venda da empresa, que pretende transformá-lo em cliente.

No processo de gestão de clientes, a equipe do projeto do Balanced Scorecard precisa definir qual a estratégia central da empresa para aumentar as vendas e elevar a produtividade dos negócios realizados. Na avaliação, é preciso levar em consideração a estratégia genérica da empresa (liderança de custo ou diferenciação), a atratividade dos mercados, a força competitiva da empresa e os clientes considerados como alvo.

Uma ferramenta útil para as atividades de conquista, retenção e fidelização dos clientes é a *matriz de produto-mercado* desenvolvida por Igor Ansoff, em seu clássico livro *Estratégia empresarial*. Esse livro pode gerar valiosos insights para a equipe do Balanced Scorecard. Para Ansoff, uma empresa pode desenvolver quatro estratégias de crescimento: penetração de mercado, desenvolvimento de produto, desenvolvimento de mercado ou diversificação, como mostrado na Figura 7.20.

Nos projetos de Balanced Scorecard, podemos adaptar a matriz de Ansoff aos processos de gestão de clientes (selecionar, conquistar, reter e cultivar relacionamento) da seguinte forma:

Mercado	Produto	
	Produto Atual	**Produto Novo**
Mercado Atual	Estratégia: Penetração de Mercado	Estratégia: Desenvolvimento de Produto
Mercado Novo	Estratégia: Desenvolvimento de Mercado	Estratégia: Diversificação

Fonte: Igor Ansoff

FIGURA 7.20   A Matriz de Produto-Mercado

148 Balanced Scorecard e a Gestão Estratégica

Estratégia de Penetração de Mercado: tem como objetivo melhorar as vendas, os investimentos e os resultados do atual mix de produtos nos mercados dos quais a empresa já participa. Significa selecionar e conquistar novos clientes por meio de sua proposta de valor, aprimorar o seu relacionamento com os atuais clientes, evitando que eles escolham os produtos dos concorrentes.

Estratégia de Desenvolvimento de Produto: tem por objetivo ampliar as vendas, a participação de mercado e a participação na carteira do cliente por meio do lançamento de uma nova família de produtos e serviços. Significa melhorar a proposta de valor para os atuais clientes, com a oferta de novas soluções que também poderão ser atrativas para os clientes em potencial.

Estratégia de Desenvolvimento de Mercado: tem por objetivo realizar investimentos para ampliar os segmentos-alvo da empresa e conquistar novos clientes nos mercados de grande atratividade, dos quais ela ainda não participa. Significa estender a atual proposta de valor para novos clientes, realizando novo esforço de posicionamento, comunicação e vendas.

Estratégia de Diversificação: tem por objetivo ampliar as vendas, os investimentos e o escopo competitivo da empresa, selecionando e conquistando novos clientes em negócios de que a empresa não participa. É uma estratégia de inovação e significa desenvolver uma nova proposta de valor, um novo posicionamento e um novo esforço de comunicação para a entrada nesses novos negócios.

Entretanto, não basta conquistar novos clientes. Também é preciso manter a base atual de clientes, ou pelo menos minimizar a sua perda. Muitas vezes, quando as empresas perdem clientes, os administradores acham que o principal motivo é a falta de eficiência de sua força de vendas. Entretanto, o real motivo pode ser que a empresa esteja vivenciando um período de *migração de valor*, em que sua concepção de negócio, sua proposição de valor e sua tecnologia estão se tornando obsoletas, sendo substituídas por abordagens mais inovadoras de novos concorrentes.

De acordo com Adrian Slywotzky, o valor de mercado de uma empresa e o valor para o cliente "escoam de concepções de negócios economicamente obsoletas e fluem para novas concepções, que criam com maior eficácia benefícios para o cliente e geram valor econômico para o produtor". Alguns indicadores que demonstram a migração de valor são a queda no valor de mercado e a perda dos clientes mais lucrativos. Segundo Slywotzky, a migração de valor apresenta três fases: influxo de valor, estabilidade de valor e escoamento de valor.

Na fase de *influxo de valor* (captação de valor), um concorrente, por meio de um novo produto, ou um novo entrante, com um produto substituto e de maior desempenho, oferecem uma nova proposta de valor para o mercado e começam a atrair os clientes mais lucrativos de uma empresa tradicional, líder de mercado e acomodada no *status quo*. Num curto espaço de tempo, os novos rivais conquistam uma significativa participação de mercado (em detrimento da empresa líder, que perde lucrati-

A Perspectiva dos Processos Internos **149**

vidade) e seu inovador modelo de negócios é recompensado pelo aumento do valor de mercado da empresa.

Na fase de *estabilidade de valor*, os principais rivais imitam a concepção de negócio da empresa inovadora, oferecendo uma proposta de valor similar em relação às prioridades e demandas dos clientes. Nessa fase há uma relativa estabilidade do valor de mercado das empresas e a lucratividade, apesar de uma pequena queda, ainda é atrativa.

Na fase de *escoamento de valor*, as concepções de negócios maduras começam a entrar em declínio, gerando uma queda no faturamento e nas margens de lucro. Os clientes estão insatisfeitos com as propostas de valor de seus principais fornecedores e receptivos a ofertas mais inovadoras e alinhadas às suas novas prioridades. A Figura 7.21 apresenta as várias fases da migração de valor.

Fase da Migração de Valor	Processos de Gestão de Clientes	
	Empresa Inovadora em Valor	Empresa Acomodada
Influxo de Valor	▪ Selecionar *prospects* com rapidez ▪ Conquistar clientes pela inovadora proposta de valor ▪ Reter clientes pela qualidade do atendimento	▪ Dificuldade para selecionar novos *prospects* ▪ Esforços para conquistar clientes pela redução de preços ▪ Iniciativas para reduzir perda de clientes ▪ Grande dificuldade para defender posição em relação aos clientes fiéis
Estabilidade de Valor	▪ Dificuldade para selecionar novos *prospects* ▪ Conquistar clientes pela maior eficiência nos esforços de marketing ▪ Pequena queda na retenção de clientes ▪ Estabilidade na base de clientes fiéis	▪ Desinteresse na busca de novos *prospects* ▪ Redução das despesas de marketing para a conquista de novos clientes ▪ Redução da base de clientes ▪ Pequena redução da base de clientes
Escoamento de Valor	▪ Busca de *prospects* em novos segmentos de mercado ▪ Conquista de clientes nos novos segmentos de mercado ▪ Considerável queda na base de clientes ▪ Redução na quantidade de clientes fiéis	▪ Poucas iniciativas para a identificação de novos *prospects* ▪ Dificuldade para conquistar novos clientes ▪ Rápida queda na base de clientes ▪ Migração dos clientes fiéis para a empresa inovadora

FIGURA 7.21   A Migração de Valor e os Processos de Clientes

Poucos administradores discordariam da afirmação de que a retenção de clientes é construída a partir da qualidade de atendimento e do bom relacionamento com eles. De acordo com George Day, à medida que os administradores adotam uma orientação para o cliente, o relacionamento, entre este e a empresa, evolui através de três fases: as trocas transacionais, as trocas de valor agregado e as trocas cooperativas.

As *trocas transacionais* são aquelas em que o consumidor e a empresa têm interesse apenas na compra e venda de produtos e serviços padronizados, em que o principal fator de decisão é o preço, dentro de um padrão aceitável de qualidade. Numa situação de trocas transacionais, a venda somente é concretizada após um exaustivo processo de negociação e barganha de preços. É um jogo de soma zero, em que uma das partes vence em detrimento da outra.

As *trocas de valor agregado* ocorrem quando a empresa desenvolve uma orientação para o cliente e suas ações de marketing mudam da captação para a retenção do consumidor. Nas trocas de valor agregado, a equipe da empresa vendedora reúne informações para conhecer melhor as necessidades dos clientes, desenvolvendo ofertas orientadas ao valor percebido pelo cliente, de forma lucrativa, num relacionamento ganha-ganha.

As *trocas cooperativas* representam a forma mais avançada de relacionamento, em que há uma consistente cooperação entre as equipes da empresa e dos clientes, buscando soluções conjuntas para problemas e desafios empresariais. Nas trocas cooperativas, há uma grande troca de informações estratégicas baseada na confiança, os processos de negócios e os sistemas de informações estão integrados entre si e o relacionamento social entre membros da alta administração das empresas é muito próximo, visando à busca de objetivos comuns.

Outro importante fator para a retenção de clientes é a mudança de orientação da empresa da venda de produtos para o desenvolvimento de soluções. Essa nova orientação da empresa tem por objetivo estabelecer um relacionamento estratégico com os clientes considerados alvo. E a iniciativa que as empresas podem implementar para atingir essa meta é o desenvolvimento de soluções para os clientes.

Em contraste com as operações de venda tradicionais (as trocas transacionais), que apresentam um caráter unidimensional (compra-venda e nova compra, se não houver problemas), as soluções envolvem um conhecimento das operações dos clientes, informações sobre seus concorrentes e o desenvolvimento de produtos e serviços para melhorar o desempenho do cliente. De acordo com Goldman, Nagel e Preiss, "a venda de soluções gera relacionamentos que podem durar longos períodos. Esses relacionamentos são baseados em dependência mútua e interações inevitáveis que surgem quando o fabricante e o cliente se entendem suficientemente bem para criar soluções em conjunto. Ao mesmo tempo, surge a possibilidade de haver gerações sucessivas de *produto-solução*, soluções que são desenvolvidas ao longo do tempo, no mesmo ritmo da evolução dos problemas do cliente".

Assim, uma empresa, ao desenvolver uma estratégia de venda de soluções, tem por objetivo contribuir para a melhoria do desempenho do cliente. As soluções devem ser desenvolvidas em função das necessidades do cliente e devem possibilitar o crescimento das receitas, o aumento dos lucros, a melhoria do desempenho e a redução dos custos totais de propriedade.

Principais Objetivos da Perspectiva dos Processos Internos

Identificando os Objetivos Estratégicos da Perspectiva dos Processos Internos

Como foi analisado na perspectiva dos clientes, o valor criado por uma empresa depende basicamente de sua capacidade de convencer os consumidores de que sua proposta de valor é superior à de seus concorrentes. Mas essa capacidade de conquistar e reter clientes depende totalmente da qualidade, da produtividade, da criatividade e da capacidade de os processos internos gerarem valor para os clientes.

Dessa forma, os processos de inovação de produtos e serviços, de produção e operações e da gestão de clientes devem estar integrados entre si por uma estratégia que vise gerar valor. Somente a partir dessa integração será possível definir os objetivos da perspectiva dos processos internos. A Figura 7.22 apresenta alguns exemplos de objetivos da perspectiva dos processos internos derivados dos temas estratégicos.

Além desses objetivos, a Figura 7.23 apresenta uma relação de objetivos que podem ser perseguidos por uma organização, no projeto de Balanced Scorecard.

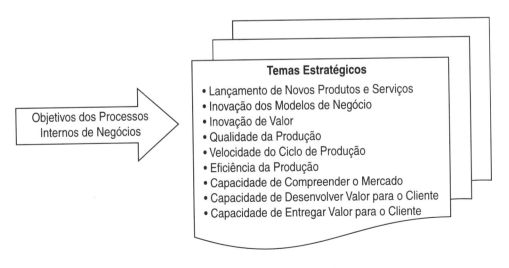

FIGURA 7.22   Exemplos de Objetivos da Perspectiva dos Processos Internos

- Novo desenho dos processos de atendimento ao cliente
- Reprojetar cadeia de fornecimento da produção
- Melhoria dos serviços aos clientes
- Redesenho da experiência de compra do cliente
- Integração da cadeia de valor
- Tornar-se produtor de baixo custo
- Reprojetar, de ponta a ponta, o atendimento de pedidos
- Desenvolvimento de aplicativos customizados aos clientes
- Reprojetar cadeia de aquisição e logística
- Gerenciamento de alianças estratégicas
- Desenvolvimento de relacionamento com terceiros
- Otimização dos representantes de vendas
- Despesas administrativas em relação às vendas
- Tempo para o desenvolvimento de novos produtos
- Despesas de TI em relação às despesas administrativas
- Impacto ambiental do uso do produto

FIGURA 7.23 Outros Exemplos de Objetivos Estratégicos na Perspectiva dos Processos Internos

Selecionando os Objetivos Estratégicos na Perspectiva dos Processos Internos

Como já vimos, na metodologia do Balanced Scorecard, os objetivos estratégicos das quatro perspectivas de valor devem derivar da missão e da visão da organização. No trabalho de selecionar os objetivos estratégicos da *perspectiva dos processos internos*, a equipe do projeto de Balanced Scorecard, além de levar em consideração os temas estratégicos da organização, deverá tomar como referência os objetivos estratégicos já definidos na perspectiva financeira e do cliente, a fim de estabelecer as relações de causa e efeito entre elas. A Figura 7.24 apresenta uma ilustração desse processo.

Exemplos de Temas Estratégicos
- Elevar o Valor Econômico Agregado (EVA)
- Aumentar o Retorno Total do Negócio (TBR)
- Entrada em Novos Negócios
- Inovação de Produtos
- Produção Flexível
- Atração e Retenção de Talentos.

Tomar como referência os objetivos estratégicos da perspectiva financeira e da perspectiva do cliente para estabelecer as relações de causa e efeito.

Exemplos de Objetivos Estratégicos na Perspectiva dos Processos Internos
- Elevar eficiência das operações
- Desenvolvimento interno de produtos
- Gestão de parcerias
- Gestão da Responsabilidade Social

FIGURA 7.24 Os Objetivos Estratégicos derivam dos Temas Estratégicos

Exemplo de Mapa Estratégico com Ênfase na Perspectiva dos Processos Internos

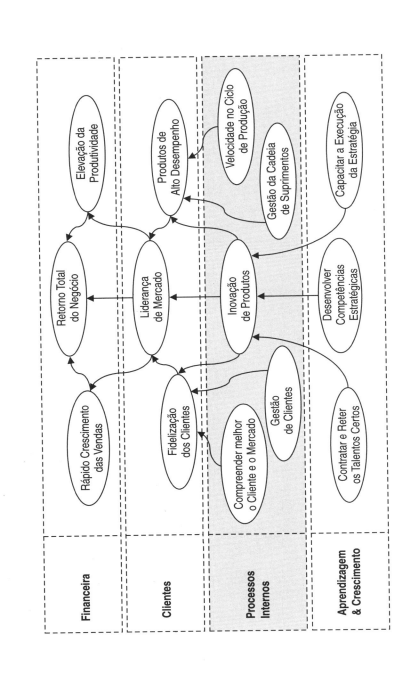

CAPÍTULO 8

A PERSPECTIVA DA APRENDIZAGEM E DO CRESCIMENTO

"A primeira finalidade do ensino foi formulada por Montaigne: mais vale uma cabaça benfeita que bem cheia.

O significado de uma **cabeça bem cheia** é óbvio: é uma cabeça onde o saber é acumulado, empilhado, e não dispõe de um princípio de seleção e organização que lhe dê sentido. Uma **cabeça benfeita** significa que, em vez de acumular saber, é mais importante dispor ao mesmo tempo de:
  • uma aptidão geral para colocar e tratar os problemas;
  • princípios organizadores que permitam ligar os saberes e lhes dar sentido."
EDGAR MORIN

"Nós conhecemos quando o novo conhecimento se concecta com o velho num sentido em que ambos se transformam."
CARL JUNG

Introdução: O Valor do Empregado

A perspectiva de Aprendizagem e Crescimento tem por objetivo avaliar qual é o valor do *empregado* (diretor, gerente ou colaborador) para a empresa em três níveis de contribuição: como indivíduo, como membro de uma equipe de trabalho ou como alguém integrado à cultura organizacional. Nesta perspectiva, os executivos precisam identificar qual a infraestrutura que irá viabilizar o crescimento sustentado da empresa a longo prazo.

Na perspectiva de aprendizagem e crescimento, o desafio é avaliar se o trabalho realizado pelos executivos e colaboradores da organização está possibilitando a aprendizagem e a criação de novos conhecimentos, que, se traduzidos em competências essenciais, estarão contribuindo para a criação de valor para os stakeholders. Essa perspectiva também analisa se a cultura organizacional estimula a inovação, o desempenho e a atração, retenção e motivação dos talentos da empresa.

É a perspectiva de aprendizagem e crescimento que torna possível a integração dos ativos intangíveis da organização com os ativos financeiros, que, em conjunto, são as atividades criadoras de valor da empresa. A Figura 8.1 apresenta uma ilustração do significado da perspectiva de Aprendizagem e Crescimento, enquanto a Figura 8.2 mostra o diálogo hipotético entre os responsáveis pela gestão estratégica da empresa e os acionistas e clientes.

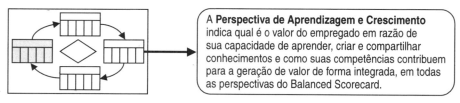

A **Perspectiva de Aprendizagem e Crescimento** indica qual é o valor do empregado em razão de sua capacidade de aprender, criar e compartilhar conhecimentos e como suas competências contribuem para a geração de valor de forma integrada, em todas as perspectivas do Balanced Scorecard.

FIGURA 8.1 Visualizando a Perspectiva de Aprendizagem e Crescimento

Para alcançarmos nossa visão, que novos conhecimentos, competências e talentos deveremos desenvolver?

Perspectiva do Cliente e do Mercado			
Objetivos	Medidas	Metas	Iniciativas
▪ Desenvolver competências estratégicas.	▪ Competências certificadas/ competências-chave do negócio.	▪ 80% de certificação até o final de 2005.	▪ Realizar parceria com Instituição de Pesquisa & Desenvolvimento.

FIGURA 8.2 O diálogo entre a equipe de gestão da empresa e os colaboradores da empresa

A perspectiva de Aprendizado e Crescimento também permite demonstrar a grande integração existente entre o Balanced Scorecard (BSC) e a **Gestão do Conhecimento** (GC) das empresas. As três dimensões analisadas até o momento (financeira, do cliente e dos processos internos) mostraram como os diferentes tipos de capital de uma empresa (capital financeiro e capital intelectual) se integram para criar vantagens diferenciadas para a empresa. Agora, na perspectiva de aprendizado e crescimento, é possível analisar o último componente do Capital Intelectual, o *Capital Humano*, que, segundo Kaplan e Norton, viabiliza os objetivos das demais perspectivas do Balanced Scorecard.

De acordo com Leif Edvinsson e Michael Malone, tomando como referência a metodologia do *Business Navigator da Skandia*, utilizado nos projetos de gestão do conhecimento, o Valor de Mercado de uma empresa é igual ao Capital Financeiro mais o Capital Intelectual, que, por sua vez, é desdobrado em Capital Estrutural e Capital Humano, como mostra a Figura 8.3.

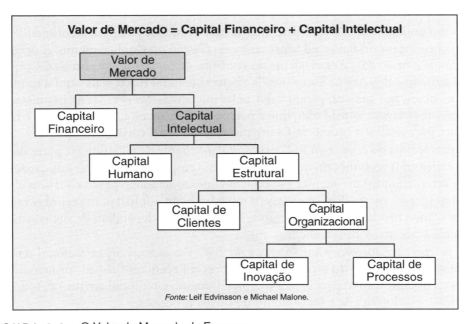

FIGURA 8.3   O Valor de Mercado da Empresa

Com o objetivo de promover uma integração entre a metodologia do Balanced Scorecard e a da Gestão do Conhecimento, podemos afirmar que o maior desafio das organizações é transformar o capital humano em capital estrutural e daí em capital financeiro. Os três, em conjunto, possibilitam o aumento do valor de mercado da empresa e a geração de valor para os acionistas e demais stakeholders. A Figura 8.4 mostra a integração entre o Balanced Scorecard e a Gestão do Conhecimento.

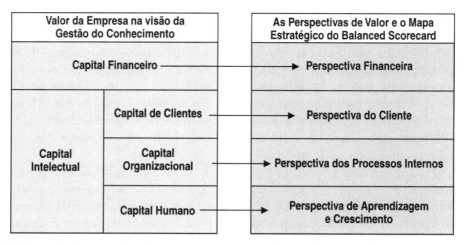

FIGURA 8.4 Integrando o Balanced Scorecard e a Gestão do Conhecimento

Como podemos observar, existe uma grande afinidade e complementaridade entre as abordagens do Balanced Scorecard e da Gestão do Conhecimento. A *perspectiva financeira do BSC* é equivalente ao conceito de *capital financeiro da GC*, que é representado pelos Ativos Tangíveis da empresa (capital físico mais capital monetário), os quais, por sua vez, geram valor pelas iniciativas das pessoas na organização. As duas abordagens consideram que a perspectiva financeira, isoladamente, é insuficiente para avaliar a trajetória da organização no atual cenário competitivo.

A *perspectiva do cliente do BSC* e o *capital do cliente da GC* (que faz parte do capital estrutural) reconhecem que o valor de uma empresa depende de sua capacidade de criar, conquistar e manter um relacionamento de longo prazo com seus clientes mais lucrativos. As duas abordagens também estão alinhadas ao reconhecer que a inovação, a produtividade e a renovação da empresa dependem de sua constante capacidade de atrair novos clientes.

A *perspectiva dos processos internos do BSC* e o *capital organizacional da GC* (que também faz parte do capital estrutural) reconhecem que um dos principais desafios da organização é transformar o capital humano em capital estrutural, fonte da inovação, produtividade e lançamento de novos produtos.

A *perspectiva de aprendizagem e crescimento do BSC* e o *capital humano da GC* reconhecem que o indivíduo, nas equipes de trabalho ou nas áreas de negócios, é o fator mais importante para a sobrevivência e a renovação das empresas em todos os seus níveis de atividade.

Na perspectiva de aprendizagem e crescimento, o **Valor do Empregado** (diretor, gerente ou colaborador) será analisado a partir de três formas integradas entre si: o comportamento empreendedor; a motivação ao aprendizado e a gestão do conhecimento; e a contribuição para a inovação, crescimento e renovação da empresa. Uma representação do valor do empregado na perspectiva de aprendizado e crescimento é apresentada na Figura 8.5.

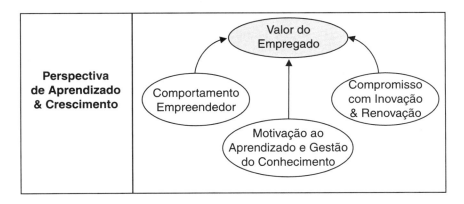

FIGURA 8.5   As Dimensões do Valor do Empregado

O Comportamento Empreendedor

O *comportamento empreendedor* (ou personalidade empreendedora) representa os esforços da alta administração para institucionalizar o comportamento empreendedor na cultura da organização, criando o que muitos analistas de negócio, como Gifford Pinchot III e Peter Drucker, denominam de *intraempreendedor*. De acordo com Pinchot, intraempreendedores "são aqueles que assumem a responsabilidade pela criação de inovações de qualquer espécie dentro de uma organização. O *intrapreneur* pode ser o criador ou o inventor, mas é sempre o sonhador que concebe como transformar uma ideia em uma realidade lucrativa".

Em nossa sociedade do conhecimento, onde as organizações utilizam o conhecimento para o lançamento de produtos inovadores, muitas empresas de sucesso estão fomentando a criação de *comunidades de intraempreendedores* na organização (que se originam das comunidades de prática), a fim de desenvolver novas vantagens competitivas.

Os *intraempreendedores* desempenham na organização, de forma espontânea, o papel de integradores, combinando talento, conhecimento técnico, conhecimento do negócio e conhecimento dos consumidores, com a finalidade de desenvolver novos produtos. Eles desempenham um importante papel no processo de criação de valor porque promovem o processo de destruição criativa na empresa, transferindo recursos de áreas de baixa produtividade para áreas de produtividade e geração de valor mais elevada. O desafio é saber como utilizar o Balanced Scorecard para alinhar as pessoas de personalidade empreendedora com a estratégia competitiva da empresa.

A criação de uma cultura organizacional que estimule o comportamento empreendedor exige uma mudança nos papéis desempenhados pela alta administração, pelos gerentes de nível médio e pelos colaboradores da linha de frente da empresa. Todos esses profissionais devem ter suas atividades redefinidas e alinhadas entre si por meio da estratégia. Outra mudança nos modelos mentais da organização é que a

160 Balanced Scorecard e a Gestão Estratégica

educação dos empregados deve ir além do conteúdo dos programas tradicionais das disciplinas de marketing, finanças, qualidade ou tecnologia da informação, para incluir com grande ênfase, por exemplo, a educação empreendedora.

Apesar de empresários, executivos e analistas de negócios considerarem o comportamento empreendedor como fundamental para o sucesso dos negócios, ele ainda se encontra em um estágio inicial na maioria das empresas em todo o mundo. Em muitas delas, ainda prevalece a organização burocrática e autocrática que tolhe a iniciativa, cerceia a imaginação e desestimula as propostas de novos projetos por parte de seus colaboradores.

O comportamento empreendedor exige que a burocracia seja substituída por uma organização inteligente que seja flexível e ágil para se adaptar às condições sempre mutáveis dos negócios e que busque, simultaneamente, um equilíbrio entre a liberdade de escolha dos colaboradores, a responsabilidade pelo todo da organização e a manutenção do sucesso econômico. Para estimular o comportamento empreendedor nas organizações, Gifford Pinchot estimula os colaboradores da empresa a praticarem o que ele denomina de *Os Dez Mandamentos do Intrapreneur*, mostrado da Figura 8.6.

---

1. Vá para o trabalho cada dia disposto a ser demitido.

2. Evite quaisquer ordens que visem interromper seu sonho.

3. Execute qualquer tarefa necessária para fazer seu projeto funcionar, a despeito de sua descrição de cargo.

4. Encontre pessoas para ajudá-lo.

5. Siga sua intuição a respeito das pessoas que escolher e trabalhe somente com as melhores.

6. Trabalhe de forma clandestina o máximo que puder – a publicidade aciona o mecanismo de imunidade da corporação.

7. Nunca aposte em uma corrida, a menos que esteja correndo nela.

8. Lembre-se de que é mais fácil pedir perdão do que pedir permissão.

9. Seja leal às suas metas, mas realista quanto às maneiras de atingi-las.

10. Honre seus patrocinadores.

Fonte: Gifford Pinchot, *Intrapreneuring.*

FIGURA 8.6 Os Dez Mandamentos do Intrapreneur

Ao analisar o comportamento empreendedor nas organizações, Sumatra Ghoshal e Christopher Barlett afirmam que as empresas mais inovadoras, como a Canon, a 3M e a Asea Brown Boveri, redefiniram os papéis que os diretores, gerentes e colaboradores desempenham no processo de criação de valor:

Colaboradores da linha de frente: devem ter seus papéis mais alinhados com a estratégia; sua execução e suas responsabilidades devem evoluir de simples força de trabalho operacional, que implementa as decisões vindas da hierarquia superior, para a

A Perspectiva da Aprendizagem e do Crescimento **161**

condição de sensores de novas oportunidades de mercado e iniciadores da ação empreendedora da empresa. Os principais papéis, responsabilidades e competências do colaborador da linha de frente são mostrados na Figura 8.7.

Papel	Atitudes e Traços de Personalidade	Conhecimento e Experiência	Habilidades e Capacidades
■ Empreendedor operacional	■ Orientado para resultados	■ Conhecimento operacional detalhado	■ Concentra a energia em oportunidades
■ Criação e busca de oportunidades	■ Criativo, intuitivo	■ Conhecimento das características técnicas, competitivas e de marketing do negócio	■ Capacidade de reconhecer os potenciais e forjar comprometimentos
■ Captação e utilização de habilidades e recursos escassos	■ Persuasivo, envolvente	■ Conhecimento dos recursos internos e externos	■ Capacidade de motivar e induzir as pessoas
■ Gerenciamento da melhoria contínua do desempenho	■ Competitivo, persistente	■ Compreensão detalhada das operações do negócio	■ Capacidade de sustentar a energia organizacional em torno de objetivos ousados

Fonte: Adaptado de Sumantra Ghoshal & Christopher Bartlett

FIGURA 8.7   Novo Perfil do Colaborador da Linha de Frente

Gerentes de Nível Médio: o foco de seu trabalho deve sair do controle de operações para, dentro de uma perspectiva empreendedora, tornarem-se os responsáveis pelo desenvolvimento das pessoas, apoiadores e estimuladores de suas iniciativas, além de promoverem uma integração entre conhecimentos, competências e melhores práticas existentes na organização. Os principais papéis, responsabilidades e competências do gerente de nível médio são mostrados na Figura 8.8.

Alta Administração: com seu exemplo e determinação, deve desempenhar o papel de principal fomentador e defensor do comportamento empreendedor na organização, desenvolvendo objetivos estratégicos específicos no scorecard dos diferentes cargos da organização, além de alinhar as pessoas em torno de valores como a cooperação, a confiança e o compartilhamento de ideias e conhecimentos. Os principais papéis, responsabilidades e competências da alta administração são mostrados na Figura 8.9.

A principal contribuição que o comportamento empreendedor fornece aos projetos de Balanced Scorecard é estimular a integração do capital financeiro, do capital estrutural e do capital humano no fluxo de valor da empresa.

162 Balanced Scorecard e a Gestão Estratégica

Papel	Atitudes e Traços de Personalidade	Conhecimento e Experiência	Habilidades e Capacidades
▪ Promotores de capacidade dos colaboradores	▪ Integrador orientado para pessoas	▪ Ampla experiência organizacional	▪ Desenvolve pessoas e relacionamentos
▪ Avaliação, desenvolvimento e apoio das pessoas e das suas iniciativas	▪ Apoiador, paciente	▪ Conhecimento das pessoas como indivíduos e sensibilidade para influenciá-las	▪ Capacidade de delegar, desenvolver e potencializar
▪ Conexão de conhecimentos, habilidades e práticas dispersas	▪ Integrador, flexível	▪ Compreensão da dinâmica interpessoal entre os diferentes grupos	▪ Capacidade de desenvolver relacionamentos e construir equipes
▪ Gerenciamento das pressões de curto e de longo prazos	▪ Perspicaz, exigente	▪ Compreensão dos relacionamentos meio-fins que vinculam as prioridades de curto prazo e as metas de longo prazo	▪ Capacidade de reconciliar diferenças e, ao mesmo tempo, preservar a tensão

Fonte: Adaptado de Sumantra Ghoshal & Christopher Bartlett.

FIGURA 8.8   Novo Perfil do Gerente de Nível Médio

Papel	Atitudes e Traços de Personalidade	Conhecimento e Experiência	Habilidades e Capacidades
▪ Líderes de alto nível	▪ Visionário e voltado para a instituição	▪ Compreensão da empresa e do contexto	▪ Equilibra alinhamentos e desafios
▪ Questionamento dos pressupostos da organização, fixação de horizontes de oportunidades e padrões de desempenho distendidos	▪ Questionador, ousado	▪ Compreensão fundamentada da empresa e dos seus negócios e operações	▪ Capacidade de criar um ambiente de trabalho empolgado e exigente
▪ Construção de um contexto de cooperação e confiança	▪ Aberto, justo	▪ Visão da organização como um sistema de estruturas, processos e culturas	▪ Capacidade de inspirar confiança e fé na instituição e na gerência
▪ Criação de um senso abrangente de propósito e ambição organizacional	▪ Tem imaginação e inspira	▪ Amplo conhecimento de diferentes empresas, setores e sociedades	▪ Capacidade de combinar insights conceituais e desafios motivacionais

Fonte: Adaptado de Sumantra Ghoshal & Christopher Bartlett.

FIGURA 8.9   Novo Perfil da Alta Administração

A Motivação à Aprendizagem e Gestão do Conhecimento

A Aprendizagem Organizacional

A formulação da estratégia está diretamente relacionada com o processo de aprendizagem. Os inúmeros problemas com os quais uma organização se defronta, quer sejam originados das incertezas existentes no contexto da sociedade, quer sejam decorrentes das instabilidades imprevisíveis do ambiente competitivo, exigem uma contínua aprendizagem. Os esforços da empresa em busca de diferenciação, inovação, flexibilidade, agilidade, customização e proatividade também dependem da aprendizagem organizacional.

Na atual sociedade, inúmeros fatores vêm acelerando o ritmo das mudanças e provocando uma série de tensões que acabam refletindo na estratégia da organização. Notamos uma crescente tensão entre a globalização e o mercado local; uma tensão entre a modernização e o tribalismo tradicional local; uma tensão entre a democracia e o fundamentalismo autoritário; uma tensão entre as escolhas de curto prazo e as soluções de longo prazo; uma tensão entre o acirramento da competição e a necessidade de cooperação; e uma tensão entre o surpreendente desenvolvimento dos conhecimentos e a limitada capacidade de assimilação pelo indivíduo. Todas essas novas forças políticas, econômicas, sociais, culturais e tecnológicas exigem um aumento da capacidade do indivíduo e das organizações em aprender.

É nesse sentido que a moderna empresa precisa se transformar numa *organização que aprende*. Mas qual é o significado da aprendizagem? Quais são as características de uma organização que aprende?

Antes de se analisar a aprendizagem organizacional, é preciso rever o significado do aprendizado, da aquisição de novos conhecimentos e do domínio de novas competências pelo indivíduo. De acordo com David Kolb, "a aprendizagem é o processo em que o conhecimento é criado através da transformação da experiência", ou seja, a aprendizagem do indivíduo é, em primeiro lugar, um processo vivencial para depois se transformar numa atividade reflexiva e, continuando o fluxo, tornar-se novamente prática.

No modelo de aprendizagem vivencial de Kolb, os indivíduos precisam dominar quatro tipos de habilidades: a *experiência concreta*, a *observação reflexiva*, a *conceituação abstrata* e a *experimentação ativa*, como se vê na Figura 8.10.

A *experiência concreta* significa que o indivíduo mantém um envolvimento completo, aberto, crítico e imparcial sobre as novas experiências de sua vida pessoal ou profissional.

A **observação reflexiva** significa que o indivíduo, após vivenciar uma experiência, concede um tempo a si mesmo para refletir sobre ela, adotando diversas perspectivas e indo além dos seus atuais modelos mentais.

A *conceituação abstrata* significa que o indivíduo põe em prática uma intensa atividade mental, realizando associações de ideias e gerando insights para criar novos conceitos a partir de suas observações.

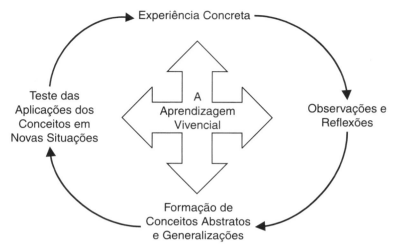

FIGURA 8.10   O Processo de Aprendizagem Vivencial

A *experimentação ativa* significa que o indivíduo, com base em suas experiências, reflexões e novos conceitos, toma decisões e resolve problemas de uma forma criativa. A criação da metodologia do Balanced Scorecard e a sua evolução são bons exemplos da aplicação do modelo de aprendizagem vivencial de Kolb.

Experiência Concreta

O *capital intelectual*, isto é, "a posse de conhecimento, experiência aplicada, tecnologia organizacional, relacionamento com clientes e habilidades profissionais que tornem a empresa mais competitiva", segundo a definição de Edvinsson, torna-se cada vez mais importante para o sucesso competitivo das empresas.

Os modelos de gestão financeira não fornecem os fundamentos para a gestão e a mensuração do valor criado pelo capital intelectual em combinação com o capital financeiro.

Observação Reflexiva

A maioria das empresas enfrenta grandes obstáculos para implementar suas estratégias. Os colaboradores têm dificuldades para entender o significado da visão e da estratégia da empresa.

A falha na execução da estratégia pode ser atribuída à ausência de ferramentas de apoio à implementação e à gestão da estratégia.

Conceituação Abstrata

O Balanced Scorecard pode ser uma excelente alternativa para comunicar, implementar a estratégia e medir o desempenho de uma empresa de forma equilibrada e integrada.

Novos conceitos, como os cinco princípios da organização orientada para a estratégia, o mapa estratégico, a relação de causa e efeito, o efeito cascata da estratégia e as iniciativas estratégicas, podem se constituir nos fundamentos da gestão da estratégia.

Experimentação Ativa

O uso do Balanced Scorecard por inúmeras empresas mostrou que ele é uma importante ferramenta de gestão não só para a implementação da estratégia, mas principalmente para sua formulação. Mais ainda, o Balanced Scorecard evoluiu de uma ferramenta de implementação para um sistema de gestão da estratégia, integrando, de forma holística, outros modelos de negócios.

Para melhor entendimento do processo de aprendizagem pela equipe do projeto de Balanced Scorecard – porque é através da aprendizagem que a organização torna-se capaz de sobreviver, crescer e se renovar –, vale a pena apresentar uma pequena síntese do Relatório para a Unesco da Comissão Internacional sobre a Educação para o Século XXI. O trabalho, intitulado *Educação: Um Tesouro a Descobrir*, foi coordenado por Jacques Delors e aborda a educação do indivíduo por meio de quatro aprendizagens fundamentais: *aprender a conhecer, aprender a fazer, aprender a viver juntos* e *aprender a ser*.

Aprender a conhecer significa uma aprendizagem voltada não apenas para a aquisição de novos conhecimentos, mas principalmente para o domínio de instrumentos que possibilitem ao indivíduo aprender a aprender, o que possibilita a ele viver dignamente, desenvolver seu potencial profissional e se comunicar. Esta disciplina permite ao indivíduo conhecer melhor o ambiente em que vive ou trabalha, desperta sua curiosidade intelectual e desenvolve o seu senso crítico e a capacidade de discernimento.

Aprender a fazer significa uma aprendizagem mais direcionada para a formação profissional, adaptando a educação não só às exigências atuais do trabalho, mas principalmente aos desafios do trabalho futuro do indivíduo na organização. Aprender a fazer reconhece a insuficiência da qualificação profissional, valorizando a aquisição de novas competências do indivíduo, como a capacidade de se comunicar, trabalhar em equipe e gerenciar conflitos.

Aprender a viver juntos significa uma aprendizagem voltada para a cooperação, a descoberta progressiva do outro e a participação em projetos comuns e sociais. Essa disciplina valoriza a compreensão da diversidade dos indivíduos, do desenvolvimento da empatia, do reconhecimento da interdependência entre as pessoas e da importância de se superar os conflitos e buscar a realização de objetivos compartilhados.

Aprender a ser significa que a educação deve contribuir para o desenvolvimento total da pessoa em termos de espírito e corpo, inteligência, sensibilidade, sentido estético, responsabilidade pessoal e espiritualidade. Esta disciplina valoriza a liberdade de pensamento, o discernimento, a imaginação, a criatividade, o senso estético e o desenvolvimento do talento individual.

Essas disciplinas da aprendizagem serão de grande valia nos projetos de Balanced Scorecard, tendo em vista que os executivos, a equipe do projeto e os colaboradores precisarão ter domínio de novas ferramentas de gestão, ser eficientes na execução da estratégia, descobrir o valor do trabalho em equipe e buscar um alinhamento entre seus valores e os da organização onde trabalham.

No nível organizacional, a aprendizagem está no centro do processo estratégico. De acordo com Arie de Geus, "a fonte básica de toda vantagem competitiva está na capacidade de a empresa aprender mais rápido do que seus concorrentes". Dessa forma, a sobrevivência da empresa em períodos turbulentos ou recessivos e o crescimento sustentado no dinâmico ambiente dos negócios dependem da capacidade de os altos executivos, gerentes e colaboradores adquirirem novos conhecimentos.

Um dos principais desafios da organização que aprende é encontrar meios para motivar as pessoas, em todos os níveis da empresa, a melhorar sua capacidade de aprendizado, ao longo de toda a sua vida. Para Peter Senge, "uma organização que aprende é aquela que está continuamente expandindo sua capacidade de criar o futuro". A alta administração deste tipo de organização está continuamente comprometida com a transformação do local de trabalho em um espaço de aprendizado, onde as pessoas seriam educadas nas cinco disciplinas de uma *learning organization*: a visão compartilhada, os modelos mentais, a maestria pessoal, o aprendizado em equipe e o pensamento sistêmico.

A *visão compartilhada* significa a criação de uma imagem ideal e única do futuro, que possa ser facilmente traduzida numa desafiadora estratégia empresarial. Compreende a escolha de um senso de destino que oriente as iniciativas da organização, motivando e envolvendo todos os participantes da organização em torno de princípios comuns.

Os *modelos mentais* representam os pressupostos profundamente arraigados na cultura organizacional, que podem estimular a inovação da empresa ou bloquear o processo de renovação. Os modelos mentais, de uma forma sutil, moldam as percepções, decisões e ações dos administradores em relação a: inovação, introdução de novos produtos, mudanças no modelo de negócios e forma de encarar as forças competitivas.

A **maestria pessoal** representa a capacidade de se autoaprimorar, desenvolvendo domínio sobre determinado tema, ou a excelência na execução de uma atividade. A maestria pessoal está associada à competência do indivíduo em entender quais são os fatores que influenciam sua capacidade de produzir resultados e gerar valor.

O *pensamento sistêmico* significa compreender a interação e a interdependência que existem entre o indivíduo, o grupo, a organização e a sociedade. O pensamento sistêmico permite ao indivíduo entender e influenciar os processos de mudança vivenciados pela organização e avaliar os impactos que eles provocam na situação e nos resultados da empresa.

Na filosofia do Balanced Scorecard, o aprendizado organizacional deve ser avaliado pelos resultados que ele produz para os negócios, nas perspectivas de valor. Entretanto, uma organização que aprende pode ser reconhecida por apresentar as seguintes características:

- Os diretores, os gerentes e os colaboradores percebem que seu trabalho está contribuindo para a execução da estratégia.

- As pessoas sentem que o ambiente de trabalho estimula sua capacidade de criar e inovar.

- As pessoas reconhecem que o trabalho em grupo possibilita um aumento da produtividade e da capacidade de gerar valor.

- A organização torna-se mais consciente de sua base de conhecimento.

- As novas ideias e a inovação começam a surgir nas diferentes áreas da organização.

A Gestão do Conhecimento

Visto que a estratégia pode ser entendida como a arte de criar valor, pode-se afirmar que o crescimento sustentável de uma empresa depende de sua capacidade de introduzir constantemente novos conhecimentos em seus produtos, processos e modelos de negócios.

No processo de criação de valor de uma empresa para seus stakeholders, nota-se uma nítida relação de causa e efeito entre a aprendizagem, o desenvolvimento de novos conhecimentos, o domínio de novas competências e a criação de novas *vantagens competitivas*, que agora também são consideradas como *vantagens do conhecimento*.

A provocativa frase de Michael Polanyi, "podemos saber mais do que podemos dizer", lançou um desafio para empresários, executivos e empregados no sentido de identificar o conhecimento tácito existente na mente de seus colaboradores e integrá-lo ao conhecimento explícito, visando à criação de novas estratégias criadoras de valor.

Dessa forma, o processo de criação de estratégia está intimamente ligado ao processo de criação de conhecimento da empresa, devendo fazer parte de sua cultura organizacional. Os professores Ikujiro Nonaka e Hirotaka Takeuchi estimulam as empresas a se transformarem em organizações criadoras de conhecimento, isto é, capazes de "criar novo conhecimento, difundi-lo na organização como um todo e incorporá-lo a produtos, serviços e sistemas". Nesse sentido, eles desenvolveram uma metodologia para a criação do conhecimento intitulada *modelo SECI*, das palavras *socialização, externalização, combinação* e *internalização*, que refletem as interações entre o conhecimento tácito e o conhecimento explícito.

Para os professores Nonaka e Takeuchi, o processo de conhecimento não pode ser visto apenas como o uso dos instrumentos da moderna tecnologia da informação e comunicação, mas como uma atividade social dependente de seus colaboradores: uma organização não pode criar, processar, compartilhar e aplicar conhecimentos sem os indivíduos. É por esse motivo que eles dão especial atenção à diferenciação entre conhecimento tácito e o conhecimento explícito.

O *conhecimento tácito* é "altamente pessoal e difícil de ser formalizado, comunicado e compartilhado com os outros". O conhecimento tácito inclui elementos cognitivos e técnicos, a intuição e os modelos mentais de um indivíduo, além de know-how e habilidades.

O *conhecimento explícito* é aquele que "pode ser expresso em palavras, números ou som, e compartilhado em forma de dados, fórmulas científicas, produtos visuais, especificações de produtos e manuais". Na abordagem de Nonaka e Takeuchi, vale a pena destacar que, apesar de os conhecimentos tácito e explícito apresentarem características diferentes, um efetivo processo de conhecimento depende de sua integração. Essa dialética entre o conhecimento tácito e o conhecimento explícito é mostrada na Figura 8.11.

A *socialização* representa a conversão de um conhecimento tácito em um novo conhecimento tácito, por meio do compartilhamento de conhecimento tácito e da experiência direta, como as habilidades técnicas e os modelos mentais. A socializa-

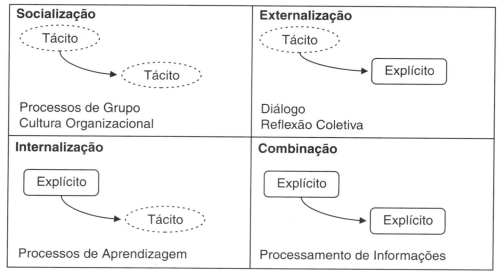

Fonte: Nonaka e Takeuchi

FIGURA 8.11   O Processo de Conversão do Conhecimento

ção é um processo de criação de conhecimento de indivíduo para indivíduo e a aprendizagem ocorre mediante observação, imitação e prática de trabalho. A socialização é facilitada pelo treinamento no local de trabalho, reuniões informais entre membros de um grupo de trabalho, interações com clientes ou ainda pode ser estimulada pelas sessões de *brainstorming*.

A *externalização* significa a conversão do conhecimento tácito em conhecimento explícito, por meio de esforços de articulação, diálogo e reflexão. A externalização pode ocorrer na forma de metáforas, analogias, conceitos, hipóteses ou modelos. A externalização é um dos mais importantes processos de criação de conhecimento porque se inicia com o indivíduo (seus conhecimentos tácitos) e vai até o grupo de trabalho, com a criação de novos conceitos, novos produtos, melhoria de processos ou inovação do modelo de negócios.

A *combinação* significa a conversão de um conhecimento explícito em um novo conhecimento explícito, por meio de troca de informações, utilizando como meio documentos, reuniões, redes de comunicação ou internet. A combinação é um processo de criação de conhecimento que se origina num grupo de trabalho e é disseminado para toda a organização. A combinação pode ser exemplificada pelos programas de treinamento, pelos cursos regulares em escolas e universidades, pelas iniciativas de e-learning e pela criação de universidades corporativas.

A *internalização* significa a conversão de um conhecimento explícito em um conhecimento tácito, por meio de práticas de aprender fazendo. A internalização ocorre mediante o domínio de conhecimento existente em documentos, manuais ou histórias orais. A documentação de conhecimentos permite aos indivíduos refletirem sobre suas experiências, aumentando seu acervo de conhecimento tácito.

Um dos maiores desafios da gestão do conhecimento nas empresas é criar um contexto organizacional que capacite os indivíduos a criar, codificar, compartilhar e aplicar conhecimentos. Somente dessa maneira será possível perceber que a conversão de conhecimento tácito em conhecimento explícito, na organização, depende das interações entre indivíduos e grupos de trabalho que tenham consciência de suas necessidades de aprendizagem e da contribuição de suas atividades no processo de criação de valor. A Figura 8.12 mostra a integração entre o Balanced Scorecard e o processo de conversão de conhecimento na criação de vantagens competitivas da empresa.

É importante destacar que o processo de *conversão do conhecimento* tem um significado mais amplo do que a gestão do conhecimento. Na verdade, muitos autores, entre eles Georg von Krough, Kazuo Ichijo e Ikujiro Nonaka, afirmam que o maior desafio de empresários e executivos não é gerenciar o conhecimento, mas sim criar condições para a capacitação da organização para a criação, o compartilhamento e a aplicação do conhecimento. De acordo com esses autores, a capacitação para o conhecimento pode ser entendida como "o conjunto geral de atividades organizacionais que afetam de maneira positiva a criação do conhecimento". Com o objetivo de fornecer para os administradores uma metodologia para a capacitação do conhecimento, os autores propõem uma integração entre as fases de criação de conhecimento e os capacitadores de conhecimento.

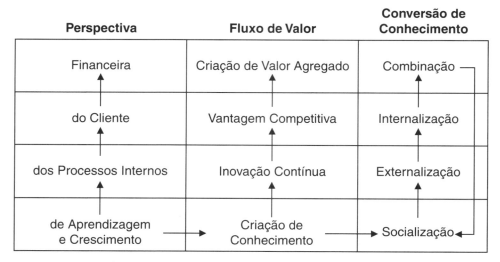

FIGURA 8.12   O Balanced Scorecard e o Processo de Conversão de Conhecimento

O processo de criação de conhecimento desenvolve-se em cinco fases: o compartilhamento do conhecimento tácito, a criação de conceitos, a justificação de conceitos, a criação de protótipos e a nivelação do conhecimento. Entretanto, a criação de conhecimento somente irá ocorrer se existir na organização um conjunto de condições favoráveis, ou capacitadores do conhecimento: instilar a visão do conhecimento, gerenciar conversas, mobilizar os ativistas do conhecimento, criar o contexto adequado e globalizar o conhecimento local. A integração entre os capacitadores do conhecimento e as fases da criação de conhecimento é mostrada na Figura 8.13.

Instilar a visão do conhecimento é o primeiro capacitador e deve estar alinhado à visão estratégica da organização para assegurar que os esforços da criação de conhecimento estejam orientados para a geração de valor econômico agregado. O foco desta disciplina não está apenas nos conhecimentos sobre os negócios atuais da organização, mas principalmente leva os administradores a refletirem sobre que novos conhecimentos são estratégicos para a inovação, a renovação e o aproveitamento de novas oportunidades de negócios pela empresa. A visão do conhecimento deve possibilitar aos membros da organização terem uma compreensão do cenário atual dos negócios, perceberem como as forças competitivas irão evoluir no contexto da nova sociedade e tomarem consciência sobre que novos conhecimentos serão requeridos pela futura estratégia da empresa. A visão do conhecimento também deve possibilitar o rompimento dos atuais modelos mentais dos executivos e a acomodação em relação aos produtos e mercados servidos.

Nos projetos de Balanced Scorecard, a visão do conhecimento é derivada da visão estratégica da organização e serve como guia de ação para todas as iniciativas da perspectiva de aprendizagem e crescimento.

A Perspectiva da Aprendizagem e do Crescimento **171**

Capacitadores de Conhecimento	Fases da Criação de Conhecimento*				
	Compartilhamento do Conhecimento Tácito	Criação de Conceitos	Justificação de Conceitos	Construção de Protótipos	Nivelação do Conhecimento
Instilar a Visão do Conhecimento		✓	✓✓	✓	✓✓
Gerenciar Conversas	✓✓	✓✓	✓✓	✓✓	✓✓
Mobilizar os Ativistas do Conhecimento		✓	✓	✓	✓✓
Criar o Contexto Adequado	✓	✓	✓✓	✓	✓✓
Globalizar o Conhecimento Local					✓✓

* O símbolo ✓ reflete a importância do capacitador na criação do conhecimento.
Fonte: George von Krogh, Kazuo Ichijo e Ikujiro Nonaka.

FIGURA 8.13   A Capacitação para o Conhecimento

Gerenciar conversas é o capacitador que exerce maior influência nas cinco fases da criação do conhecimento porque reflete a disposição das pessoas em aplicar as ideias dos outros na realização dos trabalhos. Esse capacitador depende de um ambiente de confiança e de um clima organizacional que estimule o bom relacionamento entre as pessoas. Gerenciar conversas é o ponto de partida para o compartilhamento do conhecimento tácito entre as pessoas, que se realiza por meio do intercâmbio de ideias, opiniões e crenças dos indivíduos que pertencem aos diferentes grupos de trabalho da organização. Por meio de conversas, notamos o surgimento de um espaço físico, mental e virtual, onde não só o conhecimento tácito dos colaboradores é revelado, mas principalmente o conhecimento explícito é questionado, validado ou considerado como superado.

Nos projetos de Balanced Scorecard, gerenciar conversas se associa ao processo de traduzir a estratégia em termos operacionais, definir os objetivos estratégicos, selecionar os indicadores, as metas e as iniciativas e desenvolver a relação de causa e efeito entre os objetivos das quatro perspectivas de valor.

Mobilizar os ativistas do conhecimento significa reconhecer as pessoas na organização que são pioneiras na introdução de novos conceitos ou os defensores de novas ideias sobre o trabalho ou sobre os negócios. Os ativistas do conhecimento são os profissionais idealizadores do contexto capacitante da criação, compartilhamento e aplicação de conhecimento. Eles representam os profissionais com grande conheci-

172 Balanced Scorecard e a Gestão Estratégica

mento, domínio das principais operações da empresa e com uma grande rede de relacionamentos internos e externos à organização. Eles desempenham o papel de líder e são capazes de influenciar e mobilizar as pessoas da organização em torno de um objetivo comum.

Nos projetos de Balanced Scorecard, os ativistas do conhecimento desempenham um papel similar ao da liderança executiva no processo de mudança e de criação de uma organização focalizada na estratégia.

Criar o contexto adequado significa desenvolver, no interior da organização, um contexto social que estimule a criação, o compartilhamento e a alavancagem do conhecimento em todas as áreas da empresa. O contexto capacitante, que estimula o relacionamento de redes de indivíduos e grupos dentro e fora da empresa, adquire diferentes denominações, dependendo da cultura organizacional. Nas empresas japonesas ele é denominado de *espaço ba*, o lugar onde são unificados os espaços físicos, os espaços virtuais e os espaços mentais voltados para a criação de conhecimento. Nas empresas ocidentais o contexto capacitante é semelhante ao das *comunidades de prática*, que são definidas como "grupos de pessoas que compartilham um interesse, um conjunto de problemas ou uma paixão por um assunto e que desejam aprofundar seus conhecimentos e expertise, em sua área de atuação, através da interação em bases progressivas". O contexto capacitante, ao fomentar a disseminação do conhecimento e de competências entre as diferentes áreas da organização e os parceiros de negócios, facilita o desenvolvimento de vantagens competitivas.

De acordo com Etienne Wenger, uma comunidade de prática é um contexto social onde interagem: um *domínio do conhecimento* que define o conjunto de questões a serem exploradas pelos membros da organização; uma *comunidade de pessoas* que se preocupam com o assunto e atuam como se fossem um fábrica de conhecimento; e uma *prática em comum* que é desenvolvida efetivamente no domínio e inclui um conjunto de estruturas, ideias, ferramentas, informações, documentos, linguagem, histórias e documentos compartilhados.

Nos projetos de Balanced Scorecard, o contexto capacitante da organização facilita o entendimento da estratégia por parte dos colaboradores e converte a estratégia num processo contínuo.

Globalizar o conhecimento local significa difundir o conhecimento da matriz (ou corporativo) ou de uma empresa local (ou de uma área de negócios) para as demais áreas geográficas, sociais e culturais da empresa. Esse capacitador tem por objetivos: compartilhar e nivelar o conhecimento entre todos os colaboradores da organização, independentemente de sua localização geográfica; e promover uma aproximação entre o conhecimento e a competência dos especialistas com os profissionais das áreas de negócios que se defrontam com ameaças ou oportunidades em seus respectivos mercados. Uma das formas de globalizar o conhecimento local é a criação de centros de excelências (e respectivos mapas de competências) que possam ser acessados pelos profissionais das diferentes áreas da organização.

A Perspectiva da Aprendizagem e do Crescimento **173**

Na metodologia do Balanced Scorecard, globalizar o conhecimento local está associado ao processo de educação e capacitação dos colaboradores da organização pela equipe responsável pela formulação, difusão e implementação dos projetos de Balanced Scorecard na empresa.

O processo de capacitação do conhecimento na organização deve facilitar o entendimento dos diretores, gerentes e colaboradores sobre as cinco fases do processo de criação do conhecimento: compartilhamento do conhecimento tácito, criação de conceitos, justificação de conceitos, construção de protótipos e nivelação do conhecimento, conforme modelo desenvolvido pelos professores Nonaka e Takeuchi.

O *compartilhamento do conhecimento tácito* ocorre durante o processo de socialização e pode ser considerado como o ponto de partida para a aprendizagem e a criação de novos saberes, uma vez que o conhecimento tácito dominado pelos indivíduos é considerado a base do processo de capacitação da organização para o conhecimento. O compartilhamento do conhecimento tácito ocorre principalmente nos grupos de trabalho e nas comunidades de prática, onde os colaboradores trocam ideias, observam o trabalho dos outros, imitam o trabalho executado por outro profissional e executam em conjunto a atividade que precisa ser concluída.

A *criação de conceitos* é desenvolvida pelos integrantes dos grupos de trabalho e das comunidades de prática por meio do diálogo, da reflexão sobre as experiências vivenciadas pelos colaboradores das diferentes áreas da empresa, da imaginação e do repensar sobre os modelos mentais dominantes na organização. A criação de novos conceitos é um exemplo típico do processo de conversão do conhecimento tácito em conhecimento explícito na organização.

A *justificativa de conceitos* tem por finalidade avaliar se os novos conceitos estão alinhados com a estratégia de negócio e se contribuem para o domínio de novas competências ou a criação de novas vantagens competitivas. A justificativa de conceitos procura verificar se eles são importantes para o processo de criação de valor pela organização, se eles proporcionarão benefícios para os clientes ou ainda qual a sua contribuição para elevar a eficiência dos processos de negócios.

A *construção de protótipos* significa dar uma forma aos conceitos aprovados por meio da combinação e integração entre o conhecimento explícito recém-criado e a base de conhecimento da organização. A construção de protótipos exige o envolvimento de diversos grupos de trabalho, comunidades de práticas e das diferentes áreas da organização, como pesquisa e desenvolvimento, marketing, produção e recursos humanos.

A *nivelação de conhecimento* reflete os esforços dos responsáveis pela capacitação do conhecimento na organização, na busca de novas aplicações para o conceito recém-criado e na avaliação da possibilidade de esse novo conceito atender à demanda existente por novos conhecimentos, em alguma área de negócio da empresa. A nivelação do conhecimento também significa que o ciclo de criação de conhecimento na empresa é contínuo, devendo estar alinhado à evolução da estratégia competitiva da empresa.

174 Balanced Scorecard e a Gestão Estratégica

O processo de criação do conhecimento e os capacitadores organizacionais exigidos para uma eficiente gestão da aprendizagem, do conhecimento e das competências mostram elevada complexidade, demandando um constante monitoramento pela equipe de executivos da empresa. Com o objetivo de propiciar uma ferramenta de apoio ao processo, José Cláudio Terra desenvolveu uma metodologia, denominada *Sete Dimensões da Gestão do Conhecimento*, baseada na pesquisa que realizou junto a diretores e gerentes das maiores empresas brasileiras, reproduzida na Figura 8.14.

O Modelo das Sete Dimensões da Gestão do Conhecimento, que avalia 100 práticas gerenciais, possibilita à alta administração da empresa realizar um diagnóstico sobre a consistência e o alinhamento dos processos organizacionais e as práticas gerenciais que influenciam diretamente o desenvolvimento da gestão do conhecimento na organização.

Dimensão do Conhecimento	Função da Dimensão na Gestão do Conhecimento
D-1: Estratégia & Alta Administração	■ Demonstrar o papel crucial da alta administração na formulação e comunicação da estratégia de Gestão do Conhecimento na organização.
D-2: Sistemas de Informação & Comunicação	■ Explorar os vários aspectos referentes tanto ao uso de tecnologia como às práticas e políticas que tornam sua aplicação no contexto da Gestão do Conhecimento eficiente.
D-3: Cultura Organizacional	■ Avaliar tanto a existência de ações específicas, no sentido de promover uma cultura benéfica para a Gestão do Conhecimento, como percepções dos colaboradores sobre traços prevalecentes da cultura existente na organização.
D-4: Organização & Processos de Trabalho	■ Identificar as diversas práticas formais e informais relacionadas que estruturam e integram a Gestão do Conhecimento à organização e ao próprio processo de trabalho dos colaboradores.
D-5: Políticas e Práticas para a Administração de Recursos Humanos	■ Demonstrar que as competências, habilidades e motivação dos colaboradores formam o eixo central da Gestão do Conhecimento.
D-6: Mensuração dos Resultados	■ Mostrar como a Gestão do Conhecimento e o foco nos ativos intangíveis requerem que as organizações utilizem várias outras métricas além das métricas financeiras e operacionais.
D-7: Aprendizado com o Ambiente	■ Destacar a importância de sistematizar as trocas de informação e conhecimento das organizações com seu entorno.

Fonte: José Cláudio Terra. *Gestão do Conhecimento*

FIGURA 8.14   O Modelo das Sete Dimensões da Gestão do Conhecimento

A Gestão das Competências

Assim como um projeto de Balanced Scorecard depende do direcionamento estratégico da empresa para ser implementado, a *gestão das competências* só pode ser realizada após a formulação da visão, da estratégia e dos objetivos da organização. A inovação, a renovação e o desenvolvimento de novas vantagens competitivas dependem da capacidade da empresa na construção de novas competências.

A *gestão das competências* significa identificar, desenvolver e implementar as *core competences* e outras habilidades necessárias para realizar a visão, a estratégia e os objetivos da organização. A gestão das competências ocorre em três níveis: nível da organização, nível das equipes de trabalho e nível do indivíduo.

- **Nível da Organização**: em que são identificadas as *core competences* da empresa, que lhe possibilitam competir com sucesso em seus diferentes mercados.
- **Nível das Equipes de Trabalho**: em que são identificados os centros de competência para os processos de negócios ou para as áreas funcionais.
- **Nível do Indivíduo**: em que são identificadas as competências pessoais, numa perspectiva técnica e da inteligência emocional para a melhoria do desempenho profissional.

Até a seminal abordagem de Gary Hamel e de C.K. Prahalad, os estudos do tema estavam quase totalmente voltados para as competências que um indivíduo precisa possuir ou desenvolver para realizar seu trabalho com eficiência. Hamel e Prahalad mostraram como as organizações que transformaram o seu setor de atividade possuíam um novo fator estratégico: as competências essenciais (*core competences*).

As competências essenciais devem ser entendidas como uma integração de conhecimentos, tecnologias, habilidades e capacidades de uma organização para inovar sua proposta de valor. De acordo com Hamel e Prahalad, "as competências essenciais são o aprendizado coletivo na organização, especialmente como coordenar diversas habilidades de produção e integrar múltiplas correntes de tecnologias". As competências essenciais refletem o aprendizado coletivo da organização, a criação de novos conhecimentos e a integração entre os ativos físicos da empresa e seu capital intelectual na criação de novas vantagens competitivas.

Entretanto, nem todas as capacidades, todos conhecimentos ou recursos de uma organização podem ser considerados competências essenciais. Ao contrário, uma organização tem poucas e exclusivas competências essenciais. De acordo com Hamel e Prahalad, uma habilidade só pode ser considerada *core competence* se reunir três condições: gerar valor percebido pelo cliente; permitir uma diferenciação da empresa em relação aos concorrentes e permitir a capacidade de expansão da empresa.

Gerar valor percebido pelo cliente significa que a competência essencial é vista pelo consumidor como um benefício (funcionalidade, desempenho, design ou durabilidade) de um produto ou serviço, que faz valer o preço que está sendo pago por ele.

Permitir uma diferenciação da empresa em relação aos concorrentes significa que a oferta da empresa é única no mercado, sendo diferente ou melhor do que as alternativas existentes nesse mercado e também de difícil imitação pelos rivais.

Permitir a capacidade de expansão da empresa significa que ela abre novas oportunidades de mercado e cria novos espaços não imaginados pelos concorrentes, permitindo à organização captar valor, sob a forma de lucros, muito superior à média do mercado. A Figura 8.15 mostra como uma empresa pode movimentar-se a partir de suas competências essenciais para novos espaços do mercado.

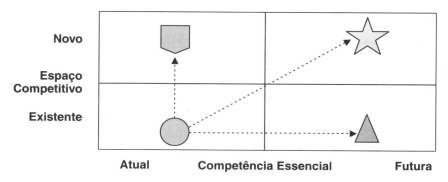

FIGURA 8.15   Os Novos Espaços de Mercado Derivados das Competências Essenciais

Outro ponto que merece ser destacado é a forma como uma *core competence* é enunciada. A identificação e a conceituação de uma competência essencial exigem um intenso trabalho de análise, criatividade e síntese para, numa palavra ou frase curta, explicar o que pode se tornar a fonte da vantagem competitiva das empresas. A Figura 8.16 apresenta alguns exemplos clássicos de competências essenciais.

Para tornar o conceito de *core competence* mais fácil de ser entendido, vamos tomar como referência a Honda, que tem como competência essencial *motores leves*, e detalhar um pouco mais o exemplo. Foi essa *core competence* que permitiu à Honda encontrar novos espaços competitivos e entrar em novos mercados, além do automobilístico, como os de motocicletas, motores de popa, cortadores de grama e o esportivo (Fórmula 1), conforme é mostrado na Figura 8.17.

Uma competência essencial, como já foi afirmado, é uma integração de tecnologias, conhecimentos e processos que, combinados, geram diferenciais competitivos para a empresa, como é mostrado na Figura 8.18 pelos exemplos da Canon e da Toshiba.

A inter-relação entre a aprendizagem, o conhecimento e o desenvolvimento das competências essenciais pode ser visualizada se fizermos uma analogia entre as *core competences* e uma árvore. Nas palavras de Prahalad e Hamel: "A corporação diversificada é uma grande árvore. O tronco e os galhos principais são os produtos essenciais; os galhos menores, as unidades de negócios; as folhas, as flores e os frutos são os produtos fi-

A Perspectiva da Aprendizagem e do Crescimento

Empresa	Core Competence
Federal Express	Gestão de Logística e Entrega de Documentos
Canon	Imagem Digital
Honda	Motores Leves
Sony	Miniaturização
Nokia	*Network* de Telecomunicação
3M	Fita Adesiva
HP – Hewlet Packard	Medição, Computação e Comunicação
Merck	Descoberta de Novos Medicamentos
EDS	Integração de Sistemas
Nike	Inovação de Produtos e Marketing
Wal-Mart	Localização de Lojas e Gestão de Logística
Motorola	Comunicação sem Fio

FIGURA 8.16   Exemplos de Competências Essenciais

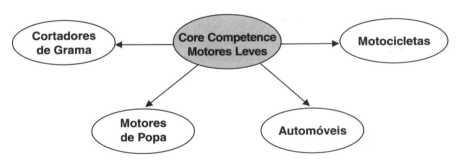

FIGURA 8.17   As Competências Essenciais e os Produtos Essenciais da Honda

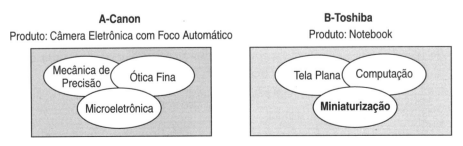

FIGURA 8.18   Exemplo de Integração de Competências da Canon e da Toshiba

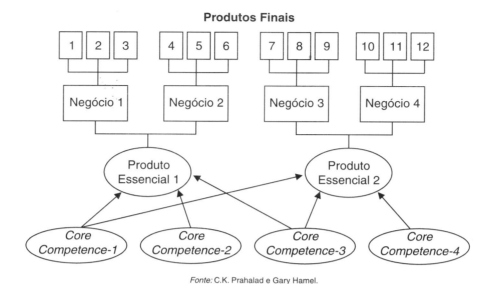

Fonte: C.K. Prahalad e Gary Hamel.

FIGURA 8.19   As Competências como uma Árvore que Nutre Novos Negócios

nais. A raiz, que promove a nutrição, a sustentação e a estabilidade, é a competência essencial." A Figura 8.19 mostra como as competências essenciais permitem às empresas desenvolverem novas famílias de produtos e ocuparem novos espaços competitivos.

O trabalho de identificação das competências essenciais ainda se encontra numa fase inicial na maioria das organizações porque, de modo geral, é muito difícil para os diretores, gerentes e colaboradores identificarem as *core competences*, devido ao fato de essa atividade exigir envolvimento, imparcialidade e um profundo conhecimento da organização. O projeto de identificação das competências essenciais deve estar alinhado à estratégia de longo prazo da empresa, tendo-se em mente que elas apresentam as seguintes características:

- As competências essenciais são numericamente poucas, restritas entre 5 e 10 numa organização.
- Uma competência essencial permite à organização dominar uma vantagem competitiva única.
- Uma competência essencial oferece aos clientes um valor percebido superior.
- Uma competência essencial é difícil de ser copiada.
- O desenvolvimento de uma nova competência essencial demanda esforços durante um período de 3 a 10 anos.
- Uma competência essencial é uma combinação de conhecimento, habilidades, tecnologias e processos.
- Uma competência essencial nasce do contínuo processo de aprendizagem e criação de novos conhecimentos da organização.

Com a disseminação do conceito de competências essenciais, o ambiente dos negócios foi mais uma vez envolvido por uma nova modalidade de competição, além dos modelos já conhecidos: *a competição baseada nas competências*, que é suportada pelas seguintes ideias:

- A competição ocorre entre recursos integrados (capital físico e capital intelectual) de empresas diferentes entre si, e não apenas de produtos *versus* produtos no mercado.

- A competição é pela criação de novos espaços de valor no mercado, e não pela disputa de *market-share*.

- A competição é pela reinvenção de setores e pela regeneração da estratégia, e não apenas pela reestruturação e fusão de empresas.

- A competição agora significa mudar as bases da competição, redefinir as fronteiras entre setores e, principalmente, criar novos espaços de negócios.

Na perspectiva de aprendizagem e crescimento do Balanced Scorecard, a gestão das competências é extremamente importante porque elas geram uma contínua tensão criativa em todo o processo de mudança da cultura organizacional devido a dois motivos. De um lado, a equipe do projeto assumiu o compromisso de implementar a atual estratégia da empresa de acordo com o plano, utilizando os cinco princípios da organização orientada para a estratégia. De outro lado, as mudanças imprevisíveis no cenário dos negócios e os movimentos inesperados dos concorrentes exigem que a empresa promova uma contínua renovação e regeneração de sua estratégia.

Nestas condições, o projeto de Balanced Scorecard precisa ser desenvolvido de forma flexível, evitando-se que o tratamento dado às relações de causa e efeito, entre as perspectivas de valor, não se transforme numa camisa de força para os executivos. A Figura 8.20 mostra a dinâmica entre a estratégia atual da empresa e as exigências de correção de rumo em face das estratégias emergentes.

O processo de identificação e desenvolvimento das competências essenciais deve ocorrer além do nível da empresa, nos níveis das áreas funcionais, dos grupos de trabalho e do indivíduo.

No nível das Áreas Funcionais, as competências essenciais podem ser desenvolvidas pelos *Centros de Competências*, entendidos como as áreas de uma organização que dominam determinadas habilidades, expertises e são responsáveis por geração, desenvolvimento e fortalecimento das *core competences* da organização. É no Centro de Competência que uma organização identifica:

- Quais as competências críticas para o negócio operar de forma competitiva?

- Quais os *gaps* de competências existentes da organização?

- Que planos de desenvolvimento de competências devem ser realizados?

- Como serão avaliados e reconhecidos a performance e o gerenciamento das competências da organização?

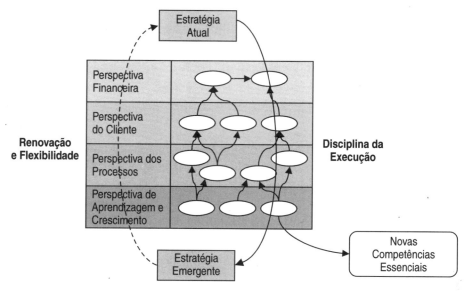

FIGURA 8.20 A Dinâmica entre a Implementação e a Renovação da Estratégia

No nível de Equipe, competência significa a combinação e a integração das competências individuais de profissionais provenientes de diferentes Centros de Competências, que trabalham em cooperação, visando aprender, desenvolver e compartilhar determinada competência essencial. As competências essenciais, assim como os objetivos estratégicos do Balanced Scorecard, devem ser desdobradas do nível da organização para o nível dos grupos de trabalho, tendo sempre como referência os desafios estratégicos da empresa.

O processo de gestão das competências deve promover, a partir da estratégia, uma articulação entre as competências organizacionais e as competências dos colaboradores da empresa. De acordo com Maria Tereza Leme Fleury, a competência de uma pessoa pode ser definida como "um saber agir responsável e reconhecido, que implica mobilizar, integrar, transferir conhecimentos, recursos, habilidades que agreguem valor econômico à organização e valor social ao indivíduo". Dessa forma, no nível do Indivíduo, competência significa a capacidade de agir eficazmente em determinado tipo de situação, mobilizando talento, conhecimentos (tácito e explícito), habilidades, atitudes, experiências e *network* de contatos.

Nesse sentido, a competência no nível do indivíduo está associada à sua capacidade de entregar valor para a organização ou para um cliente, mobilizando um repertório de recursos que podem ser agrupados na forma de conhecimentos (saber), habilidades (saber fazer) e atitudes (saber ser e saber agir). A Figura 8.21 mostra o processo de criação de competências por um indivíduo.

Quando analisamos as competências na perspectiva do indivíduo, notamos que o desempenho superior de um profissional no trabalho não depende apenas de suas competências técnicas. Pesquisas realizadas por Daniel Goleman demonstram que a

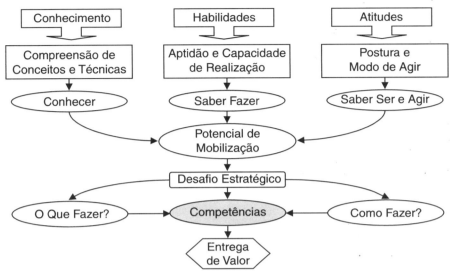

Fonte: Adaptado de Marisa, Eboli, *Educação Corporativa no Brasil*.

FIGURA 8.21 As Competências do Indivíduo

capacidade de um indivíduo de entregar um valor superior com seu trabalho depende em muito de suas *competências emocionais*.

Para Goleman, a excelência de um indivíduo no trabalho depende de sua inteligência e competência emocional. Para ele, "a inteligência emocional refere-se à capacidade de identificar nossos próprios sentimentos e os dos outros, de motivar a nós mesmos e de gerenciar bem as emoções dentro de nós e em nossos relacionamentos".

Entretanto, o reconhecimento da inteligência emocional dos profissionais não garante, por si só, um desempenho superior no trabalho. O indivíduo precisa desenvolver a capacidade de integrar e combinar, nas diferentes situações com que se defronta em sua vida, o pensamento e o sentimento, demonstrando sua competência emocional. Segundo Goleman, "a competência emocional adquirida é uma habilidade, baseada na inteligência emocional, que resulta num desempenho destacado no trabalho". Dessa forma, podemos dizer que, enquanto a inteligência emocional mostra o potencial de uma pessoa para aprender habilidades práticas, a competência emocional reflete o quanto um indivíduo é capaz de traduzir seu potencial no trabalho e entregar valor. A Figura 8.22 mostra os domínios de inteligência emocional e das competências emocionais.

Em seu livro *O Poder da inteligência emocional*, Daniel Goleman agrupa as competências emocionais em dois domínios: a *competência pessoal*, formada pela autoconsciência e pela capacidade de autogestão; e a *competência social*, explicada pela consciência social e pela capacidade de administração dos relacionamentos.

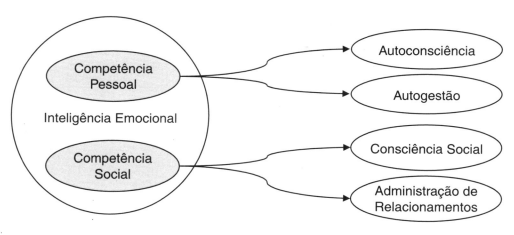

Fonte: Daniel Goleman.

FIGURA 8.22   As Competências Emocionais

A *Competência Pessoal* significa o domínio das capacidades que determinam como os indivíduos lidam consigo mesmos. A Figura 8.23 mostra como a competência pessoal é composta pela autoconsciência e pela autogestão.

Autoconsciência	Autogestão
Autoconsciência Emocional Identifica nossas próprias emoções e reconhece seu impacto; usa a intuição para guiar decisões. **Autoavaliação Precisa** Conhecer nossos próprios limites e possibilidades. **Autoconfiança** Um sólido senso de nosso próprio valor e nossa capacidade.	**Autocontrole Emocional** Manter emoções e impulsos destrutivos sob controle. **Transparência** Ser honesto e íntegro; digno de confiança. **Adaptabilidade** Flexibilidade na adaptação a situações voláteis ou na superação de obstáculos. **Superação** Ímpeto para melhorar o desempenho, a fim de satisfazer padrões interiores de excelência. **Iniciativa** Prontidão para agir e aproveitar oportunidades. **Otimismo** Ver o lado bom dos acontecimentos.

Fonte: Daniel Goleman, 2002.

FIGURA 8.23   A Competência Pessoal

A Perspectiva da Aprendizagem e do Crescimento **183**

A *Competência Social*, por sua vez, significa o domínio das capacidades que determinam como os indivíduos gerenciam seus relacionamentos. A Figura 8.24 mostra que a competência social é formada pela consciência social e pela capacidade de administrar os relacionamentos.

Consciência Social	Administração de Relacionamentos
Empatia Perceber as emoções alheias, colocar-se no lugar do outro, compreender seu ponto de vista e interessar-se ativamente por suas preocupações.	**Liderança Empreendedora & Inspiradora** Orientar e motivar com uma visão instigante. **Influência** Dispor de uma variedade de táticas para persuasão.
Consciência Organizacional Identificar as tendências, as redes de decisão e a política em nível organizacional.	**Desenvolvimento dos Demais** Cultivar as capacidades alheias por meio de feedback e de orientação. **Catalisador de Mudanças** Iniciar, gerenciar e liderar em uma nova direção.
Serviço Reconhecer as necessidades dos subordinados, clientes e stakeholders, satisfazendo-as.	**Gerenciamento de Conflitos** Solucionar divergências. **Trabalho em Equipe e Colaboração** Autonomia, cooperação e criação em grupo.

Fonte: Daniel Goleman, 2002.

FIGURA 8.24   A Competência Social

A gestão das competências em seus diferentes níveis, organizacional, do grupo de trabalho e do indivíduo, permite que a equipe responsável pela implementação do Balanced Scorecard identifique quais competências os responsáveis pelas iniciativas precisarão dominar para que objetivos estratégicos sejam alcançados. Ao mesmo tempo, permite o desenvolvimento de um programa de capacitação para que os colaboradores incorporem as novas competências requeridas para a execução da estratégia.

O Compromisso com a Inovação e a Renovação

Um dos principais riscos dos projetos de Balanced Scorecard é tornar o processo estratégico muito rígido. Ao mobilizar pessoas, processos e estruturas para operacionalizar a estratégia, durante um período de dois a cinco anos, a alta administração da empresa pode se comprometer em demasia com a implementação de planos e iniciativas e ficar desatenta às mudanças que estejam ocorrendo no ambiente competitivo.

184 Balanced Scorecard e a Gestão Estratégica

O compromisso da equipe do projeto do Balanced Scorecard com a inovação e renovação pode ajudar a organização a superar a ameaça de ser surpreendida pelos movimentos competitivos de um novo entrante, ou o lançamento de uma nova geração de produtos inovadores. Na verdade, toda empresa, independentemente de seus modelos de gestão, corre o risco de ser apanhada por um ponto de inflexão em seus negócios. Em qualquer momento de um tempo futuro, a efetividade da atual estratégia da organização e o seu histórico de sucesso começarão a ser questionados. Uma nova estratégia, uma nova proposta de valor e uma nova forma de fazer negócios precisam ser criadas.

De acordo com Andrew Grove, um *ponto de inflexão estratégico* pode ser entendido como "um período no ciclo de vida de um negócio em que os seus conceitos estão em vias de mudar. Tal mudança pode significar uma oportunidade de se alcançar novos patamares, mas também pode ser um sinal do começo do fim". O conceito de ponto de inflexão, bem como a ideia de destruição criativa, fazem parte da essência da estratégia dos negócios.

Os empresários, executivos e colaboradores de uma organização, quer percebam ou não têm consciência desse fato, vivem um permanente estado de tensão e dualidade na gestão dos negócios. Esses profissionais são constantemente desafiados a fazer escolhas entre a execução da atual estratégia ou a regeneração da estratégia, entre a busca da excelência operacional ou da inovação, entre defender a atual família de produtos ou canibalizar os próprios produtos ou ainda entre manter a atual estrutura organizacional ou criar novos arranjos organizacionais.

Essas questões mostram a dupla natureza da gestão dos negócios: de um lado, as organizações devem executar suas operações com a maior eficiência possível, potencializando seus pontos fortes e competências para extrair o maior valor; por outro lado, as organizações precisam mudar, transformando a si mesmas por meio da inovação, da antecipação das tendências do futuro e da regeneração de sua estratégia.

Apesar de as escolhas estratégicas da empresa exigirem um *trade-off* entre excelência operacional e inovação, a alta administração deve introduzir na cultura organizacional a *gestão da renovação*. Essa iniciativa produzirá um grande impacto na organização porque os conceitos da excelência operacional são insuficientes para as empresas, que precisam se desenvolver no ritmo da evolução da sociedade e dos mercados. De acordo com Richard Foster, "a excelência operacional é essencial para a competitividade, entretanto ela por si só não será suficiente para a renovação da empresa". Os processos de melhoria contínua, em sua grande maioria, são valiosos por aquilo que eles conseguem manter constante nas operações da empresa, e não pelas mudanças incrementais incorporadas ao trabalho.

Nestas condições, a estratégia competitiva deve ter como principal foco a renovação, e não apenas a eficiência operacional. Mas qual é o significado da renovação? Que iniciativas a organização deve realizar para garantir a renovação de seus negócios? Segundo Robert Waterman Jr., "a renovação da empresa diz respeito à gestão de mudanças com eficácia, adaptando continuamente sua burocracia, estratégia, sistemas, produtos e culturas, para sobreviver aos choques e prosperar a partir

A Perspectiva da Aprendizagem e do Crescimento **185**

das forças que dizimam seus concorrentes". No atual ambiente dos negócios, a única constante é a própria mudança. A renovação é a única forma de as empresas lidarem com as incertezas, os imprevistos e as oportunidades.

Nesse sentido, a gestão da renovação oferece outra importante contribuição para os projetos de Balanced Scorecard. Um dos pontos fortes da metodologia do Balanced Scorecard é sua capacidade de traduzir a estratégia, em termos claros, para todos os participantes da organização. Entretanto, como nos vêm demonstrando as mudanças súbitas da sociedade e os imprevisíveis movimentos dos concorrentes, essa clareza esperada da estratégia é relativa. O que torna a estratégia necessária para as organizações é o fato de o futuro ser imprevisível e a atividade empresarial envolver riscos. Nesse sentido, o contexto em que a empresa atua é complexo, tornando também complexo o processo de renovação. Mas trata-se de uma complexidade inerente ao ambiente, e não da estratégia, que apenas procura refleti-lo.

A questão da renovação mostra como é arriscado para uma empresa ficar presa a seus modelos mentais, à sua atual base de conhecimentos, e depender de um único conjunto de competências essenciais. Para a inclusão da renovação estratégica nos projetos de Balanced Scorecard, a formulação de algumas questões pode ser de grande utilidade, como é mostrado na Figura 8.25.

Estabilidade: A Estratégia Atual Foco no Curto Prazo	Renovação: A Estratégia Emergente Horizonte de 5 a 10 anos
■ Que segmentos de clientes a empresa está servindo atualmente?	■ Que novos segmentos de clientes a empresa estará servindo no futuro?
■ Qual é a atual proposição de valor para os clientes?	■ Que inovações serão introduzidas na futura proposição de valor?
■ Qual é a base da vantagem competitiva da empresa hoje?	■ Qual será a nova base da vantagem competitiva da empresa no futuro?
■ Quem são os concorrentes de sua empresa hoje?	■ Quem serão os concorrentes de sua empresa e os prováveis novos entrantes no mercado, no futuro?
■ Que competências essenciais tornam a empresa diferenciada no mercado?	■ Que competências essenciais precisarão ser desenvolvidas para tornar a empresa única no mercado, no futuro?
■ Através de que canais a empresa atinge os clientes hoje?	■ Através de que canais a empresa atingirá os novos clientes no futuro?
■ De que rede de valor a empresa participa hoje?	■ De que novas redes de valor a empresa irá participar no futuro?

Fonte: Adaptado de Gary Hamel e C.K. Prahalad.

FIGURA 8.25 Diagnóstico para a Gestão da Renovação Estratégica

Os jornais e as revistas especializadas mostram diariamente inúmeros exemplos de organizações líderes em seus mercados que não conseguiram se renovar, tornando-se retardatárias e sendo superadas por novas empresas, mais inovadoras. De acordo com Hamel e Prahalad, uma empresa retardatária "é aquela onde a gerência sênior não foi capaz de anular com rapidez suficiente a depreciação de seu capital intelectual e não investiu o suficiente na criação de um novo capital intelectual". Nesse sentido, o processo de renovação exige não só a criação de novos conhecimentos, mas principalmente a organização precisa desaprender e descartar parte daquilo que contribuiu para o seu sucesso no passado.

As empresas com histórico de sucesso em seu processo de renovação se transformam, segundo James Collins e Jerry Porras, em *empresas visionárias*, isto é, aquelas com um desempenho excepcional em relação aos seus rivais e que se tornaram "instituições líderes – a nata – em seus setores, muito admiradas pelas outras empresas da área e com um longo registro de impactos significativos sobre o mundo à sua volta". Essas empresas visionárias apresentam como principal característica uma grande capacidade de manter um equilíbrio dinâmico entre a estabilidade e a renovação, perseguindo um conjunto de objetivos aparentemente em conflito entre si, como é mostrado na Figura 8.26.

De um lado, a Estabilidade	Mas, por outro lado, o investimento na Renovação
▪ A busca pragmática de lucro	▪ Outros objetivos além do lucro
▪ Uma ideologia central relativamente definida	▪ Mudança e movimentos contínuos
▪ Conservadorismo com respeito à ideia central	▪ Ações audaciosas, comprometedoras e arriscadas
▪ Visão clara e senso de direção	▪ Tentativas oportunistas e experiências
▪ Controle ideológico	▪ Autonomia operacional
▪ Cultura extremamente rigorosa	▪ Capacidade de mudar, progredir e se adaptar
▪ Filosófica, visionária, futurista	▪ Incrível execução diária, detalhes práticos

Fonte: Adaptado de James Collins e Jerry Porras.

FIGURA 8.26   Valores Orientados para a Estabilidade e a Renovação

As empresas visionárias também reconhecem que sua principal fonte de renovação são as pessoas motivadas e alinhadas aos valores da organização. Nesse sentido, essas empresas, como a General Electric, a Boeing, a 3M, a Sony, a Wal-Mart e a Walt Disney, desenvolveram um conjunto de práticas consideradas como essenciais para o desenvolvimento de sua cultura organizacional, conforme é exemplificado a seguir:

A Perspectiva da Aprendizagem e do Crescimento **187**

- Ser pioneira, não seguir os outros, fazer o impossível.
- Respeitar e encorajar a capacidade e criatividade de cada indivíduo.
- Autorrenovação contínua.
- Mostrar o poder de criação latente que existe dentro das pessoas.
- Buscar metas cada vez mais elevadas.
- Trabalhar duro e elevar a produtividade.
- A empresa existe para fornecer valor para os clientes.
- Inovação.
- Tolerância com respeito a erros honestos.
- Encorajar a iniciativa individual.
- Buscar a liderança do setor.
- Progresso contínuo por meio de criatividade, sonhos e imaginação.

A renovação exige uma grande sensibilidade dos executivos em relação ao ambiente, uma constante antecipação às necessidades dos consumidores, um aprendizado contínuo de seus colaboradores e alto grau de flexibilidade em suas estruturas organizacionais. Entretanto, a renovação não está voltada apenas para o futuro. Ao contrário, a renovação exige uma grande capacidade da empresa de interpretar o presente. A renovação, por estar intimamente relacionada com a estratégia, exige tanto uma *visão do futuro* como uma *visão do presente* da organização.

A *visão do futuro*, como já foi visto, dá uma noção de direção, de descoberta e de destino que vale a pena ser perseguida pelos integrantes da organização. A *visão do presente*, por sua vez, exige grande capacidade de interpretação dos acontecimentos que já ocorreram, das mudanças que estão ocorrendo e daquilo que poderá ocorrer no futuro próximo no ambiente competitivo da empresa. O grande desafio da visão do presente é tornar a empresa menos *reativa* aos acontecimentos e mais *proativa* na busca de novas janelas de oportunidade, de novas formas de criação de valor e de novas fontes de vantagem competitiva. A Figura 8.27 apresenta um conjunto de fatores que podem contribuir para a empresa buscar simultaneamente a estabilidade e a renovação.

Na perspectiva da aprendizagem e crescimento do Balanced Scorecard, o potencial de uma organização criar valor para clientes, acionistas e colaboradores pode ser desdobrado em duas estratégias básicas: a *estratégia de estabilidade dinâmica*, que traduz a visão do presente do grupo de executivos, e a *estratégia de renovação*, que reflete a visão de futuro da organização.

A *estratégia de estabilidade dinâmica* procura assegurar a capacidade da empresa de gerar valor econômico agregado no presente. Esse resultado é obtido pela melhor exploração da atratividade dos mercados atuais e pelos esforços para reduzir o impacto das forças competitivas no negócio. A equipe gerencial deve combinar o capital financeiro e o capital intelectual para promover a melhoria contínua do atual

Balanced Scorecard e a Gestão Estratégica

| Fatores que Contribuem para a Busca Simultânea de Estabilidade e Renovação ||
Estabilidade	Renovação
Execução da Estratégia	Regeneração da Estratégia
Excelência Operacional	Inovação
Exploração da Base Atual de Conhecimento	Criação de Novos Conhecimentos
Crescimento das vendas do Mix de Produtos	Canibalização Planejada de Produtos
Foco no Curto Prazo	Foco Simultâneo no Curto, Médio e Longo Prazos
Agir de Acordo com os Modelos Mentais	Agir Confrontando os Modelos Mentais
Aprender Novos Conceitos	Desaprender o que ficou Obsoleto

FIGURA 8.27   A Dinâmica das Estratégias de Estabilidade e Renovação

nível de desempenho. Essa estratégia somente terá sucesso se os concorrentes não conseguirem reproduzir as vantagens competitivas nem imitar a proposição de valor da empresa.

A *estratégia de renovação* (ou de avanço) é desenvolvida com a expectativa de gerar uma rentabilidade superior da empresa no futuro. Esse resultado é obtido por meio de iniciativas criativas como a inovação de valor, a inovação do modelo de negócios ou ainda a inovação de produtos e serviços. A equipe gerencial precisa acelerar a aprendizagem, criar novos conhecimentos e desenvolver novas competências a fim de influenciar a evolução futura do setor ou criar novos espaços competitivos para a empresa.

O Papel da Tecnologia da Informação

O debate sobre o papel da tecnologia da informação dos negócios vem se acentuando desde o início dos anos 1990, quando as empresas aceleraram a introdução de sistemas integrados de gestão, usaram as ferramentas da internet para mudar seus modelos de negócios, introduziram práticas de gestão de conhecimento e exploraram a convergência das tecnologias móveis, como o telefone celular, os assistentes pessoais digitais e o notebook.

Esses debates mostram um paradoxo em relação à tecnologia da informação: se, de um lado, as pessoas concordam sobre sua crescente importância nos negócios, por outro, é muito difícil mensurar os reais benefícios ou retorno sobre o investimento de seus projetos. Nesse sentido, os principais temas associados ao papel da tecnologia no desenvolvimento dos negócios podem ser abordados em três questões:

A Perspectiva da Aprendizagem e do Crescimento **189**

- Primeira: A tecnologia da informação muda realmente os conceitos básicos da gestão dos negócios?

- Segunda: A tecnologia da informação gera efetivamente novas vantagens competitivas para as empresas?

- Terceira: A disseminação da tecnologia da informação não a transformou numa commodity, reduzindo sua importância estratégica nos negócios?

Em relação à primeira pergunta, analistas de negócios como Michael Porter, Thomas Davenport e Carl Shapiro destacam a diferença existente entre a natureza da tecnologia e dos negócios: enquanto a tecnologia muda numa rápida velocidade, os princípios que regem a gestão dos negócios tendem a permanecer mais constantes. Esse fato pode ser observado na ascensão e queda de muitas empresas *ponto-com*, no final da década de 1990. Como observou Michael Porter, "muitas das pioneiras em negócios de internet, empresas *pontocom*, quanto as tradicionais, competiram de uma maneira que infringe quase todos os preceitos da boa estratégia". Essas empresas achavam que, se fizessem os investimentos em tecnologia da informação, os resultados dos negócios apareceriam automaticamente.

Dessa maneira, tais empresas, ao valorizarem em demasia a nova tecnologia, por si, ignoraram os preceitos estratégicos que governam a condução dos negócios, levando essas organizações a destruir grande parte do valor que elas esperaram construir. Os novos artefatos (hardware e software) de tecnologia da informação, isoladamente, nada significam. É somente no contexto da estratégia da organização que eles adquirem valor.

Na resposta à segunda pergunta, o ponto principal é que o valor de uma estratégia e, consequentemente, de uma vantagem competitiva é medido pela sua capacidade de gerar, a longo prazo, um retorno sobre o investimento, superior à média do setor de atividade da empresa. Dessa forma, não adianta fazer grandes investimentos em tecnologia da informação se eles não forem traduzidos em valor para a empresa. Mas, infelizmente, essa situação não ocorre com os principais projetos realizados na área. De acordo com Thomas Davenport, "mesmo os mais rigorosos economistas custam a encontrar correlações entre investimentos em TI e produtividade, lucros, crescimento, rendimentos ou qualquer outra forma de se medir o benefício financeiro".

Entretanto, o problema talvez esteja mal formulado: é um equívoco querer enxergar um retorno direto dos investimentos em TI, como se ela fosse um equipamento ou um bem de capital. O retorno da TI somente pode ser verificado por seu uso como um direcionador ou capacitador de iniciativas estratégicas da empresa.

Nesse contexto, não é de se estranhar a crescente opinião negativa de muitos executivos em relação aos elevados investimentos em TI nas suas organizações. Os gerentes têm dificuldades para associar a tecnologia da informação ao desenvolvimento de novas vantagens competitivas, a ganhos de produtividade, e, principalmente, eles têm dificuldade de enxergar o alinhamento entre a TI e a estratégia de negócios.

Além desses pontos polêmicos, os profissionais de TI são frequentemente acusados de não entenderem a dinâmica do negócio de suas empresas. Mas, curiosamen-

190 Balanced Scorecard e a Gestão Estratégica

te, a alta administração da empresa raramente se envolve com as principais questões de TI, deixando que os profissionais desta área tomem decisões sobre questões fundamentais dos negócios.

A resposta à terceira pergunta é a mais polêmica no momento, depois que alguns analistas consideraram a tecnologia da informação como uma infraestrutura para negócios como os serviços de eletricidade, os serviços ferroviários ou os serviços de telecomunicações – e não um fator de vantagem competitiva. Num polêmico artigo publicado na *Harvard Business Review* de maio de 2003, intitulado "TI já não Importa", Nicholas Carr afirma que "só ganha uma vantagem sobre os rivais aquele que tem ou faz algo que os outros não têm ou não fazem. Só que as funções básicas de TI – armazenamento, processamento e transporte de dados – estão disponíveis e acessíveis para todos. Seu poder e sua presença começam a transformá-las de recursos potencialmente estratégicos em fatores comoditizados de produção. Estão virando custos de operação que precisam ser pagos por todos, mas não oferecem distinção a ninguém".

Para Carr, no contexto da estratégia, um recurso só pode ser considerado estratégico se ele tiver a qualidade da escassez, isto é, se for difícil de ser obtido, construído ou imitado pelos concorrentes, assegurando uma vantagem competitiva sustentável. O que não é mais o caso da tecnologia da importação, que agora está disponível para a maioria das empresas, a um custo razoável e em declínio. De acordo com Carr, o advento da internet apenas acelerou esse processo de comoditização da TI. As oportunidades de negócios, existentes em sua fase inicial, foram rapidamente imitadas por empresas concorrentes, levando a uma convergência estratégica baseada em menores custos de transação e maior eficiência operacional.

Antes de continuar a análise, é preciso fazer mais uma observação: ninguém duvida da crescente importância da TI para os negócios. Entretanto, ela se tornou mais importante para a *competição* do que para a *diferenciação* da proposta de valor de uma empresa. Por exemplo, o sistema de operações de uma instituição financeira, o sistema de reservas de um hotel, o sistema de *check-in* de uma companhia aérea ou o sistema de atendimento ao cliente de uma empresa (de televisão a cabo ou de telefonia celular) são importantes fatores para manter sua competitividade. Uma queda nesses sistemas provocaria grandes transtornos para os clientes e poderia afetar a imagem dessas empresas. Entretanto, eles, isoladamente, não são fontes de diferenciação ou de vantagem competitiva, não levando às empresas a obtenção de melhores resultados nos negócios.

O debate sobre a importância da tecnologia da informação para os negócios está apenas começando. E não é escopo deste livro aprofundar uma discussão sobre tal assunto. A intenção, com a discussão dessas questões, foi chamar a atenção dos empresários, executivos e colaboradores sobre qual deve ser a função da TI na gestão da estratégia da empresa. Para nós, a principal questão é determinar qual é o papel desempenhado pela tecnologia da informação nos projetos de Balanced Scorecard e, em especial, nos processos de criação de valor.

Os artefatos da tecnologia da informação e comunicação (hardware, software e sistemas), polêmicas à parte, desempenham um importante papel na gestão da estratégia de uma empresa. Eles fazem parte do capital intelectual e do capital estrutural da organização, segundo os teóricos da gestão do conhecimento; eles estão "permeando todos os pontos da cadeia de valor, transformando a maneira como as atividades de valor são desempenhadas e a natureza dos elos entre elas", de acordo com Michael Porter; ou ainda, eles fazem parte do capital da informação, isto é, a "disponibilidade de sistemas de informação, infraestrutura e de aplicativos de gestão do conhecimento necessários para dar suporte à estratégia", conforme explicação de Kaplan e Norton.

Na perspectiva do Balanced Scorecard, o capital da informação só cria valor no contexto da estratégia. Os projetos de tecnologia da informação devem estar alinhados aos temas estratégicos, aos processos internos de negócios e aos mapas estratégicos da organização. Acima de tudo, a TI deve viabilizar a proposta de valor da empresa para os seus clientes. Em síntese, na atual complexidade do ambiente dos negócios, nenhuma estratégia competitiva pode ser considerada completa se não for apoiada pela estratégia de capital da informação.

Nos projetos de Balanced Scorecard, o capital da informação pode contribuir das seguintes maneiras:

- Na melhoria contínua da eficiência dos processos e das operações empresariais.
- Na entrega da proposta de valor para os clientes.
- Na gestão do relacionamento com os clientes.
- Na redução dos custos da cadeia de valor.
- Na gestão da cadeia de suprimentos.
- Na melhoria da comunicação entre colaboradores, clientes, fornecedores e parceiros da empresa.
- No apoio à inovação e no desenvolvimento de novos produtos e serviços.
- Na facilitação dos processos de aprendizagem da equipe de colaboradores.
- Na melhoria do processo de tomada de decisões dos executivos e colaboradores.
- Na geração e na disponibilização de informações para a mensuração da performance nas quatro perspectivas de valor.

A Figura 8.28 apresenta algumas ideias de como o capital da informação pode contribuir para o sucesso dos objetivos estratégicos.

Apesar do fascínio provocado pela tecnologia da informação, não se pode esquecer de que ela somente produzirá resultados se forem realizados investimentos na capacitação e na educação das pessoas. Cada colaborador da organização tem necessidades diferentes em relação às informações, além de ser afetado de forma diferente pela tecnologia da informação em seu dia a dia de trabalho.

Uma das lições aprendidas com os projetos de Balanced Scorecard que pode ajudar a analisar os benefícios e o retorno dos investimentos em tecnologia da informação e da comunicação é o estabelecimento de uma relação de causa e efeito entre o modelo de TI a ser analisado e sua contribuição para o resultado dos negócios. Outra alterna-

192 Balanced Scorecard e a Gestão Estratégica

Perspectiva	Exemplos da Contribuição da TI nas Perspectivas de Valor
Financeira	■ A TI, em si, não gera receitas, lucros ou retorno sobre o investimento ■ A TI ajuda a viabilizar a consecução desses objetivos. ■ A TI permite simular os resultados futuros dos negócios
Do Cliente	■ A TI contribui para o valor percebido pelo cliente ■ A TI facilita a realização de negócios do cliente com a empresa ■ A TI viabiliza a criação e gestão do banco de dados sobre os clientes
Dos Processos Internos	■ A TI contribui para melhorar a eficiência dos processos de negócios ■ A TI ajuda no processo de inovação e desenvolvimento de novos produtos e serviços ■ A TI contribui para a gestão da cadeia de suprimentos
De Aprendizagem e Crescimento	■ A TI dá suporte ao processo de tomada de decisões ■ A TI contribui para o compartilhamento de conhecimento ■ A TI viabiliza o portal corporativo ■ A TI dá suporte às pessoas no desenvolvimento de sua capacidade de aprendizagem, na aquisição de novos conhecimentos e no domínio de novas competências

FIGURA 8.28 Contribuição do Capital da Informação nos Projetos de Balanced Scorecard

tiva para a mensuração da adesão do capital da informação aos desafios empresariais é contar a história do projeto de tecnologia da informação, usando o mapa estratégico e tendo como pano de fundo a estratégia competitiva da organização.

Principais Objetivos da Perspectiva de Renovação e Crescimento

Identificando os Objetivos Estratégicos na Perspectiva de Renovação e Crescimento

A perspectiva de renovação e crescimento tem como foco a avaliação do *valor do empregado* da empresa, considerado de uma forma ampla como os diretores, os gerentes e os colaboradores da organização. Nesse sentido, os objetivos devem ser desenvolvidos a partir de três fatores que contribuem para a excelência operacional, a renovação e o crescimento sustentado: o comportamento empreendedor; a motivação à aprendizagem e à gestão do conhecimento; e o compromisso com a inovação e a renovação.

Os objetivos dessa perspectiva devem refletir como a aprendizagem, a criação de novos conhecimentos, o domínio de novas competências e a atração de retenção de talentos irão viabilizar os desafios estratégicos das perspectivas financeira, do cliente e dos processos internos. Os principais objetivos da perspectiva da renovação e crescimento são exemplificados na Figura 8.29.

A Perspectiva da Aprendizagem e do Crescimento **193**

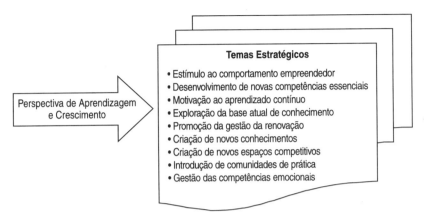

FIGURA 8.29   Principais Objetivos da Perspectiva de Aprendizagem e Crescimento

Os objetivos da perspectiva de aprendizagem e crescimento apresentam uma grande amplitude, devendo ser definidos em função das características da organização e das peculiaridades dos negócios de que a empresa participa. Com a finalidade de estimular a reflexão dos profissionais integrantes da equipe de implementação do Balanced Scorecard, apresentamos, na Figura 8.30, uma lista complementar de objetos para essa perspectiva.

- Satisfação dos Empregados
- Retenção de Talentos
- Produtividade dos Empregados
- Trabalho em Equipe
- Desenvolvimento de tecnologias estratégicas
- Desenvolvimento de competências essenciais
- Desempenho da liderança
- Despesas de P & D em relação ao faturamento
- Liderança na introdução de novos produtos
- Comprometimento da equipe de colaboradores
- Domínio e compartilhamento das melhores práticas
- Instalação e domínio de módulos do ERP
- Construção de banco de dados sobre clientes
- Reformulação do sistema de recompensas
- Reorganização em torno de equipes por clientes
- Promoção da competência gerencial e técnica
- Automatização da força de vendas e distribuidores
- Rotatividade de empregados
- Desenvolvimento de incentivos pela performance
- Desenvolvimento de habilidade de relacionamento com clientes
- Novas patentes registradas

FIGURA 8.30   Exemplos de Objetivos Estratégicos na Perspectiva de Aprendizagem e Crescimento

Selecionando os Objetivos Estratégicos na Perspectiva de Aprendizagem e Crescimento

Como já vimos, na metodologia do Balanced Scorecard, os objetivos estratégicos das quatro perspectivas de valor devem derivar da missão e da visão da organização. No trabalho de selecionar os objetivos estratégicos na *perspectiva de aprendizagem e crescimento*, a equipe do projeto de Balanced Scorecard, além de levar em consideração os temas estratégicos da organização, deverá tomar como referência os objetivos estratégicos já definidos na perspectiva financeira, na perspectiva do cliente e na perspectiva dos processos internos, para estabelecer as relações de causa e efeito entre elas. A Figura 8.31 apresenta uma ilustração desse processo.

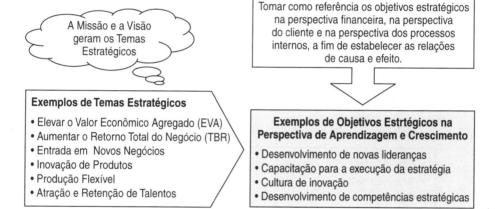

FIGURA 8.31   Os Objetivos Estratégicos derivam dos Temas Estratégicos

Exemplo de Mapa Estratégico com Ênfase na Perspectiva de Aprendizagem e Crescimento

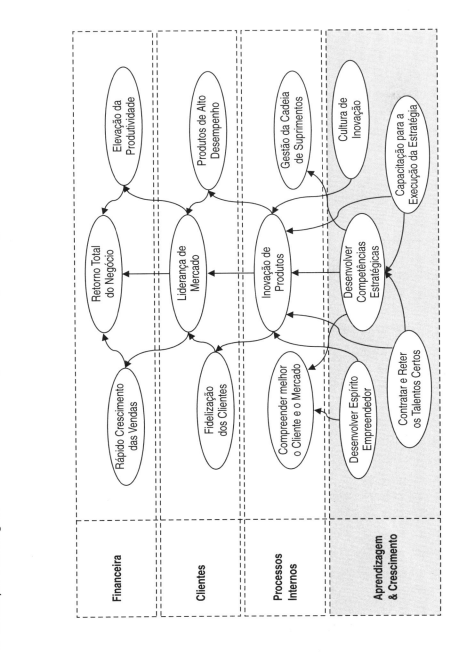

CAPÍTULO **9**

CONSTRUINDO O BALANCED SCORECARD: OS MAPAS ESTRATÉGICOS

"Os problemas que enfrentamos não podem ser solucionados pelo mesmo estado de consciência que os criou." ALBERT EISTEIN

~

"Lembrei-me de uma manhã em que encontrei um casulo preso à casca de uma árvore, no momento em que a borboleta rompia o invólucro e se preparava para sair. Esperei algum tempo, mas estava com pressa e ele demorava muito. Enervado, debrucei-me a esquentá-lo com meu sopro. Eu o esquentava, impaciente, e o milagre começou a desfiar diante de mim em ritmo mais rápido do que o natural. Abriu-se o invólucro e a borboleta saiu arrastando-se. Não esquecerei jamais o horror que tive então: suas asas ainda não se haviam formado, e com todo o seu pequeno corpo trêmulo ela se esforçava para desdobrá-las. Debruçado sobre ela, eu ajudava com meu sopro. Em vão. Um paciente amadurecimento era necessário, e o crescimento das asas se devia fazer lentamente ao sol; agora era muito tarde. Meu sopro havia obrigado a borboleta a se mostrar, toda enrugada, antes do tempo. Ela se agitou, desesperada, e alguns segundos depois morreu na palma de minha mão.

Creio que esse pequeno cadáver é o maior peso que tenho na consciência. Pois, compreendo atualmente, é um pecado mortal violar as leis da natureza. Não devemos apressar-nos, nem impacientarmos, mas seguir com confiança o ritmo eterno." NIKOS KOZANTZAKIS

Introdução

As pessoas gostam de ir ao cinema (ou assistir a um filme em casa) para se divertir, encontrar os amigos e principalmente para ver uma boa história ser contada por um excelente diretor e ser interpretada por um talentoso ator ou atriz. Inúmeros filmes disputam o título de ser o melhor de todos os tempos, outros foram consagrados como o de maior bilheteria. Independentemente de ser um drama, um suspense, uma comédia ou uma obra de época, muitas pessoas têm seus filmes preferidos porque se identificaram com o personagem, a mensagem, o desafio ou ainda com o seu surpreendente desfecho.

De alguma forma, o filme mexe com a razão e com a emoção das pessoas, criando um sentido comum e um envolvimento entre a história que está sendo narrada e o indivíduo para quem ela está sendo contada. Essas pessoas terão interesse em compartilhar com seus amigos os desafios enfrentados pelos personagens do filme. Elas trocarão ideias sobre o filme durante muito tempo. Entretanto, não dá para se gostar de um filme conhecendo-se apenas o seu título, os atores ou o gênero. As pessoas que não viram *Casablanca, Cidadão Kane, Tempos Modernos, Blade Runner, Apocalipse Now, Silêncio dos Inocentes, Uma Mente Brilhante, Gladiador, O Pianista, Troia, O Senhor dos Anéis* ou ainda *Menina de Ouro* dificilmente se envolverão com a trama, com os personagens ou com a mensagem.

A conexão dos indivíduos com o filme será impossível porque eles não conhecem qual é a história que está sendo narrada. Igualmente, parecerá um absurdo pedir para alguém contar a história de um filme sem tê-lo assistido. Faltam as palavras, as ideias, as emoções, as imagens e o reconhecimento do principal desafio.

Tudo isso parece muito estranho, mas é o que acontece na maioria das organizações. As estratégias são formuladas, mas não são comunicadas para as pessoas que serão responsáveis por sua implementação. Outras vezes, a estratégia é divulgada, mas o texto é muito complexo, abstrato e difícil de ser entendido pela maioria dos colaboradores. Inúmeros estudos mostram como as pessoas não conseguem se envolver com aquilo que não entendem ou pelo que não se sentem responsáveis. Para superar essas lacunas, a metodologia do Balanced Scorecard desenvolveu como ferramentas de comunicação os *mapas estratégicos*. Por ora, tomando como analogia os filmes, pode-se dizer que o mapa estratégico é a representação visual da história da estratégia de uma organização.

Um novo estudo apresentado por Stephen Covey em seu mais recente livro, *O 8º hábito*, mostra a inabilidade das organizações em se concentrar e executar com eficiência suas prioridades. Mais importante ainda é o fato de muitos dos colaboradores não conhecerem a visão, a missão e como suas atividades do dia a dia estão relacionadas com a estratégia. Stephen Covey, em parceria com as empresas de consultoria Harris Pool e FranklinCovey, criou um indicador denominado *XQ Results (Execution Quotient),* que mostra o *gap* existente nos principais objetivos da empresa e sua capacidade de atingi-los. A Figura 9.1 mostra alguns dos resultados do *Estudo XQ* – realizado junto a 2,5 milhões de executivos de empresas de diferentes países (inclusive o Brasil) – mais relevantes para a implementação do Balanced Scorecard.

Tema da Execução da Estratégia	Grau de Concordância (Em %)	Gap de Execução da Estratégia (Em %)
1. Direcionamento Estratégico da Organização: A estratégia e os objetivos estratégicos são entendidos pelos empregados da empresa?	23	77
2. Visão Estratégica da Organização: Os empregados estão focalizados nos objetivos da organização?	22	78
3. Comprometimento Individual: As pessoas estão comprometidas com o destino estratégico?	39	61
4. Qualidade dos Objetivos das Equipes de Trabalho: As equipes de trabalho têm objetivos claros e mensuráveis?	9	91
5. Qualidade dos Objetivos dos Indivíduos no Trabalho: As pessoas têm, em relação ao seu trabalho, objetivos claros e mensuráveis?	10	90
6. Planejamento dos Resultados em Equipe: As equipe de trabalho planejam em conjunto como alcançar seus objetivos?	16	84
7. Comunicação entre Equipes de Trabalho: As equipes de trabalho têm um entendimento mútuo e estabelecem um diálogo criativo?	17	83

Fonte: Adaptado de Stephen Covey: *O 8º hábito*.

FIGURA 9.1   O *Gap* na Execução da Estratégia

O *Estudo XQ* de Covey mostra não só como as pessoas de uma organização não conhecem e não compreendem o destino estratégico, mas também como não têm seu trabalho e seus objetivos alinhados à estratégia da organização. Em síntese, as pessoas desconhecem a *história* da estratégia de suas organizações e, por essa razão, não estão envolvidas com ela.

O Líder Mobiliza as Pessoas com as suas Histórias

As histórias desempenham um importante papel na gestão da estratégia de uma organização. Como já mencionado, a liderança para mobilizar as pessoas para a mudança se constitui num dos princípios da organização focalizada na estratégia. Vários autores, como Warren Bennis, John Kotter, Max DePree, James Kouzes e Barry Posner, entre outros, mostram que os líderes usam as histórias para inspirar os colaboradores em relação à visão compartilhada, mostrar o destino estratégico e conseguir o envolvimento emocional de todos os participantes da organização.

Nesse sentido, um dos mais importantes traços da liderança é a comunicação eficaz de uma história e, em particular, nos projetos de Balanced Scorecard, contar a história da estratégia da organização. O educador Howard Gardner, em seu livro *Mentes que Lideram*, afirma que, "por meio de histórias, os líderes tentam comunicar determinada perspectiva, uma clara visão da vida e convencer os outros disso". As histórias do líder têm um apelo tanto racional como emocional: elas ajudam as pessoas nas questões de identidade e sentimento de pertencimento. Para Gardner, "são as histórias de identidade – as narrativas que ajudam as pessoas a sentir e a pensar sobre como elas são, de onde elas vêm e para onde estão indo – que constituem a arma mais poderosa do arsenal literário do líder". Essas ideias serão de grande importância para a elaboração dos mapas estratégicos das organizações.

As pessoas nas organizações têm acesso a um grande número de informações, relatórios e tecnologias, mas tudo isso em seu conjunto não é capaz de dar um sentido ao trabalho e à vida. As pessoas precisam fazer uma conexão com histórias que deem um significado às suas vidas. Assim como os mitos, as histórias ajudam as pessoas a estabelecer uma harmonização de suas vidas com a realidade. Como demonstrou Joseph Campbell, "quando a história está em sua mente, você percebe sua relevância para com aquilo que esteja acontecendo em sua vida. Isso dá perspectiva ao que lhe está acontecendo. Com a perda disso, perdemos efetivamente algo, porque não possuímos nada semelhante para pôr no lugar". As histórias de uma organização ajudam a harmonizar a vida das pessoas com o trabalho.

Entretanto, os líderes, ao narrarem uma nova história para os colaboradores, enfrentam um novo obstáculo: a história da estratégia irá gerar resistências por parte da atual cultura organizacional porque as pessoas ainda se sentem comprometidas emocionalmente com alguns dos projetos em curso, com os produtos que foram sucesso no passado e com seus modelos mentais. Para Howard Gardner, "para prevalecer, as histórias precisam de *background*, detalhes e textura suficientes, para que os membros da audiência possam lidar confortavelmente com seus contornos; somente quando estas características concomitantes se tornam bem conhecidas é que o líder pode contar com uma audiência para *se ajustar ao texto*". Dessa forma, as pessoas precisam ser preparadas e educadas para as novas histórias da estratégia da organização.

As histórias desempenham outra função além de dar um sentido ao trabalho das pessoas na organização: a visão de futuro da organização e o sentido de destino compartilhado ajudam a criar uma *memória do futuro*. De acordo com Arie de Geus, "o cérebro humano está sempre tentando abstrair um significado do futuro. Em cada momento de nossas vidas, criamos instintivamente planos e programas de ação para o futuro". Esses planos mentais nos ajudam a criar em nosso subconsciente respostas antecipadas para acontecimentos futuros em nosso meio ambiente: se acontecer esse fato, deverei agir dessa forma e estas serão as possíveis consequências. Por outro lado, se agir de outra forma, os resultados serão diferentes, e o ciclo continua até acharmos que temos respostas satisfatórias para os prováveis eventos futuros.

Para Arie de Geus, "memórias do futuro são antecipações mentais de eventos que podem, ou não, ocorrer". Dessa forma, as pessoas procuram dar um significado a um acontecimento imaginado no futuro, como se fosse uma história do futuro. Esse comportamento nos ajuda a lidar com a sobrecarga de informações a que as pessoas estão continuadamente submetidas. Segundo Arie de Geus, "a memória do futuro proporciona um guia subconsciente para nos ajudar a determinar quais informações recebidas são relevantes". A memória do futuro ajuda os executivos a perceberem que novas informações do cenário dos negócios são relevantes, durante a fase de implementação da estratégia competitiva.

A memória do futuro, além de ser um importante instrumento de aprendizagem, permite que os executivos e colaboradores da organização lidem com a incerteza, inerente a todo o processo de formulação, implementação e gestão da estratégia. Na elaboração dos mapas estratégicos, a memória do futuro será útil na simulação de eventos que poderão gerar impacto no plano estratégico da organização.

Definindo os Mapas Estratégicos

Considerando as histórias como um recurso dos líderes para dar um sentido ao trabalho e um senso de destino aos participantes da organização, podemos entender os mapas estratégicos como um instrumento para dar forma, narrar, visualizar, comunicar e alinhar os participantes da organização em torno da estratégia competitiva.

O poder da identificação, do conhecimento e do comprometimento dos colaboradores da organização com a estratégia pode ser comparado com os efeitos da *Lei de Metcalfe*, formulada por Bob Metcalfe, criador da Ethernet e da 3Com. De acordo com a Lei de Metcalfe, o valor de uma rede aumenta na proporção do quadrado do número de usuários conectados a elas, isto é, o crescimento das conexões multiplica o valor exponencialmente. Da mesma forma, fazendo uma analogia, podemos afirmar que o valor da estratégia de uma empresa aumenta com o quadrado do número de colaboradores alinhados a ela, isto é, o entendimento da estratégia multiplica o valor exponencialmente.

É por essa razão que Kaplan e Norton dão tanta importância para a comunicação da estratégia numa linguagem simples e de fácil entendimento pelos colaboradores da organização. Como já mencionado, o Balanced Scorecard procura descrever a visão de futuro da empresa para os seus integrantes, criando aspirações compartilhadas e dando foco aos esforços de mudança. E o mapa estratégico pode ser considerado como o pano de fundo, sobre o qual a história da estratégia será narrada aos diretores, gerentes e colaboradores da empresa.

De acordo com Kaplan e Norton, o sucesso da execução da estratégia depende de sua compreensão pelos empregados da organização, que, por sua vez, depende de uma nítida descrição. O mapa estratégico fornece um novo referencial, teórico e prático, para a narração da história da estratégia nas organizações.

Nesse sentido, "o mapa estratégico pode ser considerado como um arcabouço visual comum que insere os diferentes itens do Balanced Scorecard de uma organização, numa cadeia de causa e efeito que conecta os resultados almejados com os respectivos vetores ou impulsionadores". Dado o grande alcance do mapa estratégico nos projetos de Balanced Scorecard, vale a pena destacar os diferentes sentidos que Kaplan e Norton dão ao conceito, em seus livros e artigos, conforme é mostrado na Figura 9.2.

---

1. Mostrar o destino estratégico
"O mapa estratégico possibilita que uma organização descreva e ilustre, em linguagem clara e geral, seus objetivos, iniciativas e alvos; os indicadores utilizados para avaliar seu desempenho e as conexões, que são o fundamento da direção estratégica."

2. Destacar o valor do capital intelectual
"O mapa estratégico, ajustado à estratégia específica da organização, descreve como os ativos intangíveis impulsionam melhorias de desempenho dos processos internos da organização, que exercem o máximo de alavancagem no fornecimento de valor para os clientes, os acionistas e as comunidades."

3. Representar visualmente a estratégia
"O mapa estratégico é a representação visual da estratégia, mostrando numa única página como os objetivos nas quatro perspectivas se integram e combinam para descrever a estratégia."

4. Ligar o trabalho individual à estratégia
"Com o mapa estratégico, os empregados têm uma representação visual de como suas funções se conectam com os objetivos gerais da empresa, ao mesmo tempo em que os gerentes compreendem com mais clareza a estratégia e identificam os meios para detectar e corrigir os desvios de rumo."

5. Demonstrar o fluxo de valor
"Os objetivos nas quatro perspectivas são conectados uns com os outros por relações de causa e efeito. A partir do topo, parte-se da hipótese de que os resultados financeiros só serão alcançados se os clientes-alvo estiverem satisfeitos."

6. Reforçar a importância do conhecimento
"O fundamento de qualquer mapa estratégico é a perspectiva de aprendizado e crescimento, que define as competências e habilidades essenciais, as tecnologias e a cultura organizacional necessárias para dar suporte à estratégia da empresa."

Fonte: Kaplan e Norton, vários livros.

FIGURA 9.2   As Diferentes Funções do Mapa Estratégico

Apesar de o mapa estratégico desempenhar diferentes funções no processo de elaboração do Balanced Scorecard, é preciso ficar claro que sua principal finalidade é descrever, de forma dinâmica, como a organização irá criar valor ao longo do tempo. Nesse sentido, o mapa estratégico estabelece uma interação entre as atividades de formulação e de implementação, mostrando o caminho através do qual a estratégia será executada pela alta administração e pela equipe de colaboradores da empresa. De acordo com Kaplan e Norton, na construção do mapa estratégico devem-se tomar como referência os seguintes princípios:

a. A estratégia estabelece uma tensão criativa entre forças contraditórias. Isso significa, na formulação do mapa estratégico, buscar um equilíbrio entre pressões de curto prazo para a redução dos custos e elevação da rentabilidade, com os objetivos de crescimento sustentável a longo prazo, mediante novos investimentos e melhoria da produtividade.

b. A estratégia é formulada mediante a criação de uma proposição de valor única para os clientes. Aqui, o desafio é conquistar os clientes mediante uma combinação de valores (preço, qualidade, desempenho, seleção e conveniência) percebidos como tal pelos clientes. A proposição de valor deve ser criada sob medida para os clientes-alvo, mas, de modo geral, elas podem ser traduzidas nas seguintes disciplinas de valor: baixo custo total, liderança de produto e solução total.

c. O valor é criado por meio da interação entre o capital humano e os processos de negócios. Neste caso, o desafio é monitorar o processo de transformação do capital humano em capital estrutural e, a partir daí, criar valores percebidos pelos clientes, que possibilitarão a geração de valor econômico para a empresa e para os acionistas.

d. A estratégia se desenvolve mediante temas estratégicos integrados entre si e renovados ao longo do tempo. Isso requer uma compreensão no sentido de que os processos internos de produção e operações, de gestão dos clientes e de inovação demoram diferentes tempos de maturação para a geração de valor; por esse motivo é preciso existir um balanceamento entre as diferentes iniciativas estratégicas selecionadas em cada um desses processos de negócios.

e. O valor do capital intelectual depende de seu alinhamento com a estratégia. Isso significa que o capital humano, o capital estrutural e o capital financeiro devem estar integrados entre si. Somente dessa forma será possível avaliar e medir o valor que o capital intelectual gera para a organização. Além disso, a gestão da estratégia também exige o alinhamento das áreas de recursos humanos e de tecnologia da informação com a estratégia competitiva, porque, geralmente, essas áreas apresentam um baixo envolvimento com o processo estratégico.

Esses princípios nos mostram como o mapa estratégico possibilita que os integrantes da organização aumentem sua compreensão a respeito da ideia de negócio da empresa, melhorem seu entendimento sobre o ambiente dos negócios, além de permitir melhor percepção de como seu trabalho está integrado à estratégia de negócios. Em síntese, o mapa estratégico possibilita aos colaboradores da empresa expandirem sua área de visão, permitindo que eles ajudem a definir:

- Os objetivos para o crescimento da receita nos mercados atuais, nos mercados adjacentes e nos novos negócios.

- Os mercados-alvo com maior potencial para o crescimento das receitas.

- A proposição de valor única (atual e futura) que permitirá a atração, a retenção e a fidelização dos clientes de forma lucrativa.

- As inovações em valor, em produtos e serviços, e nos modelos de negócios que possibilitarão a sobrevivência e a renovação da empresa.

- Os investimentos em capital humano, capital físico e na infraestrutura de tecnologia da informação e comunicação que viabilizarão e sustentarão o crescimento futuro da empresa.

Dessa forma, o mapa estratégico converte-se para os membros de uma organização num veículo de comunicação, num sistema de informação, num sistema de aprendizado e num importante fator de motivação e alinhamento.

A Estratégia como Hipóteses sobre a Realidade

Se uma das principais funções do mapa estratégico é comunicar a estratégia da organização, o diretor líder e a equipe do projeto do Balanced Scorecard precisarão retomar a ideia da estratégia como hipótese. Seguindo a mesma orientação de Peter Drucker, que considera a estratégia como hipótese básica a respeito da realidade, Kaplan e Norton afirmam que "o processo de desenvolvimento do Balanced Scorecard se baseia na premissa da estratégia como hipótese". Isso irá desencadear o processo de conversação, de diálogo e de crítica sobre os pressupostos da organização a respeito de sua estratégia competitiva.

Dessa forma, como as hipóteses desempenham um importante papel no processo do Balanced Scorecard, vale a pena relembrar seu significado. De acordo com o *Dicionário Houaiss*, a hipótese é uma "suposição, conjectura, pela qual a imaginação antecipa o conhecimento, com o fim de explicar ou prever a possível realização de um fato e deduzir-lhe as consequências". A estratégia é uma hipótese porque o cenário dos negócios é imprevisível e nem sempre os executivos conseguem entender esse fato.

Por esse motivo, Kaplan e Norton insistem na questão da estratégia como hipótese para a construção do mapa estratégico. Eles ressaltam a ideia de que "a estratégia denota o movimento da organização da posição atual para uma posição futura, desejável, mas incerta. Como a organização nunca esteve nessa posição futura, a trajetória almejada envolve uma série de hipóteses interligadas. O scorecard possibilita a descrição das hipóteses estratégicas como um conjunto de relações de causa e efeito explícitos, e sujeitos a testes". Nesse sentido, a estratégia pode ser mais bem compreendida como:

- Hipóteses a respeito da visão de futuro.

- Hipóteses a respeito da proposição de valor para os clientes.

- Hipóteses a respeito de como a empresa será melhor e diferente do que seus concorrentes.
- Hipóteses a respeito de como a organização gera riqueza para os stakeholders.

E é a partir dessas hipóteses que o mapa estratégico se propõe a contar a história da estratégia e traduzi-la em ações do dia a dia operacional das organizações. Dessa forma, a chave para a implementação da estratégia é a compreensão da hipótese subjacente por todos na organização, como pode ser visto pela Figura 9.3.

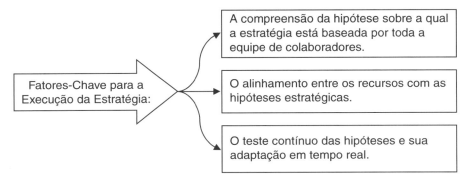

FIGURA 9.3   A Estratégia é uma Hipótese sobre a Situação Futura de uma Empresa

A consideração da estratégia como hipóteses pelo grupo responsável pelo projeto do Balanced Scorecard será de grande utilidade para o exercício de simulações a respeito da consistência da estratégia competitiva da organização. Mas, para a construção do mapa estratégico, é preciso dar mais um passo: traduzir a estratégia em objetivos integrados entre si.

A Estratégia precisa ser Traduzida em Objetivos Integrados entre si

Na metodologia do Balanced Scorecard, um dos maiores desafios é dar uma resposta satisfatória à pergunta que todos os envolvidos nos projetos formulam: *Como tornar a estratégia entendida pelos participantes da organização?* Essa questão, que exige imaginação, criatividade e objetividade, é respondida pela clara seleção dos objetivos do negócio. Os objetivos, isto é, os resultados esperados de determinada estratégia, como já foi mencionado, devem ser traduzidos e comunicados numa linguagem de fácil entendimento pelos colaboradores dos diferentes níveis da empresa.

A definição dos objetivos pode ser considerada como um processo de aprendizagem porque, além de tornar explícitos os conhecimentos tácitos da equipe de executivos, também possibilita uma ampla discussão sobre os pressupostos assumidos na estratégia. Outro ponto a ser destacado é que os objetivos precisam ser consistentes entre si, não podendo entrar em conflito uns com os outros.

Na construção do mapa estratégico, a tradução da estratégia em objetivos é realizada nas perspectivas de valor. No Balanced Scorecard, as perspectivas financeira, do cliente, dos processos internos e de aprendizagem e crescimento são integradas entre si, o que facilita, por sua vez, a integração entre os objetivos da empresa, das unidades de negócios e das áreas funcionais.

Para serem consistentes entre si, os objetivos precisam ter um horizonte de curto e longo prazos, possibilitando monitorar o progresso da estratégia, no ambiente competitivo, ao longo do tempo. A Figura 9.4 mostra um exemplo da integração dos objetivos nas perspectivas de valor.

Outra característica da metodologia do Balanced Scorecard que precisa ser levada em consideração na fase de formulação dos objetivos é a do equilíbrio entre os indicadores de ocorrência (*lagging indicators*) e os indicadores de tendências (*leading indicators*).

Os *indicadores de ocorrência* são os vetores que contam a história das decisões tomadas no passado; por essa razão, são considerados medidas do desempenho passado da organização. Eles servem como medidas para o diagnóstico da situação da empresa antes do início do projeto de Balanced Scorecard, como o valor total das vendas, a rentabilidade dos produtos, a retenção de clientes, a produtividade e os resultados dos programas de treinamento dos empregados. Os indicadores de ocor-

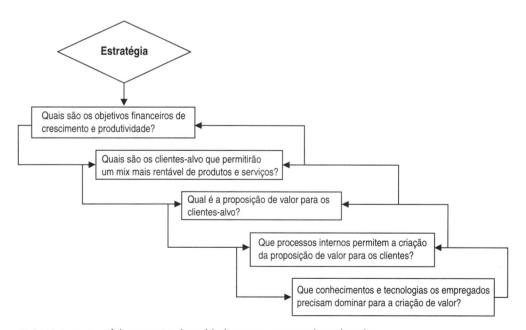

FIGURA 9.4   A integração dos objetivos nas perspectivas de valor

rência são de grande utilidade para se avaliar se os objetivos estratégicos estão sendo alcançados ou se eventos imprevistos exigem uma reformulação da estratégia.

Os *indicadores de tendências* são os vetores que direcionam os objetivos estratégicos da organização, mostrando quais iniciativas precisarão ser tomadas no futuro para se alcançar os resultados esperados com a estratégia. Os indicadores de tendências derivam do projeto de Balanced Scorecard e são considerados como referências para melhorar os resultados da empresa no futuro, como a geração de receitas pela introdução de novos produtos, o melhor conhecimento das operações do cliente, a redução do ciclo de desenvolvimento de novos produtos, o domínio de novas competências e o alinhamento das metas pessoais aos objetivos estratégicos e ao sistema de recompensas.

A Estratégia como Relações de Causa e Efeito

Durante a construção dos mapas estratégicos, notamos que, para transformar a estratégia de um conceito teórico e abstrato em algo prático e concreto, precisamos revelar suas inúmeras dimensões. Num primeiro momento, a estratégia se apresenta como um conjunto de hipóteses; em seguida, ela exige escolhas para se promover a integração entre os diferentes objetivos e, finalmente, numa abordagem holística, ela procura estabelecer relações de causa e efeito entre os diferentes objetivos das quatro perspectivas de valor.

As relações de causa e efeito funcionam como uma espécie de filtro para avaliar se o Balanced Scorecard está realmente refletindo a estratégia da organização. As relações de causa e efeito significam o uso de determinados objetivos para se atingirem objetivos de ordem superior, que, por sua vez, permitirão o atingimento dos objetivos da organização. É através dessas relações de causa e efeito entre os objetivos que a história da estratégia é contada aos principais personagens da empresa: acionistas, clientes, líderes de processos e demais membros da equipe de colaboradores.

As relações de causa e efeito obrigam os executivos a fazerem escolhas cruciais para o sucesso dos negócios. Por exemplo, se quisermos melhorar a fidelidade do cliente, qual é o objetivo mais apropriado: agregar novos serviços para elevar o valor percebido ou reduzir o nível de serviços, reduzindo também os preços para o cliente? Ou ainda, se quisermos reduzir o ciclo de tempo dos processos críticos o que devemos fazer: investir em tecnologia da informação e no redesenho de processos ou o investimento no treinamento dos colaboradores produzirá melhores resultados? E, finalmente, para a entrada em um novo negócio, qual é a melhor alternativa: desenvolver internamente as competências essenciais para ser competitivo ou fazer a aquisição de uma empresa que já atua no mercado?

Esse método de cadeia de causa e efeito entre os objetivos forma um fluxo de valor que conduz até a visão da organização. A análise das interações entre causa e efeito também possibilita a definição do foco e das prioridades da organização, uma vez que os objetivos que não contribuem para a realização da estratégia não são incorporados ao Balanced Scorecard. Para a história da estratégia ser comunicada de forma mais eficaz para os participantes da organização, é necessário elaborar tanto o gráfico do mapa estratégico como um texto explicativo do significado dos objetivos selecionados.

O processo de causa e efeito também pode ser entendido por meio de uma série de questões do tipo "*se, então*", isto é, se esta iniciativa for realizada, então teremos o seguinte resultado. Por exemplo: Qual é a relação de causa e efeito entre o aumento da rentabilidade e o melhor aprendizado sobre os clientes? A resposta a essa pergunta pode ser obtida pelo desdobramento da seguinte sequência de hipóteses do tipo "*se, então*", como mostra a Figura 9.5:

Se aprendermos mais sobre o estilo de vida dos clientes, *então* será possível desenvolver produtos personalizados para eles.

Se desenvolvermos competências em inovação, *então* será possível desenvolver novos produtos com maior rapidez.

Se os clientes perceberem um elevado valor nos novos produtos, *então* eles estarão dispostos a pagar um preço maior pela diferenciação.

Se o valor da diferenciação for bem superior ao custo dos produtos, *então* os produtos personalizados permitirão um aumento da rentabilidade.

FIGURA 9.5   O Processo de Causa e Efeito como uma série de questões do tipo "se, então"

Construindo o Mapa Estratégico

No início deste capítulo, comentamos a importância das histórias para dar um sentido ao dia a dia de trabalho dos indivíduos e como elas são um importante instrumento para os líderes mobilizarem as pessoas nos processos de mudança organizacional. Agora, no contexto do projeto de Balanced Scorecard, veremos como os roteiros utilizados por escritores, autores de peças ou diretores de cinema podem ser úteis para se contar a história da estratégia para os colaboradores de uma organização.

O mapa estratégico é a estrutura pela qual a história da estratégia será comunicada a seu público-alvo. Entretanto, a função do mapa estratégico é *contar* a história da estratégia, e não sua elaboração. Ao iniciar a construção do mapa estratégico, a diretoria e a equipe do projeto tomam como ponto de partida a visão e a estratégia já formuladas. Esse deve ser o ponto de partida do roteiro da estratégia. De acordo com David Howard, autor do livro *Teoria e Prática do Roteiro,* as melhores histórias "são aquelas que parecem óbvias depois de criadas, aquelas que nos fazem ficar perguntando como é que ninguém enxergou antes um núcleo tão simples no centro da complexidade toda".

Seguindo a orientação de David Howard, se roteirizar é fazer um filme no papel, criar o mapa estratégico significa colocar a história da estratégia no papel. O mapa estratégico deve possibilitar às pessoas *verem* a estratégia como se ela fosse o roteiro de um filme. Nesse sentido, a história da estratégia pode ser considerada como a exposição, por meio de palavras e imagens, da jornada de uma organização rumo à sua visão, onde um conjunto de acontecimentos, internos ou externos, poderão favorecer ou dificultar o atingimento dos objetivos encadeados entre si.

Assim como uma boa narrativa, a história da estratégia precisa ser contada de forma simples e objetiva. Uma forma de se conseguir isso é mostrar que a história tem três atos: um início, um meio e um fim. "No primeiro ato envolve o espectador com os personagens e com a história. O segundo ato o mantém envolvido e aumenta seu comprometimento emocional. O terceiro amarra o enredo e leva o envolvimento do espectador a um final satisfatório." A construção do mapa estratégico de acordo com esse roteiro pode facilitar, em muito, o processo da criação de algo fácil de visualizar, fácil de se comunicar, fácil de se entender e com um grande motivo para se envolver.

Uma boa história deve começar com a identificação dos personagens, e a primeira pergunta a se fazer é sobre quem é a história? No caso dos projetos de Balanced Scorecard, a história é sobre a organização e seus personagens, como os acionistas, os clientes e os empregados, que estão querendo concretizar sua visão de futuro.

Mas a visão de futuro não é fácil de realizar. Há inúmeros obstáculos a superar. Todo processo de mudança, como o é o Balanced Scorecard, gera conflitos: para quem a empresa irá criar valor, como ela irá conquistar os clientes, como ela irá superar os concorrentes, como ela irá superar as forças do ambiente e como ela irá motivar seus colaboradores.

Além dos conflitos, os personagens envolvidos nos projetos de Balanced Scorecard enfrentarão alguns obstáculos difíceis de serem superados, como o comprometimento emocional de profissionais com os produtos que foram sucesso no passado, a resistência das pessoas às mudanças, os modelos mentais dominantes e a própria cultura organizacional. Apesar das dificuldades e da complexidade do processo de transformação, os personagens da organização acreditam que a visão pode ser alcançada. A seguir, narramos a história (hipotética) da construção do mapa estratégico de uma organização.

Primeiro Ato: A organização não está atravessando nenhuma crise, mas não consegue explorar todo o seu potencial de crescimento. Os acionistas e os diretores iniciam o processo de renovação da missão, a criação de uma nova visão estratégica e a formulação da nova estratégia empresarial, envolvendo os colaboradores. O destino estratégico é ilustrado por um conjunto de objetivos, nas quatro perspectivas do Balanced Scorecard, difíceis mas não impossíveis de serem alcançados.

O diretor líder e a equipe do projeto de Balanced Scorecard são os principais personagens da história e responsáveis pela criação de valor no futuro para a organização. Nessa atividade, eles serão apoiados por consultores externos. A visão servirá como referência para a definição dos temas estratégicos da organização para os próximos cinco anos, período em que são esperadas grandes mudanças na sociedade e no ambiente dos negócios.

Alguns diretores ainda não estão convencidos de que o Balanced Scorecard é a melhor alternativa para o desenvolvimento da empresa. Eles o consideram muito complexo, difícil de ser implementado e talvez seja apenas mais um modismo na gestão dos negócios.

A HISTÓRIA DA ESTRATÉGIA CONTADA PELO MAPA ESTRATÉGICO

1º Ato: As Premissas para o Início da Jornada

- A renovação da missão.
- A criação da visão de futuro.
- A formulação da estratégia.
- A identificação dos principais personagens responsáveis pelo Balanced Scorecard.
- O reconhecimento de que o processo de mudança irá gerar resistências.
- A análise da situação competitiva da empresa.
- A análise do cenário dos negócios.
- A visão servirá como referência para a definição dos temas estratégicos.

Mapa Estratégico O texto da Visão mostra o Destino Estratégico	
Perspectiva Financeira	▪ Objetivos, metas e iniciativas ainda não definidos
Perspectiva do Cliente	▪ Objetivos, metas e iniciativas ainda não definidos
Perspectiva dos Processos Internos	▪ Objetivos, metas e iniciativas ainda não definidos
Perspectiva de Aprendizagem e Crescimento	▪ Objetivos, metas e iniciativas ainda não definidos

Segundo Ato: Apesar de algum ceticismo, o projeto de Balanced Scorecard tem início. Existem algumas dúvidas sobre se a equipe do projeto foi bem escolhida, se ela é representativa de todas as áreas de negócio da organização e se as pessoas mais competentes e motivadas foram convocadas. O diretor líder do projeto é um profissional bem preparado, com grande experiência, mas tem uma agenda muito complicada e viaja constantemente a serviço da empresa. Não se sabe se ele estará realmente disponível nos momentos mais críticos do projeto. Algumas pessoas da gerência têm dúvidas sobre se a equipe do projeto será bem-sucedida na implementação do Balanced Scorecard. Outra fonte de tensão é se os colaboradores irão assumir a implementação de um projeto elaborado por uma equipe tão pequena de profissionais.

A diretoria da empresa e a equipe do projeto passaram por um treinamento sobre o Balanced Scorecard envolvendo conceitos, exemplos, melhores práticas e simulações, além de uma introdução sobre a nova disciplina da gestão da estratégia. Os diretores e profissionais-chave da organização foram entrevistados para identificar suas percepções a respeito dos temas estratégicos, dos principais objetivos da organização e quais as principais medidas de desempenho (derivadas da visão estratégica) para as quatro perspectivas do Balanced Scorecard.

As entrevistas mostraram uma divergência, e não uma visão compartilhada, entre os diretores, sobre o que será a empresa no futuro. Em decorrência, houve grande dificuldade em definir os principais objetivos estratégicos da organização. Houve divergências quanto a objetivos de crescimento, rentabilidade, desinvestimentos, investimentos, distribuição de lucros, relacionamento com clientes, introdução de novos produtos, redesenho de processos, renovação da infraestrutura de tecnologia da informação, desenvolvimento de novas competências, motivação dos empregados e sistema de recompensas.

Essas divergências, por incrível que pareça, estimularam maior diálogo e maior aproximação entre os diretores. Subgrupos de trabalho desenvolveram em conjunto com seus diretores propostas mais alinhadas à visão da organização. Dessa forma, os objetivos estratégicos para as quatro perspectivas de valor foram selecionados e integrados entre si, por meio de uma cadeia de causa e efeito. Os objetivos estratégicos foram desdobrados, como um efeito em cascata, para as outras unidades de negócios, áreas funcionais e supervisores, conforme é mostrado na Figura 9.6. Os objetivos das perspectivas de valor foram traduzidos em indicadores e metas de desempenho. A liderança executiva da organização está envolvida e sendo mobilizada para as mudanças que o Balanced Scorecard está introduzindo na empresa.

Algumas semanas após o início do Balanced Scorecard, a equipe do projeto começou a se sentir sobrecarregada pelo excesso de trabalho a ser realizado. Alguns membros estavam participando de um número excessivo de reuniões e mostravam dificuldades para compartilhar com seus subordinados ou pares os assuntos discutidos nas reuniões do projeto. Alguns deles afirmavam não saber o que estava acontecendo na empresa e estavam preocupados porque alguns trabalhos não estavam sendo entregues no prazo. Notavam-se pontos isolados de insegurança entre alguns empregados da empresa porque não estavam tendo acesso às informações que esperavam receber. Além disso, notava-se uma grande defasagem de conhecimento e envolvimento entre os integrantes da equipe de projeto e os demais colaboradores da empresa. A equipe de projeto cresceu com o aprendizado, os desafios e a troca de

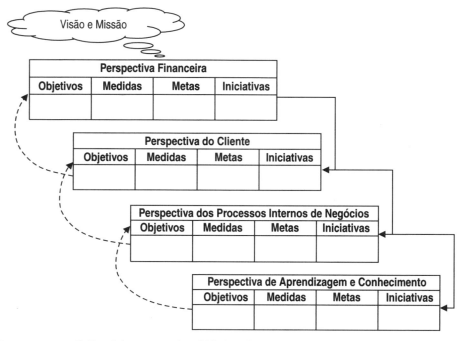

FIGURA 9.6   O Desdobramento dos Objetivos Estratégicos nas Perspectivas de Valor

experiências. Os demais empregados continuavam com suas rotinas diárias e suas agendas sempre crescentes de trabalho. Era preciso fazer alguma coisa.

A HISTÓRIA DA ESTRATÉGIA CONTADA PELO MAPA ESTRATÉGICO

2º Ato: O Alinhamento Estratégico
- O aprendizado sobre a metodologia do Balanced Scorecard.
- As responsabilidades do diretor líder do projeto.
- O envolvimento dos demais diretores com o projeto.
- As entrevistas com a diretoria e profissionais-chave.
- A análise do compartilhamento da visão entre os diretores.
- O processo de realinhamento e definição dos objetivos estratégicos.
- As dificuldades para definir e gerenciar as prioridades.
- A cadeia de causa e efeito entre os objetivos das quatro perspectivas de valor.
- A definição dos indicadores e das metas de desempenho.
- O desdobramento dos objetivos para as demais áreas de negócios da empresa.

Construindo o Balanced Scorecard: Os Mapas Estratégicos **213**

- O crescimento e a transformação da equipe do projeto.
- O baixo envolvimento e a insegurança dos demais profissionais da empresa.

Apesar de ser o sonho de empresários e executivos, na perspectiva financeira não é possível buscar, ao mesmo tempo, um crescimento da receita, uma elevação da rentabilidade e um aumento na geração de caixa. Da mesma forma, na perspectiva dos processos internos não é possível a busca simultânea de inovação de produto, ter uma produção de baixo custo e promover uma inovação no modelo de negócios. A Figura 9.7 mostra o mapa estratégico após o alinhamento de ideias entre os diretores da empresa.

Terceiro Ato: A equipe do Balanced Scorecard realiza um grande esforço de comunicação para informar os demais colaboradores sobre o andamento do projeto. Esses profissionais recebem o primeiro treinamento sobre a metodologia desse sistema de gestão estratégica. A equipe do projeto e demais gerentes definem o que é prioritário, adiando ou descontinuando atividades que no momento não são importantes e estão demandando tempo das pessoas e recursos da organização.

O diretor líder e a equipe do projeto começam a definir as iniciativas estratégicas, inclusive os recursos, os investimentos e o orçamento que possibilitarão atingir os objetivos nas quatro perspectivas de valor. Em um novo encontro, a diretoria aprova a missão, a visão, os objetivos e as iniciativas, ficando perplexa com o número de projetos que a empresa realizava sem nenhum vínculo com a estratégia. Cada iniciativa passa a ter um líder, que será o responsável pela sua execução, de acordo com o plano de implementação. As iniciativas também foram avaliadas por sua maior contribuição para os objetivos estratégicos e cinco delas foram consideradas prioritárias, sendo implementadas o mais breve possível. A equipe do projeto do Balanced Scorecard conseguiu traduzir a estratégia em termos operacionais.

As pessoas também ficaram surpresas com o pequeno número de objetivos que foram considerados estratégicos no projeto do Balanced Scorecard. Antes, elas dedicavam muito tempo ao acompanhamento de uma quantidade muito superior de indicadores.Os objetivos estratégicos são desdobrados para as unidades de negócios e para as áreas funcionais. A empresa elabora o plano de implementação do Balanced Scorecard, chamando a atenção dos líderes das iniciativas sobre a necessidade de executá-las de acordo com o programado, porque um atraso em uma delas provocará um impacto nas demais, devido à sua integração na cadeia de causa e efeito. O maior desafio é promover a sinergia de recursos, conhecimentos e competências entre as áreas de negócios. Os grupos e os indivíduos também deverão ter consciência de qual o seu papel no processo de execução da estratégia.

A equipe do projeto desenvolve um plano de comunicação do Balanced Scorecard para a empresa. O objetivo é criar uma consciência estratégica na organização. O plano de comunicação deve posicionar a estratégia na mente dos empregados. Eles precisam não só conhecer a estratégia, mas também acreditar que ela será executada com sucesso. Os colaboradores precisam perceber que a diretoria está envol-

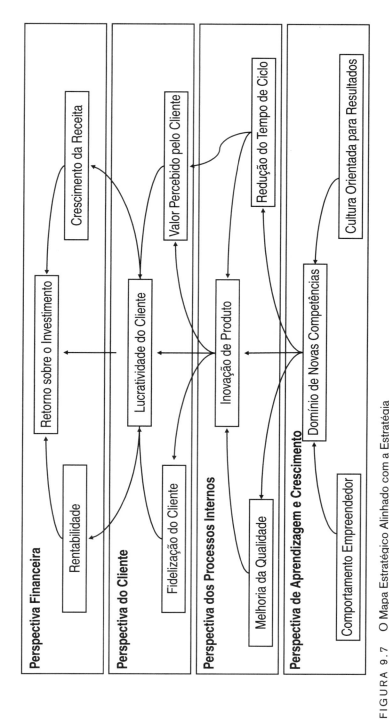

FIGURA 9.7   O Mapa Estratégico Alinhado com a Estratégia

Construindo o Balanced Scorecard: Os Mapas Estratégicos **215**

vida e comprometida com o Balanced Scorecard. Mais do que comunicar, a equipe do projeto desenvolve todo um plano de educação dos empregados sobre a estratégia da empresa. Em breve, o sistema de remuneração e de recompensas estará alinhado aos scorecards individuais. Todas essas atividades têm como objetivo transformar a estratégia em tarefa de toda a organização.

O clima de trabalho reflete as mudanças pelas quais a organização está passando. A equipe do projeto começa um programa de formação de multiplicadores sobre a metodologia do Balanced Scorecard. As pessoas começam a trocar ideias e compartilhar conhecimentos sobre a gestão da estratégia, pessoalmente ou via e-mail. O sistema de planejamento e os orçamentos estão sendo elaborados a partir dos objetivos e das iniciativas estratégicas. O Balanced Scorecard, o mapa estratégico, o orçamento e os sistemas de informação tornam-se parte integrante do processo de governança corporativa. A gestão da estratégia da empresa é realizada periodicamente e em tempo real, procedendo-se aos ajustes que se fizerem necessários no direcionamento estratégico da empresa. Os acionistas comentam que, pela primeira vez, estão entendendo os objetivos estratégicos da empresa. A estratégia está se convertendo num processo contínuo na organização.

A HISTÓRIA DA ESTRATÉGIA CONTADA PELO MAPA ESTRATÉGICO

3º Ato: A Consciência Estratégica

- A contínua comunicação sobre o andamento do projeto.
- O início da educação da organização sobre o Balanced Scorecard.
- A validação da missão, da visão e dos objetivos estratégicos.
- A definição das iniciativas estratégicas do mapa estratégico.
- A priorização das iniciativas estratégicas.
- A necessidade de alinhamento das áreas de negócios em torno das iniciativas estratégicas.
- O mapa estratégico promove a sinergia de recursos, conhecimento e competências organizacionais.
- A elaboração e a execução do plano de comunicação do Balanced Scorecard.
- O alinhamento do sistema de remuneração e recompensas ao Balanced Scorecard.
- A gestão da estratégia começa a fazer parte da cultura da organização.
- As pessoas entendem de forma simples e objetiva a estratégia da organização.

Os esforços da equipe do Balanced Scorecard e de outros empregados envolvidos na construção do mapa estratégico possibilitaram, após intensas discussões, a definição dos indicadores, das metas e das iniciativas que permitirão o atingimento dos objetivos estratégicos da organização, conforme é ilustrado na Figura 9.8.

216 Balanced Scorecard e a Gestão Estratégica

Objetivo Estratégico	Indicador	Metas	Iniciativas
Perspectiva Financeira ■ Retorno sobre o investimento ■ Rentabilidade ■ Crescimento da receita	■ % de lucro líquido sobre os investimentos ■ % de lucro líquido sobre as vendas ■ % de crescimento sobre o ano anterior	■ 16% em 2005 e 20% em 2008 ■ 10% em 2005 e 14% em 2008 ■ 15% ao ano	■ Elevar a produtividade dos ativos ■ Introduzir novos produtos com maior valor agregado ■ Entrar em novos mercados
Perspectiva do Cliente ■ Fidelização do cliente ■ Lucratividade do cliente ■ Valor percebido pelo cliente	■ % de clientes fiéis em relação à base de clientes ■ Valor presente do lucro das compras em 5 anos ■ Valor esperado – valor recebido	■ 60% em 2005 e 75% em 2008 ■ R$ 25.000 em 2005 e R$ 32.000 em 2008 ■ 70% com valor positivo em 2005 e 80% em 2008	■ Introduzir programa de fidelização ■ Elevar participação nas compras dos clientes ■ Conhecer melhor as necessidades dos clientes
Perspectiva dos Processos ■ Inovação de produtos ■ Melhoria da qualidade ■ Redução do tempo do ciclo	■ Pioneiro no lançamento de novos produtos ■ % de produtos com defeito ■ Reduzir prazo de entrega	■ 5 produtos novos em 2005 e 8 produtos em 2008 ■ Zero defeito em 2008 ■ de 15 dias em 2005 para 10 dias em 2008	■ Realizar alianças com institutos de tecnologia ■ Introduzir programa Seis Sigma ■ Redesenhar e inovar os processos de negócios
Perspectiva de Aprendizado e Crescimento ■ Domínio de novas competências ■ Comportamento empreendedor ■ Cultura orientada a resultados	■ Novas competências geradas com conhecimento próprio ou de parceiros ■ Projetos desenvolvidos por iniciativa dos empregados ■ Aumento do valor agregado	■ 4 novas competências em 2005 e 12 em 2008 ■ 20 projetos em 2005 e 50 projetos em 2008 ■ Aumento de 15% ao ano	■ Reformulação das atividades de pesquisa e desenvolvimento ■ Introdução do programa empreendedor interno ■ Conscientizar colaboradores sobre a necessidade de as iniciativas gerarem resultados

FIGURA 9.8 Detalhamento do Mapa Estratégico

Epílogo: A organização foi bem-sucedida no difícil trabalho de elaboração do Balanced Scorecard e na construção do mapa estratégico. Agora, os esforços devem se concentrar na transmissão das principais ideias do plano estratégico da empresa. Mas o que o diretor líder e o grupo do projeto irão comunicar para os colaboradores das diferentes áreas da organização? Como proceder para contar a história da estratégia, os objetivos das quatro perspectivas de valor, as iniciativas e o destino da empresa para todos os empregados por meio de imagens e textos que exigem um pequeno esforço para o seu entendimento? Um roteiro, passo a passo, da elaboração e divulgação do mapa estratégico é apresentado a seguir.

Cena 1: Antecedentes. A história da estratégia começa com o reconhecimento de uma situação de pré-crise da empresa. Os principais indicadores de desempenho da empresa, como retorno sobre o investimento, rentabilidade de produtos e serviços, atração e fidelização de clientes, lançamento de novos produtos, produtividade, domínio de novas competências, inovação e força competitiva, mostram uma empresa em declínio. Se a alta administração da empresa não fizer alguma coisa, ela, em breve, será superada pelos atuais e novos concorrentes que estão entrando no mercado.

A empresa tem uma antiga declaração de missão e visão, mas elas são pouco compreendidas pela maioria dos colaboradores. A empresa realizou recentemente uma reestruturação de suas operações, mas os resultados não foram satisfatórios. Os diretores e gerentes são criticados porque não conseguem atingir as metas de curto prazo. Eles procuram, isoladamente, uma fórmula para superar as dificuldades da empresa. Vários modelos de gestão são utilizados na organização, mas ninguém consegue mensurar seus resultados. Num seminário sobre negócios, um dos diretores da empresa ouve algumas histórias de sucesso de empresas que adotaram o Balanced Scorecard.

Cena 2: Criando o Destino Estratégico. Se as pessoas não conseguem se comprometer com aquilo que não conseguem compreender, o primeiro passo é criar uma nova visão estratégica alinhada aos novos desafios da empresa. Depois de intensa troca de ideias e diálogos entre a diretoria e colaboradores-chave, a nova visão foi comunicada a todos os participantes da organização:

"Ser reconhecida como uma empresa inovadora que capacita pessoas
e organizações no desenvolvimento de seu potencial."

A partir da visão, o diretor líder e a equipe do projeto devem traduzir as principais ideias do texto em objetivos para as quatro perspectivas do Balanced Scorecard. Eles devem identificar quais os diálogos, ideias e insights emergem, de uma forma sutil, do texto da visão e que poderão ser explorados na história da visão. A Figura 9.9 apresenta uma ilustração de como a visão pode ser traduzida nas perspectivas de valor.

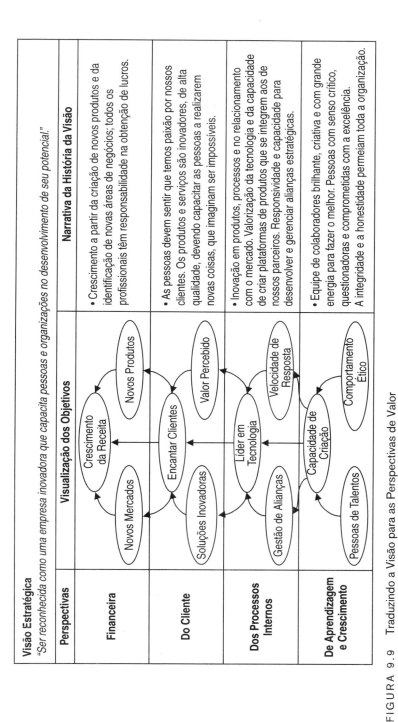

FIGURA 9.9 Traduzindo a Visão para as Perspectivas de Valor

Cena 3: A Conexão do Indivíduo com a Estratégia. Os esforços da equipe do projeto do Balanced Scorecard para traduzir a estratégia em termos operacionais, facilitando o seu entendimento pelos empregados da empresa, foram bem-sucedidos. Os colaboradores das diferentes áreas de negócio compreendem a estratégia, mas ainda resta um desafio: as pessoas querem saber como o seu trabalho diário relaciona-se com a estratégia.

A resposta a essa pergunta é dada pelo *efeito cascata*, isto é, o desdobramento dos objetivos estratégicos das quatro perspectivas do nível mais alto da corporação ou da organização para os demais níveis como as unidades de negócios, as áreas funcionais, os departamentos e os indivíduos. O objetivo é estabelecer um claro alinhamento das metas desde a alta administração da organização até a linha de frente ou o chão de fábrica.

As pessoas na organização notarão uma grande mudança no comportamento de seus colegas de trabalho:

- O colaborador da área de atendimento, ao receber um telefonema, saberá como suas respostas podem estar contribuindo para os objetivos estratégicos.
- O vendedor, ao visitar um cliente, saberá comunicar a proposta de valor da empresa.
- O especialista em informática saberá como a infraestrutura de tecnologia da informação estará dando suporte ao crescimento da empresa e viabilizando o atingimento dos objetivos estratégicos.
- O técnico da área de pesquisa e desenvolvimento saberá quais são as necessidades emergentes e as expectativas dos consumidores em relação aos novos produtos.
- O profissional de recursos humanos saberá qual é o novo perfil dos talentos que ajudarão a empresa no desenvolvimento de vantagens competitivas.

Esses exemplos mostram como cada profissional na empresa deve buscar e compreender sua conexão com a estratégia e como está colaborando para o alinhamento organizacional. Dessa forma, eles se sentirão mais motivados porque percebem como seu trabalho está fazendo diferença e gerando valor para a empresa. As Figuras 9.10 e 9.11 mostram o efeito cascata dos objetos estratégicos nos diferentes níveis da organização.

O desdobramento dos objetivos estratégicos do nível corporativo para o nível do indivíduo é constantemente reforçado por Kaplan e Norton. De acordo com eles, "comunicando a estratégia e vinculando-a às metas pessoais, o scorecard cria entendimento e um comprometimento compartilhado entre todos os integrantes da organização. Quando todos compreendem as metas de longo prazo da unidade de negócios, bem como a estratégia para alcançá-las, os esforços e iniciativas da empresa se alinham aos processos necessários de transformação".

Entretanto, o desdobramento do mapa estratégico para todas as camadas organizacionais não é um processo fácil. A metodologia apresentada dever servir como referência, e o desdobramento deve ser elaborado, sob medida, para os diferentes tipos de organização, em função das características de seu ramo de atividade. A Figura 9.12 apresenta um exemplo de modelo geral de mapa estratégico, para estimular o diálogo entre os participantes do projeto de Balanced Scorecard.

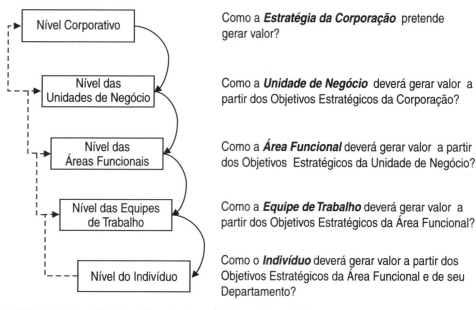

FIGURA 9.10   O Efeito Cascata dos Objetivos Estratégicos

Nessa etapa do projeto, outro ponto merece ser destacado: a tradução da estratégia para a capacidade de compreensão dos empregados, e sua comunicação para a organização é uma condição necessária mas não suficiente para se conseguir o engajamento das pessoas. As empresas ainda irão enfrentar dois novos desafios: em primeiro lugar, o Balanced Scorecard, dada sua complexidade, exige um programa de educação continuada para aumentar sua compreensão pelos diferentes perfis de indivíduos que trabalham na empresa. E, em segundo lugar, para favorecer o processo de mudança organizacional, o comprometimento dos colaboradores deverá ser estimulado com a vinculação do sistema de recompensas e remuneração ao atingimento dos objetivos estratégicos. Somente assim, a cultura organizacional e o comportamento dos indivíduos estarão alinhados para executar a estratégia de negócios de sua empresa.

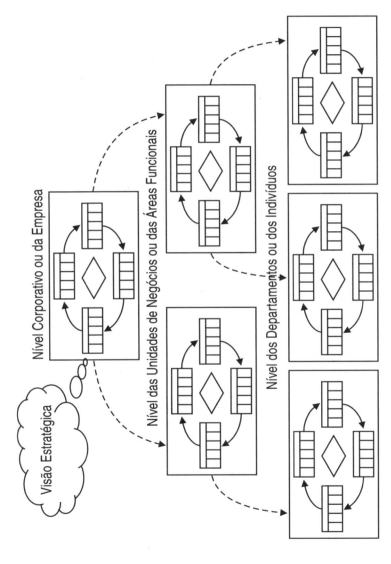

FIGURA 9.11 O Efeito Cascata dos Objetivos Estratégicos

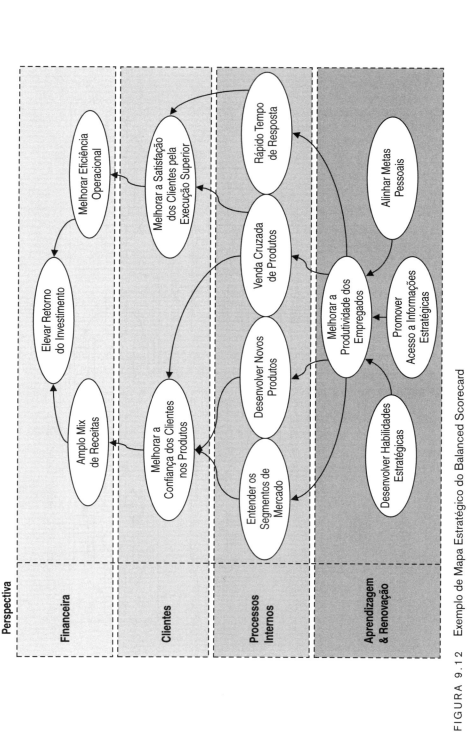

FIGURA 9.12 Exemplo de Mapa Estratégico do Balanced Scorecard

CAPÍTULO 10

LIÇÕES APRENDIDAS COM A IMPLEMENTAÇÃO DO BALANCED SCORECARD

Entrevista com David Kallás, Gerente da Unidade de Negócios Educação da Symnetics.

"Assim, a viagem terminou e aqui estou eu de volta novamente onde comecei, mais rico devido a muitas experiências e mais pobre por causa de muitas convicções e certezas perecidas. Pois convicções e certezas são muito frequentemente concomitantes da ignorância. Do conhecimento e da experiência o fruto geralmente é a dúvida. É uma dúvida que cresce mais e mais à medida que o conhecimento se esconde mais profundamente no mistério subjacente, que se espalha na exata proporção em que a experiência é ampliada e as percepções da experiência individual são aprimoradas."

ALDOUS HUXLEY

Introdução

Até esta etapa do livro, analisaram-se as metodologias da gestão estratégica, as diferentes disciplinas sobre a análise dos negócios e o Balanced Scorecard como um sistema de gestão. Para finalizar a abordagem da gestão da estratégia utilizando o Balanced Scorecard como referência, faltava integrar no trabalho a visão, a experiência, a reflexão e as lições aprendidas de um profissional especialista no assunto e com grande vivência na criação, implementação e avaliação de projetos de Balanced Scorecard.

Em novembro de 2004, num seminário realizado pela Symnetics, sobre o Balanced Scorecard e a Gestão Estratégica, tive a felicidade de conhecer David Kallás, gerente da Unidade de Negócios Educação da Symnetics. Conversei com o David a respeito da proposta deste livro e da necessidade de criar um novo conteúdo a respeito das *Lições Aprendidas* pelas organizações e pelos profissionais envolvidos nos projetos. Ele se colocou à disposição para dar sua contribuição e transmitir seus conhecimentos para os leitores.

David Kallás é o gerente da Symnetics Educação, onde trabalha há quase sete anos e é autor de uma dissertação de mestrado intitulada *Balanced Scorecard: Aplicações e Impactos. Um Estudo com Jogos de Empresa*, apresentada em 2003 na Faculdade de Economia, Administração e Contabilidade da Universidade de São Paulo.

A Symnetics (www.symnetics.com.br) é uma empresa de consultoria direcionada para Gestão da Estratégia, que utiliza como metodologia o Balanced Scorecard, criado por Robert Kaplan e David Norton, professores da *Harvard Business Review*. A Symnetics é afiliada, desde 2000, ao Balanced Scorecard Collaborative, centro de excelência na gestão estratégica de empresas criado por Kaplan e Norton, do qual é a representante oficial para toda a América Latina.

Na entrevista com **David Kallás**, foram abordados vários temas de interesse para os empresários, executivos, profissionais e estudantes que têm interesse em conhecer melhor o Balanced Scorecard, merecendo ser destacadas as seguintes questões:

- Como o Balanced Scorecard pode contribuir para a alta administração melhorar o processo de gestão da estratégia e da tomada de decisão?
- Para a implementação do Balanced Scorecard, a existência do direcionamento estratégico pode ser considerada como um pré-requisito?
- Qual o papel a ser desempenhado pelo principal executivo da empresa e pelos diretores nos projetos de Balanced Scorecard?
- Como transmitir a metodologia e os principais conceitos do Balanced Scorecard para a diretoria, a equipe do projeto e os demais colaboradores da empresa?
- Quanto tempo demora o ciclo do processo, da formulação à implementação, do Balanced Scorecard?

Lições Aprendidas com a Implementação do Balanced Scorecard **225**

- Que critérios devem ser respeitados para integrar, numa relação de causa e efeito, os objetivos, os indicadores, as metas e as iniciativas estratégicas?
- Como traduzir a visão e a estratégia da empresa no mapa estratégico?
- Quais as principais dificuldades e quais os principais benefícios obtidos pelas empresas que adotam o Balanced Scorecard?

Todas essas questões são respondidas por David, que também explica os temas mais recentes da gestão da estratégia baseada no Balanced Scorecard, como o aparecimento de uma nova função gerencial nas empresas (o *SMO – Strategic Management Officer*), a proposta da criação de uma nova área nas empresas, a Unidade de Gestão Estratégica, e como atualmente a gestão da estratégia está se tornando uma nova *core competence* das organizações.

Entrevista com David Kallás, da Symnetics Educação

P-1) Quais os principais motivos que levam uma empresa a adotar o Balanced Scorecard? Existe alguma circunstância que impede a empresa de implementar, no momento, o Balanced Scorecard?

Para responder a essa pergunta, vou me basear tanto em minha experiência de mais de seis anos na **Symnetics**, onde trabalho desde 1998 em projetos de Balanced Scorecard, como na minha dissertação de mestrado, *Balanced Scorecard: Aplicações e Impactos. Um Estudo com Jogos de Empresa*, que apresentei em 2003 na Faculdade de Economia, Administração e Contabilidade da Universidade de São Paulo.

Em primeiro lugar, os executivos desejam a melhoria do processo de gestão da empresa e da tomada de decisão e buscam maior alinhamento interno das principais áreas de negócios. Esses profissionais sentem falta de um sistema de apoio à decisão em suas empresas, e o Balanced Scorecard supre essa necessidade.

Em segundo lugar, os administradores querem reduzir o vácuo existente entre a formulação da estratégia e o processo de implementação. Para eles, a execução da estratégia está se transformando num dos principais desafios, e o Balanced Scorecard, ao possibilitar a tradução da estratégia em termos operacionais, facilita o processo de implementação.

Em alguns casos, empresas que realizaram fusão estão adotando o Balanced Scorecard para integrar a cultura organizacional, os processos de negócios e os orçamentos. Mais recentemente, algumas outras empresas têm usado os indicadores do BSC como critério para a remuneração variável.

Em minha pesquisa, além desses motivos, foram citados como fatores para a implementação do Balanced Scorecard: a possibilidade de desenvolver um processo estruturado de monitoramento empresarial, a maior clareza e transparência dos números e na comunicação da estratégia e a possibilidade de implementar o planejamento estratégico.

226 Balanced Scorecard e a Gestão Estratégica

Gostaria também de destacar que o Balanced Scorecard não deve ser utilizado se a empresa não tiver uma estratégia clara. Se não houver consenso e alinhamento entre os líderes da organização, corremos ou o risco de não concluirmos o projeto, ou de a implementação não ser bem-sucedida. A empresa precisa ter uma visão estratégica, uma declaração de missão e um clima organizacional que estimulem a discussão das questões estratégicas na empresa.

P-2) Para a realização do Balanced Scorecard, a empresa precisa ter desenvolvido o Direcionamento Estratégico? Como devem proceder as empresas que não atualizaram ou não desenvolveram o Plano Estratégico?

Sim, como já mencionei na questão anterior, é importante a empresa ter uma perspectiva estratégica, ou pelo menos ter bem claros os direcionadores estratégicos e a visão de futuro de longo prazo.

Nos casos em que isso não ocorre, devemos inserir no projeto de Balanced Scorecard algumas etapas destinadas a produzir algum consenso sobre a visão e a construção de uma visão compartilhada, tomando como referência as melhores informações disponíveis para os gestores sobre os objetivos estratégicos.

P-3) Qual deve ser o envolvimento da Diretoria da empresa com o Projeto?

Tem de ser total no que tange ao patrocínio. O Balanced Scorecard é um processo de mudança organizacional a partir da estratégia. E, como outros projetos, como, por exemplo, o ERP (Sistema Integrado de Gestão), Gestão de Competências e o Seis Sigma, tem de haver o envolvimento da alta administração para essas iniciativas terem sucesso.

Mas o papel do principal executivo da empresa e dos diretores não pode ser restrito ao patrocínio. O executivo deve exercer a liderança pelo exemplo e criar um senso de urgência para que as mudanças ocorram. Eles podem se envolver com o projeto de Balanced Scorecard de várias formas, como:

- Criar um clima favorável para a mudança, descongelando a organização, esclarecendo as principais questões estratégicas e mostrando a necessidade de sua execução.

- Criar uma equipe de liderança que, além de ser multifuncional, deve ser formada pelas pessoas mais respeitadas e representativas da organização, e não as mais disponíveis.

- Deixar claros a visão estratégica e o plano estratégico. Esse passo é muito importante porque, se os colaboradores não entenderem e não se alinharem em torno da estratégia, o projeto pode ser comprometido.

- Criar o senso de responsabilidade da equipe, isto é, uma responsabilidade colegiada no nível dos principais executivos e das pessoas envolvidas no projeto de Balanced Scorecard.

- Mudar a cultura pelo exemplo. Não adianta o presidente ou o diretor da empresa falar, fazer uma aparição no vídeo institucional, assinar as cartas e as comunicações para a empresa. Eles precisam mostrar comprometimento pelas atitudes, dando prioridade ao projeto do Balanced Scorecard, participando ativamente das reuniões, e não apenas fazendo sua abertura e se retirando em seguida.

P-4) Qual deve ser a composição da Equipe do Projeto? Que critérios deverão ser obedecidos para escolher os participantes?

Num típico projeto de construção do Balanced Scorecard criamos três níveis de equipes para executar o processo:

a. Equipe de Líderes: É composta pelos principais executivos (presidente e diretores), devendo um desses profissionais ser o patrocinador do projeto. Esses executivos serão envolvidos por meio de entrevistas individuais e participação efetiva nas reuniões de validação.

b. Equipe de Desenvolvimento: É formada pelo gerente do projeto, com o apoio de seus analistas e consultores, que irão desempenhar o papel de facilitadores do processo (condução das entrevistas, preparação das reuniões e consolidação do material) em tempo integral.

c. Subequipes: São representadas pelas forças-tarefas, criadas sob demanda, que detêm conhecimentos para tratar de assuntos específicos (técnicos, legais ou específicos das operações) que fogem ao domínio da equipe de desenvolvimento.

P-5) Que escopo deve ter um programa de treinamento de Balanced Scorecard para a Diretoria da Empresa, Equipe do Projeto e demais colaboradores? Ao término do treinamento, essas pessoas conseguem ter uma visão geral do processo? Elas conseguem dominar o vocabulário da metodologia?

O processo de treinamento de um projeto de Balanced Scorecard pode ser dividido nas seguintes fases:

a. Fase de sensibilização e venda interna do projeto: em que o principal desafio é convencer os líderes sobre os benefícios de os colaboradores dominarem os principais conceitos do BSC. É uma atividade mais informativa do que educativa.

b. Fase de construção: em que o principal desafio é treinar a equipe de desenvolvimento no modo de construção do Balanced Scorecard.

c. Fase de implementação: em que o treinamento é direcionado para os diferentes tipos de colaboradores:

228 Balanced Scorecard e a Gestão Estratégica

- **Equipe de desenvolvimento.** Treinamento em métodos e ferramentas de acordo com os cinco princípios da Organização Orientada para a Estratégia (mobilizar para a mudança, traduzir a estratégia em termos operacionais, alinhar a organização para criar sinergia, transformar a estratégia em tarefa de todos e transformar a estratégia em processo contínuo): preparar o desdobramento dos objetivos da corporação para as unidades de negócios, para as áreas de negócios e para os indivíduos, vincular as iniciativas estratégicas com o orçamento, vincular o BSC a pessoas e equipes, facilitar as reuniões estratégicas e demais assuntos relacionados com a implementação.

- **Equipe de Líderes.** Treinamento técnico sobre o formato das reuniões, os aspectos da governança corporativa e também as questões mais comportamentais, porque o BSC quebra alguns paradigmas, sendo uma nova forma de administração (trabalho em colegiado, participativo, transparência das informações e tratamento das informações mais confidenciais da empresa), exigindo um consistente programa de aprendizagem.

- **Colaboradores da Organização.** Treinamento mais básico dos conceitos gerais, terminologia e o porquê do projeto, seu alcance e objetivos. Entretanto, mais importante que isso é informá-los e comunicá-los da estratégia em si da empresa. Esse treinamento pode ser feito de diferentes maneiras: programas introdutórios ao BSC via *e-learning*, vídeos e *road show* (os líderes da empresa visitam as filiais explicando o processo e os resultados esperados). A forma e os artefatos utilizados no treinamento dependem do contexto das empresas e do público. Cada empresa deve utilizar os mecanismos de comunicação que mais aderem à sua cultura.

É recomendável um programa de educação continuada. Um simples treinamento, de poucas horas, não garante a aprendizagem. A aprendizagem só ocorre quando você recebe a informação, age e reflete sobre as experiências. Uma bateria de treinamento não vai adiantar. É melhor um processo de educação continuado, espaçado e realizado durante o período de implementação. As pessoas percebem melhor através de experiências e das suas reais necessidades de aprendizagem.

P-6) Qual o prazo (médio) necessário para a implementação da primeira fase do Balanced Scorecard? O tamanho da empresa interfere no prazo?

De acordo com a nossa experiência, a fase de construção do Balanced Scorecard tem a duração de 9 a 12 semanas. O tamanho da empresa não interfere muito no processo, porque é aplicada a mesma metodologia, com pequenas adaptações. O tempo estimado depende também das agendas do presidente e dos principais executivos, porque é preciso, durante o projeto, realizar por volta de três eventos em que é exigida a presença de toda a alta administração da empresa.

Para cobrir todos os cinco princípios da Organização Orientada para a Estratégia, de uma forma consistente, é necessário um investimento de dois a três anos em

Lições Aprendidas com a Implementação do Balanced Scorecard **229**

programas de consultoria, educação e treinamento. Após esse período, é possível utilizar o BSC para a remuneração variável dos executivos, como faz, por exemplo, a Mobil (Mobil North America Marketing and Refining Division). No Brasil, ainda não temos empresas que completaram todo o processo, mas merecem destaques casos como o Unibanco e a CST, ganhadores do *Hall of Fame* do *Balanced Scorecard Collaborative.*

P-7) Quais os passos necessários para traduzir a Estratégia em termos operacionais? Quais as principais dificuldades que as pessoas enfrentam para entender (interiorizar) a estratégia da empresa? Por quê?

Os passos para traduzir a estratégia em termos operacionais podem ser vistos com detalhes no livro *A estratégia em ação,* de Kaplan e Norton. Mas o segredo é que as pessoas precisam construir o BSC em conjunto. A riqueza do processo do BSC é a reflexão que ele estimula. Por esse motivo, não dá para fazer rapidamente, em três semanas. Durante a construção do Balanced Scorecard, as pessoas fazem um raio X de sua organização.

P-8) Que cuidados a Equipe do Projeto deve tomar com a geração e a seleção das Medidas e das Metas?

Em relação às medidas, vários critérios devem ser atendidos:

a. Elas precisam ser factíveis, com dados acessíveis ou passíveis de serem levantados.

b. Elas precisam ser confiáveis; não é possível trabalhar com dados não confiáveis.

c. Elas têm de ter, de preferência, uma frequência mensal. Alguns indicadores, dependendo do ciclo operacional da empresa, podem ser trimestrais, semestrais ou até mesmo anuais. Mas as medidas devem fazer parte da memória da empresa.

d. Elas devem ser simples e de fácil leitura. As pessoas têm de entender o indicador. Além disso, as medidas têm de comunicar o comportamento desejado das pessoas em relação à estratégia. Os indicadores que são monitorados geram mudança de comportamento. As pessoas respondem ao que é comunicado, e não ao que é esperado (as pessoas não conseguem adivinhar o que é esperado delas, se não for bem comunicado). Tomemos como exemplo as metas de vendas. Em muitas empresas, o atingimento das metas é nitidamente artificial, refletindo os interesses de pessoas, e não da estratégia da empresa.

Quanto às metas, o ideal é que elas sejam desafiadoras, que reflitam uma nova maneira de pensar o negócio; caso contrário, o projeto de Balanced Scorecard irá estimular a melhoria contínua, e não saltos qualitativos no desempenho. Mas é preciso tomar cuidado para não ter metas audaciosas para todos os indicadores, porque

230 Balanced Scorecard e a Gestão Estratégica

elas não serão atingidas. As metas audaciosas devem ser direcionadas para os poucos temas estratégicos, que periodicamente a organização elege como prioritários. Caso contrário, corremos o risco de estressar as pessoas, criando um clima desfavorável à implementação do projeto.

P-9) Qual é a importância das Iniciativas Estratégicas no processo de Balanced Scorecard?

As iniciativas desempenham um papel fundamental porque elas representam *o como* do processo da estratégia. O segredo do sucesso da estratégia está na qualidade das iniciativas; elas mostram qual o caminho que a empresa precisa percorrer para executar com efetividade a estratégia.

P-10) Qual o papel desempenhado pelos Mapas Estratégicos no processo de Balanced Scorecard? Que cuidados a Equipe do Projeto deve tomar para desenvolver e validar o Mapa Estratégico?

O mapa estratégico (na verdade, o *mapa da estratégia*) é um poderoso instrumento de síntese e de comunicação. Ele tem a capacidade de deixar a estratégia inteligível para a grande maioria das pessoas. Não é possível falar que uma empresa tem um Balanced Scorecard se ela não tiver seu mapa estratégico.

Para validar o mapa estratégico, é preciso envolver todas as pessoas relevantes ao processo da estratégia e fazer com que ele seja um instrumento vivo, sempre passível de modificação e atualização em função do aprendizado, das estratégias emergentes e dos novos contextos dos negócios.

Vale a pena destacar que o mapa estratégico deve ser construído pelos profissionais da empresa, e não pela equipe da consultoria. Ele deve ser elaborado por quem terá a responsabilidade por sua execução.

P-11) O processo de Balanced Scorecard corre o risco de se tornar mecânico? Que sugestões você daria para estimular a reflexão, a imaginação e a criatividade?

O desafio é estimular a aprendizagem, e não apenas ser eficiente no cumprimento de prazos (redução do tempo das reuniões estratégicas e rigidez no cronograma), por meio de diferentes fóruns:

a. Fórum de Produtividade realizado através das reuniões de controle do Balanced Scorecard, realizadas, na maioria das vezes, mensalmente, momento em que se verificam a evolução e o alinhamento entre os indicadores, as metas e as iniciativas.

b. Fórum de Reuniões de Aprendizagem, onde são realizadas as reflexões e os questionamentos sobre a validade das hipóteses da estratégia, as estratégias de negócios emergentes e as alterações no contexto dos negócios.

Lições Aprendidas com a Implementação do Balanced Scorecard **231**

P-12) Como conciliar o projeto do Balanced Scorecard com outras iniciativas existentes na organização? O Balanced Scorecard não corre o risco de sobrecarregar o trabalho dos profissionais envolvidos no projeto?

Devemos respeitar o momento vivenciado pela organização e por seus compromissos, mas o Balanced Scorecard tem de se tornar prioritário. Não pode ser considerado como mais um dos projetos do mês. Os executivos precisam ter consciência de que, ao final do ciclo, ele se tornará o processo estratégico da organização.

É preciso ficar claro que as questões urgentes da empresa (finalização de projetos, assuntos legais e societários e a reestruturação) em andamento e que estão exigindo dedicação e tempo dos executivos precisam ser respeitadas. Entretanto, o Balanced Scorecard é o projeto prioritário da empresa.

Para os demais executivos, o BSC será importante porque dará a eles um senso das prioridades. Se o profissional tiver uma pilha de atividades, significa que ele não está utilizando bem os escassos recursos da organização.

P-13) Como proceder quando as iniciativas estratégicas previstas no Balanced Scorecard não iniciam de acordo com o cronograma estabelecido? Que medidas devem ser tomadas em relação aos profissionais responsáveis por elas?

Nas reuniões da Equipe de Líderes, precisa ficar bem claro que os diretores devem ser considerados como os donos das iniciativas. Na verdade, cada diretor deveria ser responsável por pelo menos uma iniciativa estratégica. Assim, as iniciativas terão prioridade na hora da execução da estratégia. E, como sabemos, é possível delegar a tarefa, mas não a responsabilidade pelos resultados.

P-14) Como integrar o Orçamento do Balanced Scorecard com o Orçamento tradicional da empresa?

Em termos práticos, a integração se dá em torno das iniciativas, que têm seus investimentos e custos associados. Em termos conceituais, o importante é que o Balanced Scorecard determine o orçamento, e não o contrário. A lógica a ser seguida é ter clareza quanto à meta de longo prazo (o destino estratégico) e depois fazer a modulação para o curto prazo (ano a ano).

Esse tema tem gerado muita discussão entre os especialistas, mas vale a pena destacar a abordagem desenvolvida por Jeremy Hope e Robin Fraser, diretores da *Beyond Budgeting Round Table* (www.bbrt.org). Num polêmico artigo, "Quem Precisa de Orçamentos?", publicado na *Harvard Business Review* e depois no livro *Beyond Budgeting*, eles chegam a defender o fim do orçamento como uma ferramenta de gestão.

Discussões à parte, num ponto todos os especialistas concordam: independentemente de se eliminar ou não o orçamento, ele precisa rapidamente se transformar numa ferramenta mais simples e mais rápida de se elaborar e também mais flexível, com a introdução de técnicas como o *rolling forecast*, com uma frequência maior do que a anual.

P-15) Como monitorar as relações de causa e efeito entre os objetivos, indicadores, metas e iniciativas estratégicas?

Dependendo do contexto, é possível utilizar análises estatísticas. No livro *Organização orientada para a estratégia*, Kaplan e Norton mostram o caso da Sears, que desenvolveu 100 scorecards idênticos para todas as suas lojas. Por meio de análises (tipo *cross data*), os executivos da empresa conseguiram identificar quais os fatores que exercem maior impacto na satisfação dos colaboradores, no volume de vendas e na rentabilidade, inclusive com a quantificação do tempo necessário para a causa e efeito.

Nos casos em que não é possível contar com o suporte da análise estatística ou das informações, ficaremos dependentes da análise e do julgamento dos executivos.

P-16) Quais os principais benefícios reportados pelas empresas que implementaram o Balanced Scorecard?

Em minha dissertação de mestrado, apresento uma pesquisa realizada pela BSCOL, junto a mais de 300 empresas dos mais diferentes setores de atividade, sobre os principais benefícios da utilização do Balanced Scorecard. A respostas foram as seguintes:

- 65% para alinhar a organização com a estratégia.
- 61% para buscar sinergia organizacional.
- 57% para construir um sistema de gestão estratégica.
- 54% para vincular a estratégia ao planejamento e ao orçamento.
- 51% para definir as metas estratégicas.
- 50% para priorizar as iniciativas estratégicas.
- 47% para alinhar indivíduos com a estratégia.

Todos esses benefícios contribuem para os resultados financeiros das empresas, mas de uma forma que é difícil de medir. No Brasil, estudos recentes têm demonstrado que uma carteira hipotética de investimento em ações das empresas que possuem o BSC apresenta um índice de rentabilidade superior ao índice Bovespa.

P-17) Quais as principais resistências enfrentadas na implementação do Balanced Scorecard?

Principalmente a sensação de que é mais um *projeto do mês,* que o profissional se recorda de uma iniciativa semelhante e que irá fracassar.

Outro ponto a ser evitado é que o Balanced Scorecard não pode ser visto como um instrumento para controlar a vida das pessoas, mas sim que ele é instrumento de aprendizagem e compartilhamento de conhecimento.

P-18) Vale a pena utilizar um software para apoiar e monitorar o processo de Balanced Scorecard?

Antes de responder, vamos considerar um projeto de Balanced Scorecard com vinte objetivos, que, por sua vez, irão gerar cerca de trinta indicadores. Vamos admitir ainda que cada um dos indicadores seja representado por uma fórmula composta por duas variáveis. Assim, teríamos a necessidade de uma base de dados com sessenta variáveis para realizar uma análise dos resultados. Para esse volume de informações, não é necessário o apoio de softwares.

O software é necessário somente para alguns casos:

- Nas empresas complexas, com muitos painéis de informações interligados entre si, como a Petrobras, que monitora 86 painéis de resultados. Neste caso, o software é importante para montar uma base única de indicadores, para padronizar indicadores, formatos, objetivos e metodologias; e
- Nas empresas que utilizam ferramentas de *business intelligence* e *data warehouse,* o software de BSC pode ser útil para integrar informações, fazer análises mais profundas (o *drill down*), análises cruzadas (como os famosos cubos que cruzam informações e variáveis).

P-19) Qual é o papel do Balanced Scorecard na Governança Corporativa?

Ele contribui para dar mais transparência das ações dos executivos das empresas para os investidores e para os acionistas.

Há quem defenda a ideia de que, ao expor a lógica da estratégia e o desempenho em diversas perspectivas, os analistas de mercado reduzem a percepção de risco ao avaliarem as empresas e, consequentemente, aumentam seu valor (redução do coeficiente *beta* de risco).

Um exemplo interessante é o retratado por um executivo de uma empresa que, ao apresentar o Balanced Scorecard, ouviu a seguinte frase de um acionista: "Pela primeira vez entendi o plano de negócio."

P-20) Por que a Gestão Estratégica é uma profissão emergente? Que fatores demonstram essa tendência?

Porque o Balanced Scorecard como modelo de gestão veio para ficar. Ele surgiu no início de 1992 e demonstrou que não é mais um modismo em administração, uma vez que vem mostrando um reconhecimento e um crescimento contínuos.

Outro elemento a ser destacado é que a gestão da estratégia está sendo considerada como a mais nova competência essencial de uma organização, tão importante quanto a gestão financeira, a gestão de talentos, a gestão da tecnologia da informação e da comunicação e a gestão do conhecimento.

Para darmos uma referência do Brasil, a Symnetics Educação já realizou, desde 2001, treinamentos em Balanced Scorecard para profissionais de 34% das 500 Maio-

234 Balanced Scorecard e a Gestão Estratégica

res Empresas da revista *Exame*, 50% das 100 Maiores e 90% das 10 Maiores. Esses números demonstram o interesse e a utilização crescentes dos conceitos do Balanced Scorecard.

P-21) O que significa *SMO (Strategic Management Officer?)*

Como ainda não temos um termo equivalente em português, SMO (Strategic Management Officer) pode ser traduzido como Profissional de Gestão Estratégica. Trata-se de uma nova função gerencial que tem como responsabilidade a gestão da estratégia da empresa. Esse novo profissional pode possibilitar uma evolução da área de planejamento estratégico das empresas.

Essa afirmação é comprovada por pesquisa recente realizada pelo Balanced Scorecard Collaborative, que demonstra que as empresas que adotam o Balanced Scorecard estão criando novas fontes de vantagem competitiva por meio da gestão da estratégia e do domínio deste novo campo de conhecimento.

O profissional dessa nova função é responsável pelo OSM (Office of Strategic Management) que, por sua vez, tem como objetivo dar suporte e facilitar as organizações na formulação, na gestão e na implementação das estratégias. Para o melhor entendimento desses incipientes conceitos, vale a pena ler o artigo de Kaplan e Norton, "Gestão Estratégica: Uma Profissão Emergente", publicado recentemente no *Balanced Scorecard Report*.

Nesse artigo, Kaplan e Norton, para estimular os debates sobre o surgimento desta nova função gerencial e da transformação da gestão da estratégia, numa competência essencial, lançaram um *manifesto*, reproduzido a seguir, em que propõem a criação de uma *Unidade de Gestão Estratégica* nas organizações.

P-22) Quais as principais lições aprendidas dos projetos de Balanced Scorecard?

A principal é que o projeto de Balanced Scorecard, para ser bem-sucedido, precisa ter um forte e compartilhado apoio da alta administração da empresa. Além disso, que a alta administração não veja o Balanced Scorecard apenas como um projeto de indicadores, mas sim como um processo de mudança da cultura organizacional para a gestão da estratégia.

Manifesto pela Criação da Unidade de Gestão Estratégica
Robert Kaplan e David Norton

Toda organização deve criar uma Unidade de Gestão Estratégica e nomear um Executivo de Gestão Estratégica. As funções desse executivo devem abranger:

- **Formulação da estratégia e planejamento estratégico.** Atuar como guardião do processo de formulação e atualização da estratégia.

- **Alinhamento.** Garantir o alinhamento com a estratégia em todos os níveis da organização.

- **Comunicação estratégica.** Criar um processo claro de comunicação e treinamento, orientado para a estratégia.

- **Coordenação do Balanced Scorecard.** Definir e medir os indicadores do Balanced Scorecard, que refletem e monitoram a estratégia.

- **Gestão de iniciativas.** Identificar e gerenciar as iniciativas estratégicas necessárias à execução da estratégia.

- **Coordenação da governança.** Agir como guardião do processo de governança, que coloca a estratégia no centro do processo de gestão.

- **Administração da avaliação do desempenho.** Trabalhar com a gerência *senior* no desenvolvimento contínuo do programa de avaliação e aprendizado estratégicos.

- **Gestão da mudança.** Servir como catalisador e facilitador das grandes mudanças impostas pela estratégia.

Fonte: Robert Kaplan e David Norton. "Gestão Estratégica: Uma Profissão Emergente". In: *Balanced Scorecard Report*, maio-junho de 2004.

BIBLIOGRAFIA

238 Balanced Scorecard e a Gestão Estratégica

AAKER, David A. *Marcas – Brand Equity: Gerenciando o Valor da Marca*. São Paulo: Negócios Editora, 1998.

ABELL, Derek F. *Administrando com Dupla Estratégia*. São Paulo: Pioneira, 1995.

ALBRECHT, Karl. *Programando o Futuro*. São Paulo: Makron, 1994.

ANSOFF, Igor. *Estratégia Competitiva*. São Paulo: Makron, 1984.

BARBIERI, José Carlos (Organizador). *Organizações Inovadoras: Estudos e Casos Brasileiros*. Rio de Janeiro: Editora FGV, 2003.

BARLOW, Janelle & MAUL, Dianna. *Valor Emocional*. São Paulo: Makron Books, 2001.

BARNES, James G. *Segredos da Gestão pelo Relacionamento com os Clientes – CRM*. Rio de Janeiro: Qualitymark, 2002.

BEAN, Roger & RADFORD, Russell. *The Business of Innovation*. New York: Amacon, 2001.

BENNIS, Warren. *A Formação do Líder*. São Paulo: Atlas, 1996.

BENNIS, Warren & NANUS, Burt. *Líderes: Estratégias para Assumir a Verdadeira Liderança*. São Paulo: Harbra, 1988.

BERRY, Leonard & PARASURAMAN, A. *Serviços de Marketing*. São Paulo: Maltese, 1992.

BOSSIDY, Larry & CHARAN, Ram. *Desafio: Fazer Acontecer. A Disciplina de Execução nos Negócios*. Rio de Janeiro: Negócio Editora, 2002.

BOULTON, Richard S. et al. *Decifrando o Código do Valor*. Rio de Janeiro: Campus, 2001.

BOVET, David & MARTHA, Joseph. *A Rede de Valor*. São Paulo: Negócio Editora, 2001.

CAMPBELL, Joseph. *O Poder do Mito*. São Paulo: Palas Athena, 1990.

CAMPOS, Vicente Falcone. *Gerenciamento pelas Diretrizes*. Belo Horizonte: Fundação Christiano Ottoni, 1996.

CARR, Nicholas G. "TI já não importa". *Harvard Business Review*, maio de 2003.

_____. *Does IT Matter? Information Technology and the Corrosion of Competitive Advantage*. Boston: Harvard Business Press, 2004.

CHRISTENSEN, Clayton M. *O Dilema da Inovação: Quando Novas Tecnologias Levam Empresas ao Fracasso*. São Paulo: Makron, 2001.

COLLINS, James C. & PORRAS, Jerry I. *Feitas para Durar*. Rio de Janeiro: Rocco, 1995.

_____. "Construindo a Visão de sua Empresa". In: ULRICH, Dave. *Recursos Humanos Estratégicos*. São Paulo: Futura, 2000.

COVEY, Stephen R. *The 8th Habit: From Effectiveness to Greatness*. New York: Free Press, 2004.

CRAINER, Stuart. *As 75 Melhores Decisões Administrativas de Todos os Tempos*. São Paulo: Manole, 2002.

CSIKSZENTMIHALYI, Mihaly. *Gestão Qualificada: A Conexão entre Felicidade e Negócio*. Porto Alegre: Bookman, 2004.

DAVENPORT. Thomas H. et al. *Dominando a Gestão da Informação*. Porto Alegre: Bookman, 2004.

DAVENPORT, Thomas H. & BECK, John C. *A Economia da Atenção*. Rio de Janeiro: Campus, 2001.

DAY, George S. *A Empresa Orientada para o Mercado*. Porto Alegre: Bookman, 2001.

DELORS, Jacques. "Educação: Um Tesouro a Descobrir". Relatório para a Unesco da Comissão Internacional sobre a Educação para o Século XXI. São Paulo: Cortez, 2001.

DEPREE, Max. *Liderar é uma Arte*. 4ª ed. São Paulo: Best Seller, 1989.

DEMING, W. Edwards. *Saia da Crise*. São Paulo: Futura, 2003.

DRUCKER, Peter F. *Desafios Gerenciais para o Século XXI*. São Paulo: Pioneira, 1999.

_____. *Administração Lucrativa*. 5ª ed. Rio de Janeiro: Zahar, 1977.

_____. *Administração: Tarefas, Responsabilidades, Práticas*. São Paulo: Pioneira, 1975.

_____. *Uma Era de Descontinuidade: Orientações para uma Sociedade em Mudança*. 3ª ed. Rio de Janeiro: Zahar, 1976.

_____. "As Informações de que os Executivos Realmente Precisam". In: *Medindo o Desempenho Empresarial. Harvard Business Review*. Rio de Janeiro: Campus, 2000.

EBOLI, Marisa. *Educação Corporativa no Brasil: Mitos e Verdades*. São Paulo: Editora Gente, 2004.

ECCLES, Robert G. e NOHRIA, Nitin. *Assumindo a Responsabilidade: Descobrindo a Essência da Administração*. Rio de Janeiro: Campus, 1994.

EDVINSSON, Leif & MALONE, Michael S. *Capital Intelectual*. São Paulo: Makron Books, 1998.

ELLINOR, Linda & GERARD, Glenna. *Diálogo: Redescobrindo o Poder Transformador da Conversa*. São Paulo: Futura, 1998.

FAHEY, Liam. "Gestão Estratégica: O Desafio Empresarial Mais Importante da Atualidade". In: FAHEY, Liam & Randall, ROBERT M. *MBA: Curso Prático. Estratégia*. Rio de Janeiro: Campus, 1999.

FLEURY, Afonso & FLEURY, Maria Tereza Leme. *Estratégias Empresariais e formação de Competências*. São Paulo: Atlas, 2000.

FOSTER, Richard & KAPLAN, Sarah. *Destruição Criativa*. Rio de Janeiro: Campus, 2002.

FRANKL, Viktor E. *Em Busca do Sentido*. Petrópolis: Sinodal-Vozes, 1991.

GEUS, Arie De. *A Empresa Viva*. Rio de Janeiro: Campus, 1998.

GEUS, Arie P. "Planejamento como Aprendizado". In: Starkey, Ken. *Como as Organizações Aprendem*. São Paulo: Futura, 1997.

GEORGE, Michael L. *Lean Seis Sigma para Serviços*. Rio de Janeiro: Qualitymark, 2004.

GHOSHAL, Sumatra & BARTLETT, Christopher A. *A Organização Individualizada*. Rio de Janeiro: Campus, 2000.

GOLDMAN, Steven L., et al. Agile *Competitors: Concorrência e Organizações Virtuais, Estratégias para Valorizar o Cliente*. São Paulo: Érica, 1995.

GOLEMAN, Daniel. *Trabalhando com a Inteligência Emocional*. Rio de Janeiro: Objetiva, 2001.

GROVE, Andrew S. *Só os Paranóicos Sobrevivem*. São Paulo: Futura, 1997.

GRUENWALD, George. *Como Desenvolver e Lançar um Produto Novo no Mercado*. São Paulo: Makron Books, 1993.

HAMEL, Gary. *Liderando a Revolução*. Rio de Janeiro: Campus, 2000.

HAMEL, Gary & Prahalad, C.K. *Competindo pelo Futuro*. Rio de Janeiro: Campus, 1995.

HAMMER, Michael. *Além da Reengenharia*. Rio de Janeiro: Campus, 1997.

HEIJDEN, Kees Van Der. *Cenários: A Arte da Conversação Estratégica*. Porto Alegre: Bookman, 2004.

HESKETT, James L. et al. *Lucro na Prestação de Serviços*. Rio de Janeiro: Campus, 2002.

HOPE, Jeremy & FRASER, Robin. "Quem Precisa de Orçamentos?" *Harvard Business Review*, fevereiro de 2003.

_____. *Beyond Budgeting*. Boston: Harvard Business School Press, 2003.

HOWARD, David & MABLEY, Edward. *Teoria e Prática do Roteiro*. São Paulo: Globo, 1996.

HUNGER, J. David & WHEELEN, Thomas L. *Gestão Estratégica*. 2ª ed. Rio de Janeiro: Reichmann & Affonso Editores, 2002.

HUTT, Michael D. & SPEH, Thomas W. *Gestão de Marketing em Mercados Industriais e Organizacionais*. Porto Alegre: Bookman, 2002.

JONASH, Ronald S. & SOMMERLATTE, Tom. *O Valor da Inovação*. Rio de Janeiro: Campus, 2001.

KALLÁS, David. "Balanced Scorecard: Aplicação e Impactos. Um Estudo com Jogos de Empresa". Dissertação de Mestrado apresentada na Faculdade de Economia, Administração e Contabilidade da Universidade de São Paulo, em 2003. O texto pode ser acessado pelo site da Symnetics: www.symnetics.com.br.

KANTER, Rosabeth Moss. *Classe Mundial*. Rio de Janeiro: Campus, 1996.

KAPLAN, Robert S. & NORTON, David P. *A Estratégia em Ação*. Rio de Janeiro: Campus, 1997.

_____. *Organização Orientada para a Estratégia*. Rio de Janeiro: Campus, 2000.

_____. *Mapas Estratégicos*. Rio de Janeiro: Campus, 2004.

_____. "Enfrentando Problemas com a Estratégia? Mapeie". *Harvard Business Review*, setembro-outubro de 2000. In: *Planejamento Estratégico (On Advances in Strategy)*. Rio de Janeiro: Campus, 2002.

_____. "Gestão Estratégica: Uma Profissão Emergente". In: *Balanced Scorecard Report*, maio-junho de 2004.

KIM, W. Chan & MAUBORGNE, Renée. "A Estratégia do Oceano Azul". *Harvard Business Review*, outubro de 2004.

KIM, W. Chan & MAUBORGNE, Renée. "Como Criar Novo Espaço de Mercado". In: *Inovação na Prática: Identificando Novos Mercados. Harvard Business Review*. Rio de Janeiro: Campus, 2002.

KOLB, David A. "A Gestão e o Processo de Aprendizagem". In: Starkey, Ken. *Como as Organizações Aprendem*. São Paulo: Futura, 1997.

KROGH, Georg Von et al. *Facilitando a Criação de Conhecimento*. Rio de Janeiro: Campus, 2001.

KOTLER, Philip. *Administração de Marketing: Análise, Planejamento, Implementação e Controle*. São Paulo: Atlas, 1998.

_____. *Marketing de A a Z*. Rio de Janeiro: Campus, 2003.

240 Balanced Scorecard e a Gestão Estratégica

KOTLER, Philip & BES, Fernando Trias de. *Marketing Lateral*. Rio de Janeiro: Campus, 2004.

KOTTER, John & HESKETT, James L. *A Cultura Corporativa e o Desempenho Empresarial*. São Paulo: Makron, 1994.

KOUZES, James M. & POSNER, Barry Z. *O Desafio da Liderança*. Rio de Janeiro: Campus, 1991.

KUMAR, Nirmalya. *Marketing como Estratégia*. Rio de Janeiro: Campus, 2004.

KUHN, Thomas S. *A Estrutura das Revoluções Científicas*. São Paulo: Editora Perspectiva, 1987.

LEE, Hau L. "Cadeia de Suprimento Triplo A". In: *Harvard Business Review*, outubro de 2004.

LEVITT, Theodore. *A Imaginação de Marketing*. São Paulo: Atlas, 1990.

MAHON, John et al. "Estratégia Política: Gerenciando o Ambiente Social e Político". In: FAHEY, Liam & RANDALL, Robert M. *MBA: Curso Prático. Estratégia*. Rio de Janeiro: Campus, 1999.

MCNEILLY, Mark. *Sun Tzu e a Arte dos Negócios*. Rio de Janeiro: Campus, 1998.

MARTIN, John D. & PETTY, J. William. *Gestão Baseada em Valor: A Resposta das Empresas à Revolução dos Acionistas*. Rio de Janeiro: Qualymark, 2004.

MEYER, Christopher. *Crescimento Implacável: Como Utilizar as Estratégias Inovadoras do Vale do Silício em Benefício de sua Empresa*. São Paulo: Educator, 2000.

MINTZBERG, Henry. *Ascensão e Queda do Planejamento Estratégico*. Porto Alegre: Bookman, 2004.

_____. "A Criação Artesanal da Estratégia *(Crafting Strategy)*". In: MONTGOMERY, Cynthia A. & PORTER, Michael (Organizadores). *Estratégia: A Busca da Vantagem Competitiva*. Rio de Janeiro: Campus, 1998.

MINTZBERG, Henry et al. *Safári de Estratégia*. Porto Alegre: Bookman, 2000.

MINTZBERG, Henry & QUINN, James Brian. *O Processo de Estratégia*. Porto Alegre: Bookman, 2001.

MOORE, Geoffrey A. *Dentro do Furacão*. São Paulo: Futura, 1996.

_____. "Darwin e o Demônio: A Inovação em Empresas Estabelecidas". *Harvard Business Review*, agosto de 2004.

NAISBITT, John & ALBURDENE, Patrícia. *Reinventar a Empresa*. Lisboa: Editorial Presença, 1987.

NANUS, Burt. *Liderança Visionária*. Rio de Janeiro: Campus, 2000.

NONAKA, Ikujiro & TAKEUCHI, Hirotaka. *Criação de Conhecimento na Empresa*. Rio de Janeiro: Campus, 1997.

_____. *Hitotsubahi on Knowledge Management*. New Jersey: Wiley, 2004.

OHMAE, Kenichi. *O Estrategista em Ação. A Arte Japonesa de Negociar*. São Paulo: Pioneira, 1985.

OLIVA, Flávio Alberto e BORBA, Valdir Ribeiro. *Balanced Scorecard: Ferramenta Gerencial para Organizações Hospitalares*. São Paulo: Iátria, 2004.

PEPPERS, Don & ROGERS, Martha. *One to One, B2B*. Rio de Janeiro: Campus, 2001.

PETERS, Tom. *Reimagine! Excelência nos Negócios numa Era de Desordem*. São Paulo: Futura, 2004.

PINCHOT III, Gifford. Intrapreneuring: Por que você não precisa deixar a empresa para tornar-se um empreendedor. São Paulo: Harbra, 1989.

PINE II, B. Joseph & GILMORE, James H. Espetáculo dos Negócios *(The Experience Economy)*. Rio de Janeiro: Campus, 1999.

PORTER, Michael. *Estratégia Competitiva: Técnicas para Análise de Indústrias e da Concorrência*. Rio de Janeiro: Campus, 1986.

_____. *Vantagem Competitiva: Criando e Sustentando um Desempenho Superior*. Rio de Janeiro: Campus, 1989.

_____. "O que é Estratégia?" In: PORTER, Michael E. *Competição (On Competition)*. Rio de Janeiro: Campus, 1999.

_____. "Estratégia e Internet". In: *Planejamento Estratégico (On Advances in Strategy). Harvard Business Review*. Rio de Janeiro: Campus, 2002.

_____. *A Vantagem Competitiva das Nações*. Rio de Janeiro: Campus, 1993.

_____. "Reforma agora em que vir das empresas". In: *The Wall Street Journal Americas*, editado pelo O Estado de São Paulo, edição de 10 de junho de 2004.

_____. "A Nova Era da Estratégia". In: JÚLIO, Carlos Alberto & SALIBI NETO, José (Organizadores). *Estratégia e Planejamento*. São Paulo: Publifolha, 2002.

_____. "Como a Informação Proporciona Vantagem Competitiva". In: *Competição (On Competition)*. Rio de Janeiro: Campus, 1999.

PRAHALAD, C.K. & HAMEL, Gary. "A Competência Essencial da Corporação". In: Montgomery, Cynthia A. e Porter Michael E. Estratégia: *A Busca da Vantagem Competitiva*. Rio de Janeiro: Campus, 1998.

QUINN, James Brian. *Empresas Muito Mais Inteligentes*. São Paulo: Makron, 1996.

RAPPAPORT, Alfred. *Gerando Valor para o Acionista*. São Paulo: Atlas, 2001.

REICHHELD, Frederick F. *A Estratégia da Lealdade*. Rio de Janeiro: Campus, 1996.

ROGERS, Everett M. *Diffusion of Innovations*. New York: The Free Press, 4ª edição, 1995.

ROTHMAN, Howard. *50 Empresas que Mudaram o Mundo*. São Paulo: Manole, 2002.

RUST, Roland T. et al. *O Valor do Cliente (Customer Equity)*. Porto Alegre: Bookman, 2001.

SCHUMPETER, Joseph A. *Capitalismo, socialismo e Democracia*. Rio de Janeiro: Zahar, 1984.

SCHWARTZ, Peter. *A Arte da Previsão*. São Paulo: Scritta, 1995.

SENGE, Peter M. *A Quinta Disciplina: Arte e Prática da Organização que Aprende*. São Paulo: Best Seller, 1998.

_____. *A Quinta Disciplina: Caderno de Campo*. Rio de Janeiro: Qualitymark, 1995.

_____. *A Dança das Mudanças: Os Desafios de Manter o Crescimento e o Sucesso em Organizações que aprendem*. Rio de Janeiro: Campus, 1999.

SHAPIRO, Carl & VARIAN, Hal R. *A Economia da Informação*. Rio de Janeiro: Campus, 1999.

SLYWOTZKY, Adrian S. *Migração do Valor*. Rio de Janeiro: Campus, 1991.

STEWART III, G. Bennett. *The Quest for Value: the EVATM Management Guide*. New York: HarperCollins, 1990.

TERRA, José Cláudio Cyrineu. *Gestão do Conhecimento: O Grande Desafio Empresarial*. São Paulo: Negócio Editora, 2000.

WATERMAN JR, Robert H. *O Fator Renovação*. São Paulo: Harbra, 1989.

TREACY, Michael & WIERSENA, Fred. *A Disciplina dos Líderes de Mercado*. Rio de Janeiro, Rocco, 1995.

TROUT, Jack. *Estratégia de Marketing*. São Paulo: M.Books, 2004.

TROUT, Jack & RIVKIN, Steve. *O Novo posicionamento*. São Paulo: Makron Books, 1996.

TZU, Sun. *A Arte da Guerra (Uma Nova Interpretação)*. Rio de Janeiro: Campus, 2001.

VIGOTSKI, Lev S. *Pensamento e Linguagem*. São Paulo: Martins Fontes, 1996.

YOUNG, S. David & O'BYRNE, Stephen F. *EVA e Gestão Baseada em Valor: Guia Prático para Implementação*. Porto Alegre: Bookman, 2003.

WENGER, Etienne et al. *Cultivating Communities of Practice*. Boston: Harvard Business School Press, 2002.

ZUBOFF, Soshana. *In the Age of the Smart Machine*. New York: Basic Books, 1988.

Este livro foi impresso nas oficinas da
Gráfica Kunst, em Petrópolis/RJ